ERICA VAAL • TOBIAS HIERL / WO DIE SONNE TANZT...

ERICA VAAL • TOBIAS HIERL

WO DIE SONNE TANZT...

LATEINAMERIKA
EINE REISE MIT ERICA VAAL

verlag
ap

Die Deutsche Bibliothek - CIP-Einheitsaufnahme

Vaal, Erica:
Wo die Sonne tanzt... : Lateinamerika ;
Eine Reise mit Erica Vaal / Erica Vaal ;
Tobias Hierl. - Wien : Verl. Austria Press, 1992
ISBN 3-85330-111-8
NE: Hierl, Tobias:

10% des Reingewinnes aus dem Buchverkauf
kommen der Österreichischen Lateinamerika-Hilfe zugute.

Cover und Innengestaltung: Helga Innerhofer
Lektorat: Ursula Grablechner, Mag. Gabriela Scolik, Mag. Karin Siller
Umbruch: Eva Kaltenbrunner
Druck: Alwa Druckhof Ges.m.b.H., 1040 Wien, Flachgasse 5

Gesetzt aus der Kabel bzw. Lithos
Gedruckt auf Biotop

Wien 1992
ISBN 3-85330-111-8

Inhalt

Brasilien – Das Land zwischen Industrie und alten Kulturen

Am Flughafen in Rio de Janeiro, auf der Ilha de Governador, war in der feuchtschwülen Hitze jener ganz eigene Geruch spürbar, der sich selbst noch unter den Schwaden von Abgasen herausfiltern läßt. Es brauchte einige Zeit, bis ich mit Alfred Treiber, Leiter der Feature-Redaktion im ORF, und etlichen Kilogramm Übergepäck die Hallen des Airports durchqueren konnte.

Am Zoll war dann Endstation. Wir hatten viele Geräte dabei, das Mikrophon allein war 60.000 Schilling wert. Es war alles von Wien aus geregelt, mit der Botschaft besprochen, und die Einreise war auch korrekt vorbereitet.

Doch die Zollbeamten insistierten unablässig auf den gleichen Fragen: Für wen arbeiten wir überhaupt? Und in Brasilien? Und wo sind die Geräte versichert? Da ein Tonequipement in Brasilien sehr teuer und schwer zu bekommen ist, ließen die Zollbeamten nicht locker. Drei Stunden saßen wir fest – und konnten uns an das Klima gewöhnen.

Erst der Österreichische Botschafter, den ich telefonisch verständigte, konnte uns auslösen. Allerdings mußte er unterschreiben, persönlich für 100.000 Schilling zu haften, sollten unsere Geräte verschwinden oder gestohlen werden. Kein angenehmer Empfang, doch die Eindrücke des Fluges über Rio konnte er nicht trüben. Ein Photo aus einem Prospekt war plötzlich Realität geworden. Als das Flugzeug zur Landung ansetzte, mußte nicht mehr erklärt werden, warum diese Stadt weltweit als die schönste gilt. Das Panorama ist unvergleichlich. Später kamen allerdings auch andere Eindrücke dazu.

Nach unserer „Befreiung" gingen wir zunächst einmal essen, direkt am Strand in ein ärmliches Restaurant, das eher einem Bretterverschlag glich. Doch niemals wieder habe ich in diesem Land so gut gegessen, wie dort den ersten gegrillten, brasilianischen Fisch und die Shrimps in Knoblauch.

In Rio hatten wir uns im Hotel Presidente an der Praça Tiradentes einquartiert. Der Name klingt nobel, doch es war eher ein familiäres Künstlerhotel, das ich auf

◆◎◆◎◆◎◆◎◆

Empfehlung von einigen Musikern, die ich kannte, aufsuchte. Der Platz davor bot pralles Nachtleben: Prostituierte, Zuhälter und Strichjungen flanierten. Eine Bar reihte sich an die andere und demonstrierte mit Macht und großen Lautsprechern südliches Leben und Flair.

◎◆◎

Während ich meine Notizen ordnete, flappten träge die Flügel des Ventilators in der Hotel Lounge, aber Ventilatoren flappen in Brasilien überall und immer. Meine Gedanken wanderten zurück. Diese Gedanken, einfach wegzufahren, alles hinter mir zu lassen, wie auch jene unbestimmte große Sehnsucht nach diesem Kontinent und seinen Ländern, gab es für mich schon sehr lange. Südamerika, mit seinen Ländern, Menschen und Klimazonen in ihrer ganzen Unterschiedlichkeit, war für mich immer ein Traumziel.

Ich lernte auch Quechua, die Sprache der Indios, der direkten Nachfahren der Inkas, und durch das Studium wurde mir auch die Situation dieser Menschen bewußt. Ich hatte damals gerade das Geld zusammengespart, um ein Jahr dort zu leben.

Entscheidungen finden meist an einem Kreuzweg statt, und meine Hürde war ein Bauernhof in Niederösterreich. Damals wartete er schon ziemlich lange auf eine gründliche Renovierung. Das gesamte Geld wurde dafür verbraucht. Zuerst war ich sehr traurig über eine verpaßte Chance, aber zumindest hatte ich ein Heim, wohin ich zurückkehren konnte, denn Besitz hatte ich bis dahin nie gehabt. Ich wollte immer reisen, unterwegs sein, immer etwas Neues sehen.

Das Jahr in Südamerika habe ich nie verbracht. Aber dann begann die Geschichte mit Brasilien.

Ich hatte Schallplatten geschickt bekommen und sie mir immer angehört, ohne auf Titel zu achten. Bei bestimmten Rhythmen tauchten seltsame Empfindungen auf. Reizvoll, anziehend und nicht erklärlich. Am Plattencover waren bei diesen Passagen ganz eigenartige Namen vermerkt, wie Xango, Yansan oder Oxun. Worte, deren Bedeutung unbekannt ist, bis sich eines Tages die Erklärung auf einem anderen Plattencover findet. Sie bezeichnen die Gottheiten der afro-brasilianischen Religionen.

◆❂◆❂◆❂◆❂◆

Wenn man etwas will und sich sehr stark dafür einsetzt, gibt es immer wieder einen neuen Mosaikstein, der sich wie von Zauberhand an den vorherigen fügt. Der nächste war ein Buch über den Candomblé. Dann kam ich an die Adresse eines Priesters. Das Zirkulieren der Information passiert nicht von einem Tag auf den anderen. Aber die Bücher wurden immer mehr, und schlußendlich kam mir der Gedanke, eine Dokumentation darüber zu machen. In dieses Land zu fahren, mit den Leuten dort zu reden und ihre Feste und Zeremonien mitzuerleben. Einige Rundfunkanstalten ließen sich begeistern, eine Co-Produktion wurde organisiert, und es war soweit. Meine Reise zu den brasilianischen Religionen begann.

❂◆❂

Brasilien ist das größte katholische Land der Welt, aber gleichzeitig auch ein Schmelztiegel von Menschen aus allen Teilen der Erde, die mit ihren Hoffnungen und Träumen einreisten oder, wie die schwarze Bevölkerung, als Sklaven ins Land geschleppt wurden, eingepfercht auf kleinen portugiesischen Segelschiffen und verkauft an den Meistbietenden. Ihr Preis war nie höher als der zehnte Teil eines Pferdes. Ihre Kultur und ihre Religion, ihre Kulte haben sie mitgenommen, ihre Familien wurden auseinandergerissen. Bis auf den Candomblé, der sich rein erhalten hat, sind heute in den anderen Kulten indianische Einflüsse zu spüren, wie auch von der katholischen Religion, die sich vor allem bemühte, gute Domestiken zu erziehen.

Anfangs wurden die nicht-katholischen Zeremonien geduldet, später verfolgt. Die Ausrottung gelang nicht. Es blieb die Nacht, in der sie mit ihren Göttern kommunizieren konnten. Die Nacht, die sie immer geschützt hat.

Heute steigt die Bedeutung der Kulte wieder, und Brasilien kann nicht begriffen oder verstanden werden, wenn sie ausgeklammert bleiben. Vielleicht ist das Selbstbewußtsein der Schwarzen stärker geworden, bahnt sich ein Trend zum Pro-Afrikanismus an oder ist hier ein Ventil für den klammernden Materialismus unserer Zeit, der die Regenwälder und damit die letzte indigene Bevölkerung vernichtet. Mehr als die Hälfte der Bevölkerung glaubt an die Kraft der Götter, sei es im Candomblé, der Umbanda, der Quimbanda oder der Macumba.

◆❂◆❂◆❂◆❂◆

Eine der wenigen wissenschaftlichen Untersuchungen, die beispielsweise über den Umbandismus angestellt wurden, ist von Ferreira de Camargo. Er sieht den Grund für das steigende Interesse an der Umbanda in einer überstürzten Industrialisierung des Landes, der eine rapide Verstädterung folgte. Das hatte laut Camargo die Auswirkung, daß die Bedeutung der Familie abnahm, alle Formen sozialer Sicherung durch den ehemaligen Feudalherren wegfielen, eine gesellschaftliche Kontrolle aufhörte und dadurch die Möglichkeit entstand, politisch und religiös neue Wege zu beschreiten. Dann ergab sich eine steigende Bedeutung der neuen Beziehungen am Arbeitsplatz, im Sport und letztlich eine geistige Neuausrichtung der Lebensführung durch die Industriewelt. Dadurch wurde die katholische Kirche in ihrer autoritativ hierarchischen Struktur getroffen. In der neuen städtischen Umgebung treten die Kulte mit medialer Praxis auf und zeigen dem Menschen im sozialen Umbruch Werte, die in seiner Persönlichkeit liegen.

Von Bahia ausgehend verbreiteten sich die zu magischen Praktiken neigenden Religionen bald über das ganze Land. Dadurch erfuhr der afro-brasilianische Kult eine Neubelebung.

An die fünf Millionen Afrikaner waren es, die vor allem aus den westafrikanischen Ländern Nigeria, Dahomey und Togo nach Brasilien verschleppt worden waren. Sie waren aus den Stämmen der Yoruba und Fon. Ihre Sprachen Yoruba und Jeje sind bis heute im Candomblé erhalten geblieben. Jede Kulthandlung, jeder Kultgegenstand, jeder Gesang wird in einer der afrikanischen Sprachen abgehandelt.

Die Namen der Gottheiten, der Orixas, wie man sie in Yoruba nennt, sind mit kleinen Veränderungen in Kuba, Haiti, wo immer afrikanische Kulte gepflegt werden, in afrikanischer Sprache. Die Orixas, oder in spanischsprachigen Ländern Orishas geschrieben, sind afrikanische Naturgottheiten, die über die Trommel gerufen werden. Orixa bedeutet: Kraft, die erleuchtet, vereint und Wohl spendet. Sie sind die Verwalter eines höchsten Gottes, Olorum, des mächtigen Herrn des Universums.

Die Orixas sind dazu bestimmt, dem Menschen positive Kräfte zu verleihen, ihm Respekt, Ordnung, Maß und Liebe beizubringen und alle Wunder der Natur zu erhalten, um den Werken Olorums stets Kontinuität zu verleihen. Der Mensch muß

◆◎◆◎◆◎◆◎◆

lernen, in perfekter Harmonie mit dem Leben zu bleiben, indem er positive, kosmische Kräfte aufnimmt.

◎◆◎

Die erste und einzige Adresse, die ich hatte, Pai Miguel Paiva, hatte sich als nicht sehr produktiv erwiesen, denn dieser Priester hatte sich schon ein wenig von den ursprünglichen Riten entfernt. Doch hatte ich Glück, denn kurz darauf bekam ich bei einem Essen den Hinweis auf einen weiteren Priester: Pai Torode. Er verschaffte mir den wirklichen Einstieg in den Candomblé.

Die Kultstätten, die Terreiros, findet man meist in den Armenvierteln am Rande der Städte. In Rio soll es dreißigtausend Terreiros und in São Paulo über 40.000 geben. Die Terreiros fallen nicht auf, unterscheiden sich im ersten Moment kaum von anderen Häusern. Eingeweihte erkennen sie an gewissen Zeichen, wie ein paar Steinen, die besonders gruppiert sind; bestimmten Pflanzen, die beim Eingang stehen oder wachsen; einem Stück Eisen und verschiedenen anderen Dingen.

Das Terreiro von Pai dos Santos Torode, Vater der Heiligen, wie die Priester im Candomblé genannt werden, steht auf mit Fetischen präparierter Erde. Eine kleine schmiedeeiserne Eingangstür öffnet den Weg in die Kultstätte. Links, neben der geöffneten Tür befindet sich ein kleiner Altar für Exu, den Gott der sieben Kreuzwege, der das Terreiro bewacht. Ein schmaler Weg führt zu einem Schuppen, dem Hauptraum der Kultstätte. Der Weg dahin ist von „pejis", kleinen altarähnlichen Häuschen, gesäumt. Auf der Seite zum Weg sind diese kleinen Altäre mit Gittern versperrt und so vor dem Zutritt Fremder bewahrt.

Manche Pejis sind mit einer versperrten Holztüre auch vor neugierigen Blicken geschützt. Wo das Gitter den Einblick offen läßt, sind Steine, Meteore, Metallgegenstände, Formen aus geschmiedetem Eisen zu sehen und Tonkrüge in allen Größen. In den Krügen wird grünes oder rotes Opferblut aufbewahrt. Grünes Blut aus Pflanzensaft, rotes von geopferten Tieren.

Rechts vor dem kleinen Wohnhaus des Heiligen Vaters Torode steht ein großer Schuppen, „barracão", hier finden die Feste statt, werden die Gottheiten in Trance inkorporiert.

◆❂◆❂◆❂◆❂◆

Der Schuppen, nach zwei Seiten hin offen, ist mit bunten Kreppapierfähnchen dekoriert, die über die Tanzfläche gespannt sind. Ihr Zweck ist, das Tamtam der Trommeln im Kultraum zu verstärken. Die Dekoration aus Palmenblättern, Blumen und Pflanzen dient nicht nur der Verschönerung des einfachen Raumes, sie hat immer einen Bezug zu einem oder mehreren Orixas.

Auf der einen Seite der Tanzfläche waren Bänke für die Eingeweihten, das Personal der Kultstätte, die Verwandten der Eingeweihten und manchmal auch für Gäste aufgestellt. Vis à vis des Eingangs hatte bei unserem Besuch Pai Torode Platz genommen, links von ihm der „Ogan", ein Ehrentitel für einen Unterstützer des Terreiros, und die „Mãe pequena", die kleine Heiligenmutter, eine Priesterin ohne Recht auf ein eigenes Kultzentrum. Hinter diesen, in gebührendem Abstand, hatten die Kulttrommler und Sänger ihren Platz bezogen.

Das Fest konnte beginnen. Aber erst mußte noch „Exu da casa", dem Bewacher des Hauses, ein Opfer gebracht werden. Wird das unterlassen, so ist es sehr wahrscheinlich, daß Exu das Fest stört. Deshalb beginnt keine Kulthandlung, kein Fest, bevor nicht Exu eine Opfergabe gebracht wird.

Die „filhas und filhos dos Santos", die Heiligentöchter und -söhne, betraten den Raum, warfen sich vor Pai Torode flach auf den Boden und berührten mit der Stirn die Erde, bezeugten dem Priester ihre Ehrfurcht, küßten seine Hand und stellten sich auf die Tanzfläche.

Die Trommeln setzten ein. Jeder Orixa hat seinen eigenen Rhythmus und Gesang. Auch seine eigenen Farben, die seine Energie und positiven Funktionen angeben. Die Eingeweihten, die nun zu tanzen begannen, trugen noch weiße Kleidung.

Zuerst müssen alle Gottheiten eingesungen werden, und das alleine dauert schon zwei bis drei Stunden. Am Ende der Zeremonie, des Festes, müssen sie wieder ausgesungen werden.

Erst wenn die Eingeweihten in Trance fallen, ihren Orixa empfangen haben, werden sie umgekleidet und tragen die Farben des Orixas, der von ihnen Besitz ergriffen hat.

„Pferde der Götter" werden die Medien oft genannt, weil sie, wenn der Orixa von ihrem Körper Besitz ergreift, den Kopf plötzlich in den Nacken werfen und ähnlich den Pferden wiehern.

Weil bei uns eine Trennung zwischen Körper und Intellekt herrscht, sieht der Europäer solche Ekstasen vielfach reserviert und betrachtet sie gerne als Scharlatanerie. Gerade deshalb begegnen die westlichen Religionen, auch die katholischen, solchen exzessiven Religionsausübungen mit Skepsis, Angst und Abscheu. Hier geht es aber um ein anderes als das Wachbewußtsein.

Der Eintritt in die Welt der Götter ist gar nicht so einfach. Viele Jahrhunderte in der Ausübung verboten, hat der Candomblé erst in den letzten Jahrzehnten die Möglichkeit erhalten, öffentlich zu agieren, kein Geheimbund mehr zu sein, der polizeilich verfolgt wurde, angewiesen war auf die Hilfe Intellektueller und Künstler, wie dem Schriftsteller „Ogan" Jorge Amado, einem großen Freund des Kultes. Seit etwa 25 bis 30 Jahren dürfen sie ohne Schwierigkeiten praktizieren.

„Die Aufgabe eines ‚pai dos santos' ist es, eine Person, die sich nicht im Gleichgewicht befindet, in dieses zu bringen", erklärte mir, auf einen einfachen Nenner gebracht, Pai Torode.

„Der erste Schritt ist das Werfen der Kaurimuscheln. Mit ihrer Hilfe erfahren wir die Gottheit, unter der der Mensch geboren wurde. Die Kombination, in der die Muscheln fallen, ergeben für uns eine Art Röntgenbild. Wir erfahren daraus, was der Mensch unternehmen muß, um sein Gleichgewicht zu finden. Besonders sensible Personen sind negativen Einflüssen leichter und schneller ausgeliefert als weniger feinfühlige. Und, obwohl sein Orixa, sein Beschützer, ihm helfen will, kann er nicht. Es bedarf einer Reinigung des Körpers und des Geistes, damit die positiven Kräfte seines Orixas eindringen können. Kann er die negativen Kräfte durch die Reinigung nicht loswerden, dann wird eine Einweihung, eine Wiedergeburt, empfohlen."

Die Einweihung in den Candomblé bedarf einer Vorbereitungszeit von 21 Tagen. Während dieser Zeit lebt der oder die zukünftige „filha dos santos" beziehungsweise „filho dos santos" in völliger Abgeschiedenheit in einem kleinen Raum des Terreiro. Das Essen wird speziell zubereitet. Es darf kein Salz enthalten, denn Salz macht dem Organismus Probleme, läßt die positive Energie nicht eindringen, auch Fleischspeisen sind verboten. Es gibt etwas Obst und Gerichte aus Getreidemehlprodukten.

Die Fontanelle, die Stelle am Kopf, die bei Neugeborenen erst zuwachsen muß, wird speziell behandelt. Täglich werden Kräuter, Wurzeln, Heilpflanzen aufgelegt.

◆❂◆❂◆❂◆❂◆

Damit werden die positiven Kräfte der Orixas auf diese Stelle des Kopfes dirigiert. Da das Haar auch den Eintritt der Energie verhindert, wird der Kopf im Zuge der Einweihung kahlgeschoren, was gleichzeitig als Symbol der Neugeburt gesehen wird.

Die „matança", eine rituelle Tierschlachtung, gehört zu den schwerwiegenden Kulthandlungen. Jede falsche Bewegung rächt sich. Unwissenheit hat verhängnisvolle Folgen. Da läßt kein Gott mit sich spaßen und schon gar nicht Exu. Exu, der für die Liebe zuständig ist und für alle Arten von Unfällen, ist der Gott der Wegkreuzungen. Ein gefürchteter Gott, der vom Christentum schon immer mit dem Teufel gleichgesetzt wurde. Im Candomblé gilt Exu als Vermittler zwischen Menschen, deren Schwächen er kennt, und den Göttern. Er kann vieles ermöglichen, aber auch vieles verhindern. Seine Eigenschaften sind ambivalent. Er ist launisch und eitel. Am besten ist er durch das Blut schwarzer Hähne mit rotem Kamm zu besänftigen, denn schwarz und rot sind seine Farben.

Für meine glückliche Heimkehr nach Europa war ein Opfer für Exu geplant. Pai Torode bereitete alles vor, bat mich, verschiedene Dinge einzukaufen. Einen ganzen Tag lang wurde gekocht, und am Abend vor meiner Rückreise war es soweit.

Pai Torode, im schwarz-roten Ruderleibchen, schwarzer Hose und schwarzem Zylinder auf dem Kopf, saß vor einer Schüssel mit glühenden Kohlen. Zwischen den nackten Zehen brannten Kerzen. Aus einer Flasche „cachaca", dem brasilianischen Zuckerrohrschnaps, nahm er einen kräftigen Schluck und inhalierte in tiefen Zügen den Rauch einer dicken Zigarre. Exu liebt Schnaps und Zigarren und betrinkt sich symbolisch so, daß er der Sprache nicht mehr mächtig ist und nur mehr vor sich hin lallt. Exu hat dann Besitz vom Körper des Priesters genommen.

Exu alias Pai Torode begann mit den Vorbereitungen zum Tieropfer. Auf eine Keramikschale gab er etwas Maniokmehl, übergoß es mit Zuckerrohrschnaps, steckte drei Kerzen in die Mehlmasse und legte drei Zigarren in Dreiecksform darauf. In die Mitte der Schale kam eine geschälte, mit Kreuzschnitt versehene halbe Zwiebel, auf die Honig gegossen wurde. Über das Ganze wurde „Dende"-Öl, orangefarbiges Palmenöl, gegossen. Nun brachte man ihm den schwarzen Hahn mit dem roten Kamm. Exu hielt den Körper des Tieres fest, zog den Hals in die Länge, damit ich meinen Wunsch in den geöffneten Schnabel des Hahns sprechen konnte. Dann klemmte er das Tier zwischen die Schenkel, klappte den Hals zurück und schnitt blitzschnell eine klaffende Wunde in den Hals des Tieres. Das hervorquellende Blut rann in die Opferschale.

„Diese sogenannten primitiven Kulte machen stark“, sagt Pai Torode. „Man hat keine Ahnung, was alles in einem steckt.“

Vom Christentum hält er nichts. Der Jenseits- und Erlösungsglaube stört ihn. Candomblé ist fürs Diesseits zuständig. Die katholische Moral hält er für primitiv: Himmel und Hölle. Gut und schlecht. Eine Schwarz-Weiß-Malerei. „Unsere Moral ist lebensnah“, sagt er. „Sünde gibt es keine. Das Böse fällt auf den Verursacher ohnehin zurück.“

Durch die Vermittlung von Pai Torode konnten wir noch eines der größten Terreiros von Rio besuchen, nämlich Gomeia. Gomeia ist eines der berühmtesten Terreiros Brasiliens, mitten in einem der schlimmsten Armenviertel. Brasilien ist ein Land, so groß wie ganz Europa, mit einer Einwohnerzahl von 145 Millionen Menschen, von denen viele an der Armutsgrenze oder darunter leben. Mit umgerechnet 200 Schilling im Monat auszukommen, gilt es in Brasilien für jeden zweiten Haushalt.

Da kann man sich vielleicht noch eine Wellblechhütte in einem der Elendsviertel ohne jegliche sanitäre Einrichtung, einfach aus gesammelten Materialien errichtet, leisten. In so einem Elendsquartier zu hausen, bedeutet, hungrig schlafen zu gehen, im Bedarfsfall ohne ärztliche Hilfe zu sein und zu wissen, daß es morgen nicht anders sein wird. Hier bietet sich der Candomblé an, etwas Spirituelles, das mit Gott verbindet, wo man in Trance mit seiner Gottheit eins wird und so das tägliche Elend eine Zeitlang vergißt. Wo man mit Leidensgenossen in Frieden zusammen ist, Überlebenskraft in der Gemeinschaft schöpft, wie einst die Afrikaner, die mit Gewalt in die Sklaverei nach Brasilien verschleppt wurden und die durch ihren Glauben und ihren Zusammenhalt überlebten.

Die Fahrt nach Gomeia war abenteuerlich: In der Favela, dem Armenviertel, in dem das Terreiro liegt, drängte sich eine Wellblechhütte an die andere. Alles war

◆❂◆❂◆❂◆❂◆

finster, es gab keinen Schimmer von einer Straßenlaterne oder Licht aus den Fenstern. Es war einfach dunkel, als wir über die ungepflasterte, löchrige Straße fuhren. Es war nur das Gefühl da, von vielen, vielen Augen gesehen zu werden. Durch so eine Gegend fährt man immer im Dunkeln, denn die Feste finden alle in der Nacht statt.

Gomeia war für uns nur gestattet, weil wir in Pai Torode eine gute Begleitung hatten, der die mißtrauischen Gemüter beruhigte, indem er ihnen sagte, wir wollten für Studienzwecke das Fest miterleben. Fotografieren war nicht erlaubt, aber ich durfte wenigstens Tonaufnahmen machen.

❂◆❂

Der Kern, das Zentrum des Candomblé liegt aber in Bahia, und schon bei der Lektüre von Jorge Amados „Nächte in Bahia" war diese Stadt für mich der Traum, das Ziel meiner Reise.

Das Budget für unsere Reise war gering, und nach langem Telefonieren um den billigsten Leihwagen erstanden wir ein Prachtstück. Es war ein uralter Volkswagen mit unbeschreiblichen Reifen. Am Nachmittag fuhren wir los. An vielen Häusern der Strecke sahen wir Schilder, worauf „Borrachero" stand. Im spanischen heißt „borracho" betrunken, deshalb war ich der Meinung, es wären Lokale. Wir rätselten darüber, aber beim ersten platten Reifen war die Lösung klar. Ein „Borrachero" ist ein Reifenflicker. Man findet sie die ganze Strecke entlang der Straßen. Man läßt den kaputten Reifen reparieren und fährt, je nachdem, entweder ein oder zwei Stunden weiter. Dann kommt der nächste Reifen dran. Auf der Fahrt von Rio nach São Salvadore da Bahia und wieder zurück mußten wir 14 mal den Reifen wechseln.

An allen möglichen und unmöglichen Orten der Häuser waren Antennen angebracht, fast ein Markenzeichen der Bewohner. Die Brasilianer sind ein fernsehsüchtiges Volk. Wo nur Platz für eine Antenne ist, wird auch eine plaziert. Für den Schriftsteller Jorge Mauthner sind die Medien die wahren Herrscher des Landes: „Die neue Situation nach der Diktatur, die ersten freien Wahlen haben gezeigt, daß Brasilien formell eine Demokratie ist, aber in Wirklichkeit durch das Fernsehen dominiert wird." Kein Künstler kann es sich erlauben, gegen die Politik des größten Privatsen-

◆✪◆✪◆✪◆✪◆

ders Tele Globo zu verstoßen. Selbst Stars wie Lucelia Santos, die die Hauptrolle in der Tele Novela „Sinha Moça“ gespielt hat, werden boykottiert. Sie deswegen, weil sie sich für den Regenwald und Chico Mendes eingesetzt und einen linken Kandidaten unterstützt hatte.

An vierter Stelle der Weltrangliste, nach CBS, ABC und NBC, hat Tele Globo dem staatlichen brasilianischen Sender und den anderen privaten Konkurrenten längst den Rang abgelaufen. Hier sieht man die neuesten amerikanischen Spielfilme, die besten Fußballspiele und Sambagruppen. Einschaltquoten von 100 Prozent und dementsprechende Werbeeinnahmen lassen diesen Riesen zu einem Machtfaktor im Land werden, an dem kein Politiker, Unternehmer oder Bischof vorübergehen kann. Egal welche Regierung, mit dem Sender gelangen die Botschaften bis in den letzten Winkel des Landes. Zwei Drittel aller Werbeeinnahmen Brasiliens entfallen allein auf Tele Globo. Der geschätzte Jahresgewinn soll die Schallmauer von einer Milliarde Dollar durchbrochen haben.

Der Grundstein des Erfolges stammt aus dem Jahr 1925, als Irineu Marinho in Rio eine konservative Tageszeitung gründete. Beim Putsch der Militärs gegen die Zivilregierung mischte sie kräftig mit. Günstige Kredite und weitere Erleichterungen seitens der Militärs waren die Folge. Eine Kooperation mit dem Time-Life-Konzern sorgte für das nötige Know-how und weiteres Kapital. Als 1968 Time-Life das Feld räumen mußte, weil ausländische Beteiligungen im Medienbereich eigentlich untersagt sind, war es zu spät.

Nun verfügt Tele Globo über die besten Schauspieler und Regisseure, auch seine Computertechnik ist vorbildlich. Nicht nur dreidimensionale Programmübergänge werden dort gestaltet, auch Entwicklungsaufträge für Brasiliens Flugzeugwerk Embraer werden von Tele Globo erledigt. Selbst Volkswagen do Brasil ist Kunde des Senders. Die Computer werden auch für Zuschauer- und Meinungsumfragen eingesetzt.

Die Programme werden in 128 Länder der Erde exportiert. Waren bei uns vor einigen Jahren jene schnell produzierten Tele Novelas kein Begriff, nehmen sie nun einen ständigen Programmplatz ein. Täglich 25 Minuten werden die Abenteuer von Sinha Moça und ihren Kolleginnen in die Wohnzimmer rund um den Globus eingespielt. Das Weltbild von Tele Globo ist international. Erst steht nur das Konzept für eine Serie, das fast täglich variiert wird, denn der Zeitraum vom Schreiben einer Folge bis zur Sendung beträgt oft nicht mehr als drei Tage.

Roberto Marinho, der Sohn Irineus, ist der zweitreichste Mann Brasiliens. Ihm und seinen Söhnen gehören sieben Fernsehsender, 35 Rundfunkstationen, eine Schallplattenfirma, Druckereien, ein Buch- und Zeitschriftenverlag, aber auch Kosmetik- und Lebensmittelunternehmen. Auch im Immobiliengeschäft ist die Organizações Globo verankert und besitzt Mehrheiten diverser Gesellschaften.

Am darauffolgenden Tag erreichten wir Bahia, die ehemalige Hauptstadt Brasiliens. Bahia wurde auf zwei Ebenen gebaut. Die Cidade Alta, mit allen Kirchen, dem Regierungssitz und dem ersten Bischofssitz, und die Cidade Baixa, mit dem Hafen und der Handelszone. Früher wurde der Niveauunterschied mittels Rampen bewältigt. Heute erledigen mehrere Aufzüge diese Aufgabe. Einer von ihnen ist wegen seiner Architektur weit über die Stadt hinaus bekannt geworden, der Elevador Lacerda.

São Salvador da Bahia de Todos os Santos, Erlöser der Bucht aller Heiligen, heißt das schwarze Rom mit vollem Namen und ist noch immer das Zentrum der schwarzen Bevölkerung. Kurz Bahia, wie der Brasilianer sagt, denn die Stadt wiegt mehr als das Land rundherum. Zwei Drittel der zweieinhalb Millionen Einwohner sind Schwarze. Diese Anzahl entspricht aber bei weitem nicht ihrem Einfluß in Politik und Wirtschaft. Brasilien war der letzte Staat, in dem die Sklaverei verboten wurde, und noch immer stellen die Schwarzen das Gros der unteren Einkommensschichten. Ihr durchschnittliches Einkommen beträgt nur ein Drittel dessen, was ein Weißer bekommt. Die Lebenserwartung ist weit geringer und die Analphabetenrate viel höher als bei der weißen Bevölkerung. Es gibt keine schwarzen Hoteldirektoren und sehr wenige Universitätsprofessoren in Bahia. 99 Prozent der Studenten sind weiß. Schwarze sind kaum im Mittelstand oder gar in der Oberschicht zu finden. Das Schönheitsideal orientiert sich an den Weißen. Das drahtige, krause Haar wird gerade gebrannt, damit es dem Haar der Weißen ähnlicher ist.

Der vielzitierte Satz des brasilianischen Paradesoziologen Gilberto Freyre: „Wir leben in einer Rassendemokratie; sie ist nicht perfekt, aber sie ist die fortschrittlich-

◆❂◆❂◆❂◆❂◆

ste der Welt“ entspricht nur der offiziellen Diktion. Die Realität sieht ganz anders aus. Die Diskriminierung wird in der Schule, im Lesebuchstoff etabliert und später konsequent durchgehalten.

Gut hundert Jahre nach der Befreiung der letzten Sklaven konnten Schwarze noch immer nicht integriert werden. Neun von zehn Brasilianern heiraten einen Partner derselben Hautfarbe. Das gesellschaftliche Ideal ist ein Weißer mit permanenter Strandbräune. Dieses Postulat führt auch zur Verdrängung der eigenen Geschichte, zum Verlust der Identität.

Es gibt auch in Brasilien Schwarze, die ein neues Selbstbewußtsein entwickeln. Die Bewegung der Schwarzen fordert die Anerkennung der Leistung von Afro-Brasilianern, die Aufnahme ihrer Helden in die offizielle Geschichtsschreibung, mehr Gleichberechtigung in der Gesellschaft und psychologische Orientierung für die nachwachsenden Generationen. Eine Legende ist immer noch der Fußballer Pelé. Doch ist er genauso eine Ausnahme wie der Musiker Gilberto Gil, der 1988 für das Bürgermeisteramt in Salvador kandidierte und meinte: „Die Zeit für die Schwarzen ist gekommen.“ Die Parlamente der Stadt und des Bundesstaates sind immer noch weiß.

❂◆❂

Trotz meiner Müdigkeit von der Fahrt wollte ich unbedingt noch auf ein Volksfest, um einige Aufnahmen zu machen und den Mercado Modelo, einen wunderschönen Markt, der neben dem alten Segelschiffhafen lag, besuchen. Auf dem Markt gab es alles, was im Bereich Kunstgewerbe im Land hergestellt wurde. Heute ist der Markt in die Alfandega, ein Gebäude der Zollbehörde aus dem letzten Jahrhundert, verlegt worden, da er ganz ausbrannte.

Der Markt lag in der Baixa, deshalb konnte ich auch den Aufzug benutzen, der allerdings ungeheuer voll war. Auf dem Markt gab es Capoeira-Tänzer. Capoeira ist ein Tanz, der aus Afrika kommt und eigentlich eine Kampfart ist, die zum Tanz umgemodelt wurde. Die Musik kommt von „berimbaus“, einer Art Rassel aus einem Kürbis, auf den Saiten gespannt werden, ein ganz eigenartiges Instrument mit einem unverwechselbaren Klang.

◆❂◆❂◆❂◆❂◆

Es wurde auch gekocht am Markt und viel Caipirinha, Zuckerrohrschnaps mit Zitrone, Eis und etwas Zucker, getrunken, aber auch verschiedene andere Getränke aus Fruchtsäften und Cachaca. Das Essen der Bahianer ist stark afrikanisch beeinflußt. Es ist sehr fett, weil alles in Öl herausgebacken wird. An diesen kleinen Ständen sitzen die Bahianerinnen mit ihren Turbanen, in Kleidern, die durch die vielen Röcke riesig aussehen, und kochen.

Man kann dort alles kaufen, von Edelsteinen bis zu Gewürzen, Instrumenten, alles was es so an Kleidung, Koffern, Taschen gibt. Ich bin auch einmal mit einer Mãe dos Santos einkaufen gegangen, denn ich hoffte zu sehen, was sie für eine Zeremonie einkauft, aber sie interessierte sich nur für Gemüse und Shrimps.

Die Geheimnisse der Küche sind für den Candomblé und seine Zeremonien sehr wichtig. Es gibt eine spezielle Küche, weder die Gefäße noch die Rezepte dürfen für andere Gelegenheiten verwendet werden.

Anhänger des Candomblé haben zwei Küchen mit zwei Feuerstellen, die eine, um für die Menschen, und die andere, um für die Götter zu kochen. Beim Fest wird wenig gegessen, kaum getrunken, bis auf ein wenig Bier vielleicht. Es werden auch keine Drogen genommen, denn die ganze Stimmung und die Trance entstehen durch das Trommeln, durch die Musik, den Rhythmus.

Der Pai dos Santos hält alle Fäden in der Hand. Er bestimmt den Ablauf der Feiern, fällt auch selbst in Trance, aber verliert trotzdem nie die Kontrolle über das Geschehen. Er ist in der Regel auch ein guter Psychologe. In Brasilien arbeiten Psychiater sehr eng mit dem Candomblé zusammen. Wenn in der Psychiatrie ein Kranker nicht geheilt werden kann, schicken sie ihn in den Candomblé.

Ich habe selbst erlebt, wie eine Frau in ein Terreiro gebracht wurde, die, getragen von vier Männern, auf einer Stange angebunden war, da sie einen schweren Tobsuchtsanfall gehabt hatte. Nach drei Wochen sprach ich mit dieser Frau wieder. Sie war völlig ruhig, konnte schon reden und kleine Arbeiten in der Kultstätte verrichten.

Das wird durch Heilkräuter, Gebete und Gesänge erreicht. Die Familie wird bei einer Behandlung auch nicht ferngehalten, denn die Kranken sollen nicht abgeschlossen sein, sondern später wieder bei ihrer Familie leben.

In Brasilien ist das Verhältnis zu verwirrten oder gestörten Menschen anders als in Europa. Wenn ein Mensch sich verwirrt fühlt und auf der Straße nicht weiß, wo er ist, hat er das Gefühl, daß er zu einem Priester sollte, daß er eben seine Gottheit vernachlässigt hat. Das sind Fälle, wo der Candomblé hilft.

Ein Industrieller aus São Paulo lebte drei Wochen im Terreiro von Pai Torode, fuhr zurück, nachdem er geheilt worden war, und hatte sich nicht mehr gemeldet. Der Kontakt zu seinem Pai dos Santos war ihm unangenehm. Man muß aber ab und zu einmal schreiben, anrufen oder irgendeine Geste der Erinnerung, des Dankes bringen. Sonst wird nichts für die Behandlung verlangt. Als er sich nicht mehr meldete, hat ihn der Priester gerufen, ihm seine Gedanken gesendet. Zwei Tage später stand er wieder vor der Tür, weil es ihm schlecht ging. Davor haben die Menschen natürlich auch Angst. Sie wissen, daß ein Priester starke Kräfte hat.

Europäer blicken meist auf diese Naturreligionen herab, schätzen sie als naiven Glauben ein und werfen sie in einen Topf mit Regenzauber und Mummenschanz. Ein Grund dafür ist unsere Angst vor der Emotion, die für diese Basisreligionen bestimmend ist. Der Candomblé wird in Brasilien von den Intellektuellen besucht, darunter vielen Weißen. Auch Leute aus der Regierung beschäftigen sich damit.

Den Touristen wird „Macumba", der Allgemeinbegriff für afro-brasilianische Religionen, als Spektakel verkauft, bei dem ein Priester wie ein Popstar über Mikro singt und die Kulttänze zur Farce werden. Diese schmerzliche Erfahrung mußte ich auf einer organisierten Busfahrt in Rio machen, die Touristen zu einer Macumba brachte.

Die Umbanda ist eine reine Volksreligion, die viel einfacher aufgebaut und lange nicht so kompliziert ist, wie der Candomblé. Umbanda ist eine Mischreligion aus katholischen, afrikanischen, indianischen und spiritistischen Elementen.

Das Wort „umbanda" steht heute für den Sammelbegriff Kultort, Kultpraxis und Kultdiener. Im Bantudialekt bedeutete „umbanda" ursprünglich Arzt oder Priester. Die Umbandisten praktizieren öffentlich in Tempeln, aber auch an den Stränden, wie in Rio. Weiß gekleidet, mit dicken Zigarren im Mund, den Zuckerrohrschnaps griffbereit, fallen sie in Trance, singen, tanzen und werden konsultiert.

Nahezu alle Anhänger der Umbanda sind Christen. Die afrikanischen Gottheiten wurden mit den katholischen Heiligengestalten verknüpft, da so ein Verbot des Kultes umgangen werden konnte. Im Laufe der Jahrzehnte begann die äußerliche Übernahme katholischer Vorstellungen, vor allem jener, die zu der magisch-mystischen Welt des Orixaglaubens in innerer Affinität standen, Amulette, Reliquien, der Rosenkranz, der zur beschützenden Halskette wurde.

In den Tempeln der Umbanda sind die katholischen Elemente noch deutlicher sichtbar. Im Hofeingang befindet sich meist eine Grotte mit dem Beschützer der Kultstätte, einer afrikanischen Gottheit, die in Form des mit ihm identifizierten Heiligen dargestellt wird. Das Innere eines Tempels sieht aus wie eine katholische Kapelle. Im Zentrum der blumengeschmückte Altar mit dem Kruzifix, dem Bild der Himmelskönigin im blauen Sternenmantel, mit Heiligenfiguren und -bildern. Nur der Raum zwischen Altar und den Kultanhängern ist viel größer, da vor dem Altar die Musiker sitzen und die Medien tanzen und in Trance fallen. Ein niedriges Gitter mit einer kleinen Tür trennt die Anhängerschar vom Altar. Diese sitzen, so wie früher auch in der katholischen Kirche, nach Geschlechtern getrennt.

Aufschriften von Geboten der Umbanda hängen an der Wand im Vorraum zum Tempel, wo man die Eintrittskarte kauft, so man nicht Mitglied ist und seinen monatlichen Obulus entrichtet hat. Die Gebote sind in erster Linie auf das alltägliche Leben ausgerichtet:

1. Tue deinem Nächsten nicht, was du nicht möchtest, daß er dir tut.
2. Verlang nicht nach fremdem Gut.
3. Sei hilfsbereit, ohne zu fragen.
4. Respektiere alle Religionen, denn sie kommen von Gott.
5. Kritisiere niemals den, der nicht versteht.
6. Erfülle deine Mission, auch wenn sie Opfer fordert.
7. Schütze dich vor Verführung und widerstehe dem Bösen.

Daneben sind auch die jeweiligen Veranstaltungen des Tempels angeschlagen: Jeden ersten Donnerstag im Monat „preto velho", der alte Schwarze, am zweiten „oriente", spiritistische Sitzung, am dritten „caboclo", das indianische Element, und am vierten „exu", universelle magische Kraft, im Synkretismus der Teufel. Daneben gibt es noch die „crianças", die Kindergeister. Am Mittwoch von 15 Uhr bis 19.30 werden die „buzios", Kaurimuscheln aus Afrika, mit denen die Zukunft gelesen wird, gelegt.

Bei den konsultierenden Gläubigen ist die Geisterrolle des Preto Velho die beliebteste. Der gütige, alte Schwarze ist liebenswert, weise, menschlich und versteht

◆◎◆◎◆◎◆◎◆

etwas von Heilkräutern und Heilen. Die Gläubigen verlassen den Kultraum nach einer Konsultation mit dem Preto Velho meist mit einem Säckchen Kräuter und mehr oder weniger guten Ratschlägen.

Da jedes in Trance befindliche Medium Auskünfte und Beratungstätigkeit vornehmen darf, ist die Sache nicht ganz ungefährlich, da das jahrelange Studium, das ein Candomblé-Priester abschließen muß, nicht vorhanden ist. Im Candomblé darf nur der Priester, der Pai dos Santos, Konsultationen vornehmen.

Vor einer Einweihung in die Umbanda sind die Buzios das Mittel, die Gottheit herauszufinden, unter der der Einzuweihende geboren wurde, sein Schutzengel sozusagen. Die Einweihung in die Umbanda nimmt nicht so viel Zeit in Anspruch wie im Candomblé. Sie dauert nur sieben Tage. Das zukünftige Medium wird mit Kräuterbädern vorbereitet, bekommt ein spezielles Essen, wird in die verschiedenen Riten eingeführt, lernt die Gesänge und wie man in Trance fällt.

Bei der Einweihung wird weder der Kopf geschoren, noch gibt es Blutopfer. Lediglich ein paar Schnitte an bestimmten Stellen werden vorgenommen. Der Eingeweihte ist verpflichtet, einmal in der Woche in den Tempel zu kommen und an sich zu arbeiten. Es gibt immer neue Pflichtübungen, die in den folgenden sieben Jahren dazu kommen. Auch Opfergaben für die Götter sind zu bringen. Manchmal handelt es sich dabei um Tieropfer. Ein Kräuterbad, das nicht kostenlos ist, muß vor jeder Kulthandlung genommen werden.

Man kann sich in der Umbanda auch taufen lassen oder heiraten. Das ist nur eine Kostenfrage. Die Taufe findet jeweils an einem Wasserfall statt, mit Taufpaten, Blumen und Kerzenopfer für die Götter. Bei der Hochzeit, die im Tempel stattfindet, liest der Kultchef die dazu schriftlich festgelegten Phrasen. Das Brautpaar tauscht die Ringe, und es werden wieder Blumen und Kerzen geopfert, ähnlich wie bei der Taufe. Allerdings dürfen bei dieser Gelegenheit nur die Trauzeugen in Trance fallen. Umbandisten hoffen, daß die Hochzeitszeremonie bald eine offizielle Anerkennung findet.

Eines der größten Feste, die öffentlich gefeiert werden, sowohl von Candomblisten als auch von Umbandisten, ist aber das Fest der „yemanja", der Göttin des Meeres, am 31. Dezember. Der Strand wird zum Lichtermeer. Tausende brennende Kerzen erzeugen eine unwirkliche Atmosphäre, zu der das Tamtam der Trommeln

◆✪◆✪◆✪◆✪◆

und die Gesänge beitragen. Eingeweihte aller afro-brasilianischen Kulte versammeln sich am Meeresstrand, um die höchste weibliche Gottheit in der Hirarchie der Yorubagötter zu feiern. In der weißen Kleidung der Eingeweihten kommen sie, um ihr zu huldigen, bauen kleine Sandaltäre, die sie mit Blumen schmücken: weißen Rosen oder Gladiolen. Das Licht der Kerzen, das Rauschen des Meeres, der Duft von Parfum für Yemanja und die Gesänge stimmen die Eingeweihten ein.

Gruppen im Kreis bei einem Altar, eine Priesterin, die Kräuter auf eine offene Wunde auflegt, vor einem anderen Altar. Dort ein Medium im Trancezustand, hier ein in die Zukunft blickender Macumbapriester.

Die Mitternacht rückt näher, und die Vorbereitungen für die Gaben an Yemanja beginnen: kleine Schiffchen mit Geschenken für die Göttin des Meeres, Parfum, Schmuck, Blumen, Kerzen, Champagner, alles Geschenke, die sie mag, die sie erfreuen und gütig stimmen. Genau um Mitternacht werden drei Wellen abgewartet, dann wird Champagner ins Meer geschüttet und die Geschenke an Yemanja werden den Meereswellen übergeben. Eine Danksagung für alles Gute, das die Göttin des Meeres im vergangenen Jahr geschickt hat, folgt und zum Abschluß Bitten für ein gutes neues Jahr. Auch Nair Fernandez, Kultchefin der „Spiritistischen Legion für Selbsthilfe", ist am Strand anzutreffen.

Sie ist blond und hellhäutig. Ein Umstand, der es erleichtert, in der Kulthierarchie aufzusteigen. Denn noch immer ist der Glaube an die Höherwertigkeit alles „Weißen" nicht ausgerottet. Trotzdem ist die Umbanda eine typisch brasilianische Religion, sie reflektiert in ihrer Gesamtkonzeption die derzeitige brasilianische Gesellschaft am Punkt ihrer größten Eigenständigkeit.

✪◆✪

Die Brasilianer sind Kulten und Religionen gegenüber sehr aufgeschlossen. Ein interessantes Beispiel gibt Brasilia ab, jene Reißbrettstadt im Herzen des Landes. Sie sollte eine durchkonstruierte Stadt der Zukunft werden. Die Hauptstadt Brasiliens ist Symbol jenes Aufbruchs in die Zukunft, der schon durch Jahrzehnte als Vision in den Köpfen der Regierenden spukte. Eine weitläufige Stadt, mit riesigen Straßen, Monumenten und Plätzen. Eine Stadt für den Menschen des 21. Jahrhunderts, die

◆✪◆✪◆✪◆✪◆

aus verschiedenen Sektoren besteht und in der alles seine Funktion hat. Lauschige Winkel, kleine Gäßchen wurden in der Konzeption Oscar Niemeyers und Lúcio Costas, beide Le Corbusier Schüler, daraus verbannt. Beton wurde das Strukturelement für eine halbe Million Menschen, die nach Plan bis zum Jahr 2000 die Stadt bevölkern. Die Regierung sollte in der Abgeschiedenheit, in Ruhe und Klarheit, ihre Geschäfte erledigen können. Enstanden ist ein Ghetto, eine große soziale Isolation, in der die Probleme des Landes nicht mehr unmittelbar wahrgenommen werden können, sondern nur mehr als Vorlagen für das Reißbrett dienen. Unter der Militärdiktatur bot Brasilia ideale Bedingungen, sich von allem abzuschoten.

Im Zentrum Brasiliens, in „Plano Piloto“, wohnen und arbeiten heute über 400.000 Menschen, die Hälfte davon als Angestellte der Regierung. In den Favelas rund um die Stadt leben 1,3 Millionen Menschen unter ärmlichsten Bedingungen. Die Reihen einförmiger Wohnblocks, die großen Treppen und Plätze, die für riesige Paraden gedacht sind, haben auf die Menschen ganz eigenartige Auswirkungen. Über 700 Sekten, Wunderheiler, mystische Gruppen und esoterische Vereine haben sich in der Stadt angesiedelt. 1.500 Tempel afro-brasilianischer Kulte gibt es hier. Der Okkultismus wächst ungehemmt in der Kälte der Mauern. Der ehemalige Gouverneur der Stadt, José Aparecido de Oliveira, stellte den Gruppen ein Grundstück zur Verfügung damit diese dort die „Universität der Morgenröte“ bauen können, in der einmal 12.000 Adepten, Esoteriker und Ufologen lehren und lernen sollen. Daneben wird noch an einem Ufo-Landeplatz gebaut.

✪◆✪

Die dominierende Religion Brasiliens, wie auch aller anderen Länder Südamerikas, ist aber immer noch der Katholizismus. Als Kolumbus auf seiner zweiten Reise in Kuba landete, brachte er auch 17 Priester mit, ließ ein riesiges Kreuz in den Boden rammen und die erste Messe in dem neuen Land zelebrieren. Die katholische Kirche war meistens Seite an Seite mit den Konquistadoren zu finden, denn in dem neuen Kontinent konnten sie eine rege Missionstätigkeit entfalten.

Die „Konstantinische Schenkung“, ein gefälschtes Dokument aus dem 8. Jahrhundert, aus dem die Überzeugung erwuchs, der Papst habe die Oberhoheit über die ganze Erde – orbis christianus –, ermöglichte dem Stellvertreter Gottes auf Erden, die Neue Welt an Portugal und Spanien zu verschenken. „Wir befehlen euch, daß ihr zu jenen Ländern und Inseln tüchtige, gottesfürchtige, gelehrte und erfahrene Männer entsenden möget, um jene Eingeborenen und Bewohner im katholischen Glauben zu unterrichten und sie in gute Sitten einzuführen und alle Sorgfalt auf das Gesagte zu verwenden."

Die Evangelisierung diente zur Rechtfertigung der Conquista. Für die Kirche bedeutete sie Aussendung von Missionaren, Errichtung und Besitz von Kirchen, Einhebung des Zehnten, Errichtung und Teilung von Bistümern. Die Bekehrung der Indios wurde durch die Bulle „Inter Caetera" 1493 zur moralischen und juridischen Pflicht.

Kolumbus verstand unter Evangelisieren der Indios, sie zu Untergebenen Gottes und der katholischen Könige zu machen. Er verstand darunter aber auch, sich der Länder und des Goldes der Indianer zu bemächtigen, und sagte wörtlich: „Gold kann sogar Seelen ins Paradies bringen. Und Indios sind Eigentum des Königs, er kann mit ihnen genauso disponieren wie mit Gold." Evangelisieren hieß, den Gott der Mächtigen und Reichen zu verkünden.

Das erste Opfer der systematischen Conquista waren die Azteken, die in Mexiko die vielleicht glanzvollste der indianischen Kulturen errichtet hatten.

Daß die Konquistadoren dem spanischen, katholischen König das Land der Indios zum Geschenk machten, war für die Azteken völlig unverständlich. Land gehörte nach ihrer Auffassung niemandem und konnte daher auch nicht verschenkt werden. Die Europäer klassifizierten die Indios als vernunftlose Wesen, als Barbaren und Wilde.

Als die Eroberer so weit gingen, den Indigenas abzusprechen, Menschen zu sein, wandte sich Papst Paul III. 1537 mit der Bulle „Sublimus Deus" scharf dagegen: „Der Teufel, der Feind der Menschheit, hat diese Meinung erfunden." Und er kritisierte die unmenschliche Behandlung der Indianer. Viel fruchtete es nicht, denn der Dominikanermönch Bartholomé de las Casas schrieb dem spanischen König in seinem berühmten „Kurzgefaßten Bericht von der Verwüstung der Westindischen Länder", daß „die sogenannten Christen" über diese „sanften Schafe", womit er die Indios meinte, herfielen, „wie Wölfe, Tiger und Löwen, die mehrere Tage der Hunger quälte". „Seit 40 Jahren haben sie unter ihnen nichts anderes getan, und noch bis auf den heutigen Tag tun sie nichts anderes, als daß sie dieselben zerfleischen, erwürgen, peinigen, martern" und „auf die grausamste Art aus der Welt vertilgen", schrieb er weiter, „... und ich sage die Wahrheit, denn ich habe es die ganze Zeit über mitangesehen." Dieser Bericht wurde wie so viele andere als skandalös, als hetzerisch und unverschämt abgetan, denn ganz andere Interessen mußten wahrgenommen werden.

1524 schrieb Hernán Cortés an Kaiser Karl V.: „... ich habe Eurer Hoheit von der günstigen Disposition mancher naturales dieser Religion zur Bekehrung zu unserem katholischen Glauben berichtet. Ich habe sie wiederholt ersucht, Sie möchten Leute schicken, Ordensleute mit einem guten Leben und Beispiel."

Dann beklagte sich Cortés über die Prälaten und bat um Franziskaner: „Wenn wir hier Bischöfe und andere Prälaten haben, dann werden die schlechten Gewohnheiten hier nur fortgesetzt. Sie mißbrauchen die Güter der Kirche für Pomp und andere Laster" ... „Und noch schlimmer: die naturales hier haben viele Priester für den Kult und die Zeremonien, aber sie sind ehrenhaft und von einer gewissen Keuschheit. Was sollen sie denken, wenn sie die Kanoniker und Eminenzen sehen, die einen profanen Lebenswandel führen und sich allen Lastern hingeben? Es gereichte zur Verachtung unseres Glaubens, und er würde zum Gespött."

Zwölf Franziskaner kamen im Mai 1524 in Mexiko an. Auf ihrem Fußmarsch Richtung Hauptstadt kamen sie oft mit Indios in Berührung, die die barfüßigen Missionare in ihren braunen Kutten bedauerten. „Motolinia" war ein Wort, das die Franziskaner immer wieder hörten. Ein Dolmetscher klärte auf: „motolinia" heißt arm. Einer der 12 Missionare, Fra Torbidia de Benavente, nannte sich von da an Motolinia.

Cortés empfing die Franziskaner mit großem Pomp. Dann kniete er nieder und küßte den „Armen" die Hände. Worauf sein Hof und auch die Kaziken seinem Beispiel folgten. Die 12 Franziskaner erlernten die Sprache der Azteken, bevor sie zu handeln begannen.

Im Laufe der Jahrhunderte wurden weit über 90 Prozent der Bevölkerung der lateinamerikanischen Länder zum Katholizismus bekehrt. Die Kirche agierte zur Zeit der Konquistadoren wie zur Zeit der Sklaverei, der Kolonialkriege, wie zu den Zeiten der Diktatoren oder der gewählten Präsidenten. Unter jeder Regierungsform war ihre Existenz unangetastet und brachte nur neue Kirchenpaläste hervor.

◆❂◆❂◆❂◆❂◆

Erst in unserem Jahrhundert fanden sich Priester, die ihren Glaubensauftrag neu interpretierten. Es ging nicht nur um ein Leben im Jenseits, sondern auch um eines vor dem Tod.

Gustavo Gutierrez, peruanischer Mestize, der als Pfarrer und Theologe in dem Armenviertel „Rimac" in Lima, der Hauptstadt Perus, lebte und arbeitete, wurde zum Vater der Befreiungstheologie.

„Es ist doch kein Zufall, daß eben auf diesem Kontinent, auf dem so viele Fehler gemacht worden sind, daß gerade da die Theologie der Befreiung entstehen konnte", sagt darüber Bischof Ivo Lortscheiter aus Santa Maria in Brasilien. Anläßlich einer Pressekonferenz der Koordinierungsstelle der österreichischen Bischofskonferenz für internationale Entwicklung und Mission in Wien erklärte er ferner: „Eine echte Theologie der Befreiung ist nicht nur passend, sondern auch nützlich und sogar notwendig. Zweifellos kann durch diese Theologie der Befreiung die Kirche Brasiliens ihrem Land und ganz Lateinamerika, aber auch vielen anderen Gebieten dieser Erde einen guten Dienst erweisen."

Dies ist ein Zitat von Papst Johannes Paul II., fügte der Bischof hinzu. Doch Papst Johannes Paul II. findet selten gute Worte für die Theologie der Befreiung. Die Politik des Vatikans hat sich seit den Zeiten Dom Helder Camaras, des kämpferischen, „roten" Bischofs von Brasilien, weiter verschärft.

Helders Arbeit in der Großstadt bewirkte seine Politisierung. „Ich dachte damals naiv, daß sich alles auf den Kampf zwischen Kommunismus und Kapitalismus zurückführen ließe", doch erst später erkannte er, daß der wahre Konflikt „zwischen einer kleinen Gruppe von Ländern im Norden und der Masse im Süden" liegt. Die Kirche Brasiliens ist zwar offiziell vom Staat getrennt, doch war das Verhältnis zu den Regierenden immer innig. Den Militärputsch 1964, der mit dem Sturz des gewählten Präsidenten endete, begrüßte die nationale Bischofskonferenz mit einem trockenen Text, in dem immerhin der Freude Ausdruck gegeben wurde, daß das Land vor der Gefahr des Kommunismus errettet worden war. Die folgende Militärdiktatur verschärfte nur die sozialen Mißstände. Doch plötzlich begannen sich Priester auf die Seite der Armen zu stellen und sich auch engagiert in die Politik einzumischen. Sehr schnell wurden sie als Agitatoren ausgemacht und als Kommunisten beschimpft. Ihre Gallionsfigur war Dom Helder Camara, dessen Wohnung von den

◆✪◆✪◆✪◆✪◆

Todesschwadronen beschossen wurde und der trotzdem nicht in seiner Kritik an den Militärs nachließ. Er reiste in die Industrieländer der westlichen Welt und prangerte die Folterungen und Menschenrechtsverletzungen unter dieser Regierung an. „Um irgend etwas in der Dritten Welt zu verändern, muß man zunächst die Industrieländer verändern. Deshalb reise ich", kommentierte er seine Auslandsbesuche. Sein Status war unantastbar, doch seine Mitarbeiter, die nicht so bekannt waren, wurden vielfach zu Opfern der Todesschwadronen. Viele Priester wurden entführt und ermordet, denn der Haß auf die Kirche war grenzenlos, bot sie doch in der Diktatur einen Rückhalt.

Heute werden progressive Geistliche wieder abgelöst und durch Priester ersetzt, die sich zurückhalten, Politik für die Armen zu machen. Nur 200 von 12.700 Priestern sind schwarz. Der Sitz Dom Helder Camaras ging an den konservativen Kirchenrechtler Dom José Cardoso Sobrinho. Er ließ Favela-Priester durch Spitzel beobachten und verfolgen und entzog der Menschenrechtsorganisation seines Bistums die Unterstützung.

✪◆✪

Das Leben in den Armenvierteln, die es am Rande aller Großstädte Lateinamerikas gibt, ist bis heute keineswegs besser geworden. Zu den schlimmsten Slums zählen die Favelas von Rio.

Die Favelas umklammern Rio wie eine Zwangsjacke. Auf den 33 Hügeln, die die Stadt umgeben, breiten sie sich aus. Ein Labyrinth von Hütten und Gassen, die bei jedem Regenguß abzurutschen drohen. Zwei Millionen Menschen leben in den 500 Favelas Groß-Rios in unvorstellbarer Armut. Doch immerhin haben sie eine fixen Platz, viele müssen in irgendwelchen Winkeln der Stadt, unter Brücken oder einfach auf dem Gehsteig schlafen.

An den Hügeln der Bergkegel gelegen, verstecken sich die Hütten jenseits des so gerne photographierten Corcovado, hinter dem Rücken des riesigen Christus aus Beton mit den ausgestreckten Armen. Hier leben hunderttausend Menschen in Hütten aus Pappe, Brettern und Wellblech. Die ärmsten Hütten von allen befinden sich auf den steilsten Abhängen. Ihre Fundamente sind am wenigsten gesichert, und bei

◆❂◆❂◆❂◆❂◆

starken Regenfällen und heftigen Windböen werden sie oftmals weggeschwemmt. In den Hütten, die meist nur aus einem Raum bestehen, leben oft viele Menschen zusammengepfercht. Frauen, eine Schar Kinder, Männer, vom Leben in den Favelas gezeichnet, vom Hunger, der Armut, Krankheit – und ohne Zukunft.

In den Favelas gibt es eine eigene Hierarchie, mit einer eigenen Art Polizei, die gegen Militär und Staatspolizei kämpft, wie in einem Bürgerkrieg. Die Menschen der Favelas werden von den Bossen und ihren Untergebenen beschützt, natürlich gegen Schutzgelder. Auch die Kinder, die betteln gehen, Autofenster waschen, Schuhe putzen oder stehlen, werden beschützt. Passiert so einem Kind etwas, wird es mit dem Tod des Täters gerächt. Oft sind an der Spitze der Hierarchie Drogendealer; dann müssen die Kinder auch Schmiere stehen und werden oft zu Sklaven des weißen Pulvers, das sie auch zu verkaufen helfen. Sie werden Handlanger in einem Geschäft, bei dem das Überlebensalter bei maximal 30 Jahren liegt, denn sie kommen entweder im Bandenkrieg um oder bei einer Schießerei mit der Polizei.

❂◆❂

Die Gewalt in Rio ist überall zu spüren. Es gibt natürlich auch die gewissen Routen, die gediegenen Hotels und die kontrollierten Ausflüge, bei denen man kaum etwas wahrnimmt. Meine Freunde und Bekannten weigerten sich jedenfalls, nach sechs Uhr abends das Haus zu verlassen, um spazieren zu gehen. Die Angst vor Gewalt, die das Denken vergiftet, wird in völlig alltäglichen Szenen sichtbar. Nach dem Besuch eines Theaters plauderten wir noch ein wenig und warteten an der Treppe auf ein Taxi, das uns abholen sollte, als sich uns eine Gruppe Halbwüchsiger näherte. Sofort war die Spannung spürbar. Geschehen ist gar nichts. Nur das Gefühl der Bedrohung, die Angst, war da.

Kriminalität gehört zum Alltag in Rio wie der Zuckerhut und der Karneval. PPAF steht in jeder dritten Zeile der Registrierhefte der Friedhöfe: „perforaçao por arma de fogo", Einschuß durch Feuerwaffe. Alle zwei Stunden wird in Rio ein Mensch getötet. Doch Cariocas, wie der Schriftsteller Antonio Callado, die in Rio geboren sind, vergleichen die Stadt mit New York oder anderen Metropolen und meinen: „Es handelt sich um eine Plage, der man in allen Großstädten der Welt begegnet."

◆◎◆◎◆◎◆◎◆

Trotzdem liegt für viele die Hoffnung in den Städten. 67 Prozent der Bevölkerung leben dort. Vor 40 Jahren war das Verhältnis noch umgekehrt. Auf dem Land werden die Kleinbauern und Menschen mit geringem Verdienst vertrieben und müssen immer weiter nach Norden ziehen. Der sechstgrößte Agrarexporteur der Welt hat eine sehr asoziale Agrarstruktur. Weniger als ein Prozent der Bevölkerung besitzen 46 Prozent des fruchtbaren Landes. Insgesamt gibt es fünf Millionen Landbesitzer. 90 Prozent davon sind laut offizieller Statistik Kleinbauern, das heißt sie leben an der Armutsgrenze.

Die „fazenderos", die Großgrundbesitzer, machen ein gutes Geschäft mit einer neuen Exportpflanze: Soja. Primär wird sie zur Fütterung der Rinder benutzt. Die Grundnahrungsmittel für den Eigenbedarf der Menschen werden von den Äckern getilgt und durch Soja ersetzt. Die Sojapflanzungen verdrängen aber den Anbau der „feijão", der schwarzen Bohne, die zu den Grundnahrungsmitteln im Lande zählt. Heute wird die traditionelle Sklavenmahlzeit „feijoada", ein Bohneneintopf, zur Spezialität. Dafür hungern über 80 Millionen der Brasilianer, obwohl die Landwirtschaft jährlich beständig wächst. Um diese Steigerung beizubehalten, mußten große Mengen Pflanzengifte importiert werden. Einige Zeit war ein Vorstandsmitglied des deutschen Chemiemultis Bayer Landwirtschaftsminister in Brasilien.

Brasilien ist ein interessanter Industriestandort. Die meisten weltweit agierenden Konzerne sind hier vertreten und können ihre Filialen bauen, ohne sich viel um den Umweltschutz zu kümmern, denn die Auflagen sind nicht sehr streng. Die Bezahlung der Menschen ist gering, und sollte es zu Protesten kommen, kann die Fabrik im Extremfall für einige Zeit gesperrt werden. Auf alle Fälle finden sich bald genug Menschen, die für geringeren Lohn arbeiten, damit sie wenigstens etwas Geld verdienen.

Eines der Beispiele von extremer Luftverschmutzung ist die Industriestadt Cubatão. Zu Beginn der achtziger Jahre wurden täglich 7.000 Tonnen von 72 verschiedenen Chemikalien ausgestoßen. In dem engen Tal gab es 23 in- und ausländische Düngemittelfabriken, Stahlwerke und Raffinerien. Abgesehen vom Waldsterben kam es reihenweise zu Schädigungen bei Kindern.

Der Verdacht, die Fabriken könnten damit zusammenhängen, verdichtete sich. Es kam zu offiziellen Protesten. Die Reaktion war, das besonders betroffene Viertel abzureißen und die Anwohner umzusiedeln. In der offiziellen Propaganda wurde Cubatão zur Umweltsymbolstadt gemacht. 500 Millionen Dollar an Umweltschutzmaßnahmen wurden investiert. Doch noch immer stehen Atemwegserkrankungen und Krebs als Todesursachen an erster Stelle. Zwei Naturparks wurden errichtet. In einem von ihnen wurden einige Tonnen Hexachlorbenzol gefunden. Früher gab es dort nämlich eine Sondermülldeponie.

Die Inflation lag 1989 bei 1.700 Prozent. Ein Großteil des Volkes hat die Armut mit dem Elend vertauscht. Dabei ist Brasilien die achtgrößte Industrienation der Erde. Brasilien ist das höchst industrialisierte Land der sogenannten Dritten Welt. Es hat das modernste Telefonnetz Lateinamerikas. Selbst aus einem Dorf im Urwald kann man, vorausgesetzt ein Telefon ist vorhanden, jede Stadt der Welt direkt erreichen.

Der hastige Aufbruch in die Moderne basiert auf einer immensen Förderung der Industrie. Ein Viertel des Industriewachstums der gesamten Dritten Welt während der letzten zwanzig Jahre geht auf das Konto von Brasilien. Es gibt hier die größte Automobilproduktion, riesige Baufirmen, Stahlkonzerne und Kraftwerke. Brasilien ist der Welt zweitgrößter Produzent von Soja, Orangensaft und Hühnerfleisch. Diese Steigerung der heimischen Wirtschaft, die große Konzerne wie Mercedes oder VW ins Land holen konnte, stützte sich auf Kredite. Die Militärs akzeptierten wahllos Kredite, um ihre gigantischen Projekte durchführen zu können.

Brasilien exportiert heute mehr als doppelt soviel, wie importiert wird, doch explodierten die Auslandsschulden von vier auf über 100 Milliarden Dollar. Brasilien kann heute zwar eine Atombombe bauen, doch 1988 hatten 71 Prozent der Haushalte kein fließendes Wasser und 85 Prozent keine Kanalisation.

Auf der Welthungerliste steht Brasilien an sechster Stelle hinter Indien, Bangladesch, Pakistan, den Philippinen und Indonesien. Zwei Drittel aller Brasilianer waren am Ende der Diktatur unterernährt. Rund 88 von 1.000 Kinder sterben vor ihrem ersten Geburtstag, und die Militärregierung kann ohne Übertreibung des Völkermordes an den Indios beschuldigt werden. Unzählige Stämme wurden ausgerottet. 1910 lebte noch knapp eine Million Indios in unerschlossenen Gebieten. Weniger als ein Fünftel schaffte es zu überleben. Selbst in ihrer Heimstatt, im Amazonasurwald, sind sie keinesfalls sicher.

◆✪◆✪◆✪◆✪◆

Der riesige Urwald ist ein reiches Betätigungsfeld für Spekulanten und moderne Glücksritter. Die noch verbliebenen Stämme und Völker der Ureinwohner können sich gegen diesen Einbruch in ihr Gebiet nicht wehren. Immer weiter werden Schneisen in den Wald getrieben. Große Flächen von mehreren tausend Hektar Land werden en bloc von der Regierung an Unternehmer verkauft, die sich davon ein gutes Geschäft erwarten. Verkauft werden nicht nur die Bäume und das Land, sondern auch die Menschen, die darauf wohnen. Plötzlich werden sie, die immer frei gelebt haben, über Nacht Eigentum eines fernen Besitzers.

Eine neue Bedrohung heißt Projekt 2010. Die brasilianischen Elektrizitätswerke wollen rund 80 Stauwerke im Urwald bauen. Der Strom wird von den Aluminiumwerken benötigt, die das Bauxit aus dem Boden schürfen und verarbeiten. 18.000 Quadratkilometer Urwald werden den Dämmen zum Opfer fallen. Ein weiterer Schritt zur Zerstörung des Regenwaldes. Ein Nasa-Satellit meldete an einem einzigen Tag 6.800 brennende Stellen im Amazonasgebiet. Zuerst werden die wertvollen Stämme geschlagen, dann ziehen die Kleinbauern in das Gebiet und brennen die verbliebenen Bäume nieder. 1987 wurde jede Minute eine Fläche in der Größe von zwanzig Fußballfeldern abgebrannt und gerodet. Die Kleinbauern versuchen nur, die ehemalige Politik der Militärs zu erfüllen: Land ohne Menschen, für Menschen ohne Land.

Der Kampf ums Überleben treibt sie auf Arbeitssuche in Großprojekte, wie die berüchtigte Transamazonica oder Staudammprojekte, zur Goldsuche und Erzverarbeitung. Im Norden Brasiliens, im Amazonasgebiet, bekommen sie doppelt soviel Ackerland, wie sie roden können. Nach fünf Jahren können sie den Besitz ins Grundbuch eintragen lassen. Doch der Boden ist für Ackerbau nicht geeignet. Nach dem Brand kommt der Acker, nach dem Acker die Viehweide, und danach, wenn die Humusschicht verweht ist, bleibt nur mehr eisenharter Boden übrig. Regenwald ist nicht mehr aufforstbar. Der Humus, einmal ausgewaschen, kann nicht mehr ersetzt werden.

Sie müssen weiterziehen. Vielleicht zu einem anderen Großprojekt oder zum Industriepark Carajás, dem größten Erzvorkommen Brasiliens. Eine Eisenbahn führt von hier bis zum Atlantik, einmal pro Woche für einen Personentransport, sonst für Eisenerz. 20 Hochöfen stehen an der Bahnlinie. Das Brennmaterial für die Öfen ist

◆✪◆✪◆✪◆✪◆

Holzkohle. Wenn alle geplanten Gußeisenhütten in Betrieb gehen, werden 1,2 Millionen Tonnen Holzkohle jährlich benötigt. Das sind 200.000 Hektar Urwald. Der Lebensraum der Indios wird dadurch wieder kleiner.

Kolumbien – Das Land, das nach Kolumbus benannt wurde

Kolumbien ist ein Tropenland, das Klima wandelt sich jedoch mit der jeweiligen Höhenlage. Man fährt auf einer kalten Hochebene, im Tal ist es dann tropisch heiß. Diese Erfahrung konnte ich bei einer Fahrt von Bogotá, der Hauptstadt Kolumbiens, ins Landesinnere machen. Ich war auf dem Weg nach Quindío, einem Gebiet mit den höchsten Vulkanen des Landes. Die Aschenböden sind sehr fruchtbar und daher ideal für die hiesigen milden Kaffesorten.

Ein Platz in einem Flugzeug war nicht zu bekommen, es war gerade Ostern, und ich mußte mir einen Chauffeur mieten. Pedro Fajardo, der für die Österreichische Botschaft als Fahrer arbeitete, konnte allerdings nicht Bergfahren.

Während wir dahinschlitterten, versuchte ich, ihn zu überzeugen, daß es noch andere Gänge als den dritten gibt, doch er war unbeirrbar. In Melgar war es so weit, die Reifen rutschten, und wir donnerten in eine Felswand, die die Straße begrenzte. So kam ich nach Melgar. Es ist nicht weit von Bogotá entfernt und schon tropisch. Während in Bogotá die Durchschnittstemperatur zwischen 14 und 16 Grad liegt, ist es im Flußtal des Río Magdalena heiß. Die Bogotaner fahren dorthin zum Schwimmen. Es gibt eine Reihe Klubs und andere Einrichtungen. Besonders im Winter werden Melgar und seine Nachbarorte geschätzt und sind einen Besuch wert.

Kolumbien ist ein Land der Gegensätze, ein Land, das vor seiner Eroberung durch die Spanier bemerkenswerte Hochkulturen hervorgebracht hat. Herrliche Goldarbeiten, Münzen, Keramiken legen Zeugnis ab von der schöpferischen Kraft und dem Reichtum der präkolumbianischen Völker.

Von der Heimat der Taironas, an den Stränden des Karibischen Meeres, bis zu dem Tumacos am Pazifik, vorbei an den Hochebenen des Andengebirges, der

◆◎◆◎◆◎◆◎◆

Domäne der Chipchas, kann man den Spuren der Geschichte folgen, die durch die spanische Eroberung jäh beendet wurde.

Drei rivalisierende Feldherren trafen einander im 16. Jahrhundert in Kolumbien. Einer von ihnen war der junge Nikolaus Feldmann, Gouverneur und Anführer des Söldnerheeres der deutschen Privatkolonie Venezuela. Diese war ein Geschenk Kaiser Karls V. an die Gebrüder Bartholomäus und Anton Welser für eine geliehene sechsstellige Summe von Gulden, die der Kaiser bei seiner Wahl zur Bestechung der Kurfürsten und Augsburger Kaufherren brauchte.

Die beiden anderen Feldherren waren Gonzalo Jiménez de Quezada und Sebastian de Benalcázar.

Nikolaus Feldmann stieß auf der Suche nach dem sagenhaften Goldland Eldorado auf das Hochland von Kolumbien. Aber auch die anderen wurden von ihrer Gier nach dem Gold getrieben. Indios erzählen von dem Königreich Dabeiba, dessen Tempel und Häuser aus Gold gewesen sein sollen. Expeditionen auf den Flüssen scheiterten, nur der Landweg war offen.

Gonzalo Jiménez de Quezada, der vom karibischen Raum mit 750 Soldaten und 100 Pferden unterwegs war, suchte nach einem Smaragdland. Kolumbien ist bekannt für seine grünen Steine, die bei einigen Stämmen als Machtsymbole galten. (Der bekannteste und wertvollste Samaragd, der Stein der Herzogin von Devonshire mit 1.350 Karat, stammt aus den Muzo-Minen Kolumbiens.) Quezada trieb seine Männer zu immensen Strapazen an. Aus Hunger aßen sie später ihre Hunde und Pferde, selbst Leichen sollen sie nicht verschont haben. Mit 166 Mann, die ihm übrigblieben, stieß er in der Hochebene auf das Volk der Chipchas, die sich den Eindringlingen entgegenstellten. Den Spaniern gelang es aber, bis zum Chipcha-Häuptling von Bacata vorzudringen, der, ähnlich dem Inka, göttliche Verehrung genoß. Den Sonnentempel mitsamt seinen Ritualgegenständen brannten sie nieder, erbeuteten Gold, Smaragde und machten die überlebenden Indios zu ihren Sklaven. Sie verstanden es auch, die einzelnen Herrscher gegeneinander aufzuwiegeln, und profitierten so von den Stammesfehden. Das eroberte Land nannte Quezada, in Anlehnung an seine spanische Heimat, Neu-Granada.

Sebastián de Benalcázar kam aus Ecuador, wo er 1534, als Unterfeldherr von Pizarro, Quito gegründet hatte. Mit der Eroberung Ecuadors beauftragt, entdeckte er die Savanne von Bogotá und stieß auf die beiden anderen Feldherren. Ohne die Einmischung der Geistlichen wäre es zweifelsohne zu einem Machtkampf zwischen den drei Rivalen gekommen. So aber kamen sie überein, die spanische Krone entscheiden zu lassen, wem die Stadthalterschaft gebühre. Letztendlich erhielt sie keiner der drei. Feldmann kam in Europa um, Quezáda starb an der Lepra, und Benalcázar wurde 1551 zum Tode verurteilt. Die Kolonialherrschaft begann. Die Ureinwohner wurden immer weiter zurückgetrieben, bis sie schließlich in sogenannten Resguardos landeten. Nach 40 Jahren hatte nur ein Zehntel der Familien überlebt. Sie arbeiteten in den Minen und starben dort, wurden durch eingeschleppte Krankheiten dezimiert oder begingen auch kollektiven Selbstmord, da sie der Übermacht und Gewalt nicht mehr Herr wurden.

Mit der Schlacht von Boyacá, am 7. August 1819, endete die spanische Herrschaft in Kolumbien. Die Republik Großkolumbien wurde ausgerufen, die das heutige Kolumbien, Venezuela, Ecuador und Panama vereinte. Die Idee des Freiheitshelden Simón Bolívar verwirklichte sich zumindest kurzfristig. Als Venezuela und Ecuador 1830 aus der Republik ausschieden, begann durch interne Auseinandersetzungen der Zerfall Großkolumbiens. 1903 erklärte sich Panama durch eine von den USA unterstützte Revolte unabhängig. Kolumbien war damals durch einen Bürgerkrieg, den „Krieg der 1.000 Tage", so geschwächt, daß es sich 1914 von den USA mit 26 Millionen Dollar für den Panamakanal abfertigen ließ.

Nach den Unabhängigkeitskriegen bildeten sich zwei große Gruppierungen, die Konservativen, die die kolonialen Strukturen, wie Sklavenhaltung und starke Zentralregierung, beibehalten wollten und sich gegen soziale Reformen sträubten, und die Liberalen, die entgegengesetzte Positionen einnahmen. Diese Spaltung des Landes in zwei Lager hält auch heute noch an.

Zwischen 1930 und 1946 gab es den blutigsten Bürgerkrieg in der kolumbianischen Geschichte.

Erst ab 1953, unter der Herrschaft des Diktators Rojas Pinilla, kam es zu einer Befriedung des Landes. Er scheiterte jedoch auch an den Problemen der Inflation, der Korruption und der Auslandsverschuldung. Fehlende soziale Reformen führten zur Bildung von Guerillagruppen, der sich auch Geistliche unter dem Banner der „Theologie der Befreiung" anschlossen.

In der Epoche des Kolonialismus waren die Kirche und die Theologie des Westens mit der Herrschaftsklasse, der Oligarchie, verbunden. Ihre Verkündung ignorierte die Armen und Unterdrückten.

Sie versuchten keineswegs, die Kulturen, Traditionen und Religionen der eroberten Länder zu verstehen, sie zu respektieren oder sie in ihre theologische Denkarbeit einzubeziehen.

Die unmenschliche Armut, unter der Millionen von Lateinamerikanern leiden, ist eine Tatsache, und ihre Boten sind Kindersterblichkeit, das Fehlen eines sozialen Netzes, Hungerlöhne, Unterbeschäftigung, Arbeitslosigkeit, Unterernährung, mangelnder gesetzlicher Schutz. Dazu kommt noch eine Reihe von Ängsten, die für Länder, in denen Diktatur herrscht, typisch sind: Angst vor Denunzierungen, vor dem Verschwinden von Angehörigen, vor der Verhaftung ohne richterliche Befehle.

„Es geht darum, den Puls der Geschichte mit dem Wort des Herrn der Geschichte zu erhellen, der sich unwiderruflich dem Heute der werdenden Menschheit verpflichtet hat, um das Werden der Menschen zu seiner vollen Erfüllung zu bringen." (Gustavo Gutierrez, Theologie der Befreiung, 1972)

Die Kirche habe die ausgesprochene Pflicht, mahnt Papst Paul VI. in seiner Enzyklika „Evangelii Nuntiandi" („Über die Evangelisierung in der Welt von heute", 1975), „die Befreiung von Millionen menschlicher Wesen zu verkünden, die Pflicht, zu helfen, daß diese Befreiung Wirklichkeit werde, für sie Zeugnis zu geben und mitzuwirken, damit sie ganzheitlich erfolge. Dies steht durchaus im Einklang mit der Evangelisation."

Bis diese Dimension der Freiheit erreicht wurde, vergingen Jahrzehnte. Um 1900 berief der Papst lateinamerikanische Bischöfe zu einer Synode nach Rom, wobei sie den Auftrag erhielten, Modernismus und alle modernen Ideologien zu bekämpfen und ihre Wirklichkeit zu studieren. Zurück in Lateinamerika stellten die meisten Bischöfe Kommissionen auf, um den Auftrag Roms durchzuführen. Dabei entdeckten sie das Hauptproblem ihrer Wirklichkeit: die soziale Notlage.

Ende der zwanziger Jahre wurde in Europa die „Katholische Aktion" entdeckt, eine spirituelle Richtung, um Laien zu aktivieren, die es auch heute noch gibt. Als

◆❂◆❂◆❂◆❂◆

man diese Aktion nach Lateinamerika verpflanzte, hatte man nicht bedacht, daß sie eine Aktivität der europäischen Mittelschicht ist. Die Mittelschicht in Lateinamerika ist aber eher klein, und das große Heer der Armen wurde davon nicht berührt.

In den fünfziger Jahren begann es zu gären. In den sechziger Jahren folgten diverse Militärdiktaturen: „desaparecidos", spurlos Verschwundene, Terrorgruppen der Geheimpolizei, die sogenannten Todesschwadronen, waren dafür zuständig, Gefängnis und Folter waren an der Tagesordnung. Immer dringender wurde der Wunsch nach einer sozialen Einstellung der Kirche vor allem von jungen Priestern geäußert.

Im II. Vatikanischen Konzil sagte Papst Johannes XXIII. in seiner ersten Ansprache: „Wir wollen in diesem Konzil nichts verurteilen, nichts verdammen, nichts ausschließen. Wir wollen die Wirklichkeit unserer Kirche sehen, damit sie eine Kirche der Armen wird." Der Unterstützung der Kirche sicher, entstanden die ersten Basisgemeinden in Brasilien, Peru, Uruguay, Kolumbien und Argentinien.

Drei Jahre nach dem Vatikanischen Konzil, 1968, wurde in Medellín, Kolumbien, ein gesamt-lateinamerikanisches Nach-Konzil einberufen. Priester wie Gustavo Gutierrez hatten die Texte für das Konzil aus ihrer Erfahrung in den Basisgemeinden erarbeitet und sie sozusagen zur „Magna Charta" ihrer lateinamerikanischen Kirche gemacht. International bekannt wurde das Schicksal des Rebellenpriesters Camillo Torres.

Camilo Torres, Priester und Soziologieprofessor, sprach im Herbst 1963 im großen Saal von Radio Sutanenza, in Bogotá, über die Arbeit in der Gemeinde, die Aufgaben des Priesters und stellte dazu die Frage in den Raum, ob er als Christ zusehen solle, wie Menschen elend zu Grunde gehen, weil es ihnen an den elementaren Dingen fehlt.

Es dauerte nicht lange, bis er selbst seine Frage beantwortete: „Bei der Untersuchung der kolumbianischen Gesellschaft wurde mir klar, daß eine Revolution nötig ist, wenn man die Hungernden speisen, die Durstenden tränken, die Nackten bekleiden und den Massen unseres Volkes ein menschenwürdiges Dasein ermöglichen will.

Ich vertrete die Ansicht, daß der revolutionäre Kampf ein christlicher und priesterlicher Kampf ist. Nur durch ihn können wir unter den konkreten Umständen un-

◆✪◆✪◆✪◆✪◆

seres Landes die Liebe verwirklichen, die die Menschen ihren Mitmenschen entgegenbringen sollen."

Zu diesem Zeitpunkt verstand Camilo Torres unter Kampf durchaus den gewaltlosen Kampf um die Rechte seiner Mitbürger. Erst als alle seine Bemühungen, das Gewissen der Mächtigen zu erwecken, scheiterten, zog er daraus radikale Konsequenzen.

Camilo Torres, Absolvent der Universität Löwen in Belgien und seit 1954 zum Priester geweiht, Sohn eines angesehenen Arztes und Rektor der Medizinischen Fakultät an der Nationaluniversität in Bogotá, legte seine Soutane ab, griff zum Gewehr und schloß sich der Guerilla in den Bergen an. Am 15. Februar 1966 wurde er in einem Feuergefecht zwischen Regierungstruppen und seiner Guerillaeinheit ELN, Nationale Befreiungsarmee, erschossen. Die Nachricht seines Todes verbreitete sich wie ein Lauffeuer. Sein Beispiel faszinierte Millionen. „Gewalt ist das Recht der Verzweifelten", schrieb schon der spanische Philosoph Ortega y Gasset, und so sehen viele den Weg, den Camilo Torres eingeschlagen hat, als letzten Ausweg aus der Aussichtslosigkeit, radikale Reformen durchzusetzen.

Im selben Jahr, in dem Torres erschossen wurde, kam der spanische Priester Domingo Lain nach Kolumbien. Sechsundzwanzig Jahre jung und voll Enthusiasmus übernahm er die ihm zugewiesene Pfarre im Elendsviertel „Meissen" im Süden von Bogotá.

Außerdem arbeitete er noch in einem Ziegelwerk, um, wie er sagte, „... die Situation der Ausbeutung und des Elends, in dem die Mehrheit der Bevölkerung lebt, am eigenen Leib zu erfahren".

Er geriet in Konflikt mit der erzbischöflichen Kurie in Bogotá, mußte die Hauptstadt verlassen und wurde nach Cartagena im Norden des Landes versetzt. Als der Bürgermeister von Cartagena einigen armen Bauern ihr Land ohne angemessene Entschädigung enteignen wollte, organisierte Domingo Lain eine Protestdemonstration. Daraufhin wurde er des Landes verwiesen und kehrte am 19. April 1969 nach Spanien zurück. Seinem Heimatbischof Pedro Canteros teilte er mit, daß er die Absicht habe, nach Kolumbien zurückzukehren und sich der Guerilla anzuschließen.

Ein Jahr später, im April 1970, begründet Lain in einem Brief aus den kolumbianischen Bergen seinen Schritt: „Indem ich diesen Schritt bekannt mache, erneuere ich meine unwiderrufliche Entscheidung, die ich bei der Priesterweihe getroffen habe: daß ich mich in Treue den Armen und Unterdrückten widmen will, solidarisch mit ihrem Kampf für die Befreiung aus der Sklaverei."

Bei einem Feuergefecht am 10. Februar 1974 zwischen Regierungsarmee und Untergrundkämpfern wurden drei Guerilleros getötet. Aufgrund der Fingerabdrücke, die die Soldaten von den Toten machten, konnte einer der Toten als Domingo Lain identifiziert werden.

In einem Nachruf, der von seinen Freunden veröffentlicht wurde, hieß es: „Können wir behaupten, daß er ein Bandit war, der etwa die Bauern ausgebeutet hat? Beweisen die drei Jahre, die er als Arbeiter, und die fünf Jahre, die er in den Bergen verbrachte, indem er die Ungerechtigkeit nicht nur in Dokumenten, sondern mit seinem Leben entlarvte, nicht zur Genüge, daß der einzige Besitz dieses Menschen die Liebe zu den Menschen war?"

Der kolumbianische Franziskanerpater Diego Uribe, 1969 in Medellín zum Priester geweiht, sammelte entscheidende Eindrücke in den Elendsvierteln der schwarzen Bevölkerung an der pazifischen Küste. Anfang 1974 mußte er die Region verlassen, weil einigen Politikern seine Arbeit mit den Jugendlichen und sein Versuch, das Volk zu organisieren, mißfielen. Er wurde nach Bogotá versetzt. Zu diesem Zeitpunkt reifte sein Entschluß, sich der ELN, der Nationalen Befreiungsfront, anzuschließen, wie es auch Camilo Torres und Domingo Lain getan hatten. Als man ihn deswegen aus dem Orden ausschließen wollte, rechtfertigte Uribe sich im Oktober 1987 in einem Brief an seine Ordensbrüder:

„Ich betrachte mich als Priester des Franziskanerordens und denke nicht daran, den Orden zu verlassen. Zur Zeit bin ich Mitglied der Nationalen Befreiungsfront, aber dies schließt nicht ein, daß ich den Franziskanerorden zu verlassen habe. Auch als ich meine Familie zurückließ, um in den Orden einzutreten, hieß das nicht, daß ich meine Bindung an die Familie zerriß. Wir können unsere Augen nicht verschließen vor der Wirklichkeit außerhalb unseres Klosters. Während meiner Jahre in der Franziskanergemeinschaft habe ich von ihr, von ihrem großen Gründer Franz von Assisi und aus meinen Kontakten, die sie mir mit dem Volk gewährt hat, gelernt, daß es die Proletarier sind, in deren Mitte sich Kräfte entwickeln, die das Reich Gottes zu seinem Aufbau braucht. Die derzeitige Lage erlaubt keinen Mittelweg:

Entweder unterstützen wir die gerechten Kämpfe des Volkes, damit ein jeder Mensch würdig leben kann, oder wir ergreifen die Partei jener, die das ungerechte System gutheißen. Und sei es nur dadurch, daß wir den falschen Standpunkt der Neutralität um des Friedens willen einnehmen. Eines Friedens willen, den es nicht gibt, weil er auf Ungerechtigkeit ruht."

Drei Jahre später ist Diego Uribe tot. Ein Überfallskommando erschoß ihn, an seiner Schreibmaschine sitzend, in einem Versteck, das ihm Bauern in den Bergen eingerichtet hatten. Beim Durchwühlen des Verstecks fand das Überfallskommando ein Gewehr und, zwischen einigen Wäschestücken verborgen, sein Kreuz.

Heute ist Kolumbien eine Präsidiale Republik mit über 30 Millionen Einwohnern. 1987 einigten sich die beiden großen Parteien auf eine Art Burgfrieden. Sie wollen sich alle vier Jahre an der Regierung ablösen. In den Medien wird über Kolumbien nicht viel Positives berichtet. Drogenkartell, Entführungen, Guerillaüberfälle und Korruption ergeben das klassische Bild eines südamerikanischen Landes. Kolumbien kämpft mit enormen Problemen, doch die Reduzierung auf einige Etiketten kann nie ein reales Bild ergeben.

Wenn man in Bogotá, der Hauptstadt Kolumbiens, ankommt, so hat man nicht den Eindruck, in einem südamerikanischen Land zu sein. Meist liegen dichte Wolkenfelder über der savannenartigen Hochebene.

Das Hochplateau ist sehr fruchtbar, der kolumbianische Rasen steht dem englischen in nichts nach. Es regnet auch beinahe so häufig wie in England. Fast täglich ist zumindest ein Guß zu erwarten.

Bogotá ist viel zu rasch gewachsen. Aus dem kleinen Städtchen Santa Fé de Bogotá, das der Spanier Gonzalo Jimenez de Quesada 1538 gründete, nachdem er die eigentlichen Einwohner, die Chipcha-Indios, fast eineinhalb Jahre bekämpft und die Ruinen der Sommerresidenz des Kaziken dem Erdboden gleichgemacht hatte, um darauf zu Ehren der zwölf Apostel zwölf Häuser und eine Kirche zu errichten, ist eine Megalopolis geworden, deren Einwohnerzahl sich nur mehr schätzen läßt. Offiziell spricht man von fast fünf Millionen, doch die rund 200 Barrios im

◆◎◆◎◆◎◆◎◆

Süden der Stadt mit vielen nicht registrierten Zuwanderern katapultieren die Einwohnerzahl auf geschätzte sieben Millionen.

Die Hochfläche von Bogotá ist wegen ihres angenehmen Klimas das dichtestbesiedelte Gebiet in Kolumbien. Im Osten wird sie durch Berge und im Westen durch Industrieansiedlungen begrenzt – oder besser beengt. Der einzige Ausweg bleibt in einer Ausweitung nach Norden oder Süden. Diese beiden Himmelsrichtungen, mittlerweile ist Bogotá schon auf 30 Kilometer in der Nord-Süd Achse angewachsen, markieren auch das Wohlstandsgefälle.

Die Reichen ziehen immer weiter nach Norden, im Zentrum leben der Mittelstand und das Kleinbürgertum, und nach Süden dehnen sich die Armensiedlungen aus. Jährlich gibt es rund 300.000 Zuwanderer, die unterkommen wollen. Entweder in Invasions-Barrios, wo offenes unbenutztes Gelände über Nacht besetzt wird und schnell Hütten aus Brettern oder Karton errichtet werden. Fließendes Wasser, Kanalisation oder Elektrizität gibt es nicht. Oder in Piraten-Barrios, wo private Unternehmer Grund billig aufkaufen und dann parzellenweise an Zuwanderer weitergeben. Gewinne bis zu 800 Prozent lassen sich dabei erzielen. 1940 zählte Bogotá noch 350.000 Einwohner. Allein in den letzten 50 Jahren wuchs die Bevölkerung um unglaubliche 4,5 Millionen.

Nur durch die Adresse werden Macht, Geld und Einfluß signalisiert. Im Norden gibt es Straßensperren, bewaffnete Patrouillen und scharfe Hunde. Die Häuser der „zonas residenciales“ sind oft durch meterhohe Mauern gesichert. Auch Banken und Geschäfte sind rund um die Uhr bewacht.

Bogotá ist eher eine neue Stadt mit einem kleinen, alten Zentrum. Bei Gebäuden gibt es jeden Stil, den man sich nur vorstellen kann. Indirekt resultiert daraus wieder ein gewisser Charme. Es wirkt dadurch nicht so häßlich. Die Fahrt vom Norden der Stadt in den Süden gleicht einer Tagesreise.

◎◆◎

Eine Freundin, Azusena Gomez, die Cousine des Präsidenten der österreichisch-kolumbianischen Geselschaft, Luis Miguel Urrego, nahm mich mit offenen Armen auf. Sie lebte damals in einem wunderschönen, großen Haus, das sie allerdings kaum verlassen hat, aus Angst vor einem Einbruch, trotz Polizeipatrouillen, die das gegenüberliegende Haus, in dem ein General wohnte, bewachen.

Die Menschen in Bogotá, zumindest diejenigen, die es sich leisten können, wohnen lieber in Hochhäusern, wo man vom Lift direkt die Wohnung betritt und beim Eingang ein Portier steht, der das Kommen und Gehen überwacht. Ein Jahr später, als ich wieder nach Kolumbien kam, wohnte Azusena bereits in einem Appartement. Das Haus, das der Familie gehörte, war verkauft worden. Das ist der Trend: weg vom Einzelhaus, weil es zu gefährlich ist. Wenn man abends in Bogotá mit einem Auto fährt, sind die Straßen leer. Man sieht fast keine Fußgänger. Es gibt kein Nachtleben, denn dafür ist die Angst zu groß. Die Angst hat das ganze Leben verändert.

Dieser Spalt, diese Kluft in der Gesellschaft wird auch an den Gamines, den Bettlerkindern von Bogotá, spürbar. Sie leben auf der Straße in Banden, schlafen unter Zeitungen in Häusernischen oder leerstehenden, verfallenden Häusern. Sie können immerhin auf eine lange Tradition zurückblicken, denn schon 1774 befahl der Vizekönig Manuel de Guirior, alle Straßenkinder zusammenzurufen, um sie mit einem Teil des Gewinns aus den Salinen von Zipaquirá zu unterstützen. Das Problem bestand weiterhin, und später ging der Vizekönig Ezpelet sogar so weit, selbst um Almosen zu bitten, um ein Hospiz errichten zu können, das er den Jesuiten übergab. Doch die Zahl der Gamines stieg während der Unabhängigkeitskriege immer weiter. Indiofamilien auf dem Land würden ihre Kinder niemals wegschicken oder sie verlassen, doch durch den Zuzug in die Stadt verändern sich auch hier die Traditionen.

Für den Touristen hört Bogotá im Zentrum bei der Kathedrale und dem Präsidentenpalast auf. Den Süden besucht kein Tourist. Hier ist die Armut zu Hause.

In meiner Funktion als Präsidentin der Österreichischen Lateinamerikahilfe ist der Süden Bogotás genau das, was mich interessiert. Emma Gaveria de Uribe, die Frau des Kolumbianischen Botschafters in Paris, hat mich in Wien aufgesucht und mir von einem Projekt in Bogotá erzählt, das im Armenviertel Subá liegt, und mich um Hilfe gebeten.

Die Mutter von Emma Gaveria de Uribe ist Direktorin einer höheren Mädchenschule, die nicht sehr weit von dem Viertel Subá entfernt, aber doch noch in einem

◆❂◆❂◆❂◆❂◆

besseren Stadtteil liegt. Die Lehrkräfte dieser Schule unterstützen Emmas Projekt, das „Solidarische Mütter von La Gaitana" heißt und 1982 gegründet wurde. Arbeitende Mütter im Armenviertel Subá in Bogotá schlossen sich in eigener Initiative zusammen, um ihre von Verwahrlosung bedrohten Kinder zu retten. Es wurden „Solidarische Mütter" ausgebildet, die Kinder zwischen einem Monat und sechs Jahren in einer Art Tagesheimstätte betreuen. Die Lehrerinnen helfen den Frauen, instruieren sie über Hygienemaßnahmen, stellen Ernährungsprogramme zusammen und informieren sie auch über den Gebrauch von Verhütungsmitteln. Die Schülerinnen von San Patricio, der Mädchenschule, besuchen das Projekt einmal die Woche, um mit den Kindern zu spielen und zu lernen.

Zuerst gab es große Schwierigkeiten, da ein direkter Kontakt der verschiedenen Gesellschaftsschichten eine Ausnahme darstellt und die Eltern ihre wohlbehüteten Kinder nicht in so einer Gegend sehen wollten. In diesem Projekt lernen sie aber die Realität ihres Landes kennen. Schlußendlich konnten auch die Eltern überzeugt werden und begannen, Kleidersammlungen zu veranstalten.

Bei meinem ersten Besuch war ich vom Zustand der Siedlung entsetzt. Es gab Hütten, die aus Bambus gebaut und mit Schilf gedeckt waren. Nur einige wenige Häuser waren bereits aus Ziegeln errichtet worden, einstöckig mit einem flachen Dach. Quadratische Grundrisse aus Ziegeln. Es fehlte jegliche Kanalisation, und die Straßen waren matschige Wege. In diesem Viertel wurde von staatlicher Seite jungen Familien aus überfüllten Wohnungen und neuen Zuwanderern Grund zur Verfügung gestellt, damit sie siedeln und bauen konnten. Da diese Familien aber nie viel Geld haben, müssen sie sich mit den Materialien zufriedengeben, die sie irgendwie und irgendwo auftreiben können.

Das ganze Jahr über ist Frühling. Jahreszeiten im eigentlichen Sinn gibt es nicht. Aber es regnet täglich. Alles ist grün. Für die gepflegten Golfclubs, die an England erinnern, ist dies von Vorteil, für die Armenviertel eine Katastrophe. Da gibt es aufgerissene, dreckige und aufgeweichte Straßen mit großen Wasserlachen, die Brutstätten für Insekten, Moskitos und Bakterien sind. Das Wasser, das sich in kleinen Tümpeln sammelt, kann von der Erde gar nicht aufgesaugt werden. Daneben liegt der Mist, der achtlos weggeschmissen wird, aufgehäuft, und in den Pfützen spielen die Kinder.

◆❂◆❂◆❂◆❂◆

Einer der Anziehungspunkte des Stadtviertels ist, daß es eine Beschäftigungsmöglichkeit für junge, ungelernte Frauen in der benachbarten, exportorientierten Blumenindustrie gibt. Der Mangel an Arbeitsplätzen für Hilfsarbeiter macht sich besonders bei den Männern bemerkbar, und so kommt es, daß in der Regel die Frauen die Verantwortung für die Kinder nicht mehr tragen können, da sie arbeiten müssen, um die Kinder zu ernähren, zu kleiden, ihnen einen Wohnraum zu schaffen. Das geht wiederum zu Lasten der Entwicklung und Erziehung der Kinder, denn die traditionelle Großfamilie existiert auch hier nur mehr selten.

Die „Solidarischen Mütter", die aus diesem Grund entstanden und die Kinder beaufsichtigen, erhalten denselben Lohn für diese Tätigkeit, wie wenn sie zur Arbeit gingen. Es gibt im Zentrum auch noch eine Mütterberatungsstelle.

Jede der „Solidarischen Mütter" sorgt für 12 Kinder und nimmt zweimal wöchentlich an einem Fortbildungskurs teil. Ein Drittel der Projektkosten trägt die kolumbianische Regierung, der Rest muß aus Spendengeldern finanziert werden.

Die Mütter, die diese Initiative in Anspruch nehmen, sind vor allem Blumenbinderinnen. In der Savanne von Bogotá gibt es riesige Blumenfelder. Vom Flugzeug aus sieht man die Folienbespannungen, die die Nelken und Rosen schützen. Nach Holland ist Kolumbien weltweit größter Lieferant von Schnittblumen. Per Luftfracht werden sie zwei Tage nach der Ernte verschickt und sind einen Tag später in den Blumenläden Europas. 1989 wurden allein in Österreich für Blumen 832 Millionen Schilling ausgegeben.

Ein großes Problem der Arbeiterinnen ist der Umgang mit Pestiziden. Sie verdienen extrem wenig und sind gesundheitlich sehr gefährdet. Beispielsweise Captan, das bei uns verboten ist, da krebserregend, wird in Kolumbien noch immer eingesetzt. Chemiefirmen erzielen hohe Gewinne mit dem Export von Herbiziden, Fungiziden oder Moluskiziden. Mariana Muñioz, eine Gewerkschafterin der Blumenarbeiterinnen, die aufgrund einer Solidaritätsaktion nach Österreich eingeladen worden war, erklärte mir, daß rund 140.000 Menschen von der Blumenindustrie abhängig sind; meist alleinstehende Frauen mit Kindern.

„Es gibt für uns keine Sozialversicherung, und die medizinische Versorgung ist auch schlecht. Die Arbeiterinnen leiden unter Hautausschlägen, Allergien, Kopfschmerzen, und es kommt zu Fehlgeburten oder Mißbildungen von Kindern. Üb-

◆✪◆✪◆✪◆✪◆

lich wurden jetzt Zeitverträge. Menschen werden auf Stunden oder Tage gemietet, ohne Schutz in irgendeiner Form zu haben. Sie verdienen dadurch etwas mehr als den Mindestlohn, der in Kolumbien nur 1.000 Schilling im Monat ausmacht. Davon können wir nicht leben," erzählte mir Mariana Muñioz.

Die Männer der Blumenbinderinnen sind meist ungelernte Arbeiter und ziehen herum, um Bauarbeiten zu verrichten, oder sie finden keine Arbeit.

Dank einer größeren Geldspende aus Kanada konnte ein kleines Zentrum errichtet werden, das auch weiterhin Unterstützung von einer kanadischen Gruppe erhält. Dort gibt es Räumlichkeiten, wo sich die Kinder aufhalten können und wo auch die Erwachsenen Unterricht bekommen.

Da auch gezeigt wurde, wie sich Frauen davor schützen können, jedes Jahr schwanger zu werden, waren die Männer sehr aufgebracht. Sie meinten, das wäre die Entscheidung der Männer und nicht die der Frauen. Um die Männer zu Gesprächen am Samstag ins Zentrum zu locken, hat man ihnen Freibier angeboten. Die Situation der Frauen hat sich danach wirklich gebessert. Doch dann besuchte der Papst Kolumbien, sprach sich gegen Empfängnisverhütung aus, und alles begann wieder von vorne.

Die österreichische Lateinamerikahilfe hat für das Projekt der „Solidarischen Mütter" die medizinische Hilfe übernommen, das heißt sie bezahlt den Arzt, der einmal die Woche dorthin kommt, eine Krankenschwester und die Medikamente. Ein Krankenzimmer sowie einen Ordinationsraum gibt es auch, und 1990 wurde ein kleines Laboratorium, in dem einfache Harn- und Blutproben gemacht werden können, eingerichtet.

Heute sieht man Häuser aus Schilf kaum mehr, und die Kinder spielen auch nicht mehr im Schlamm. Die Straßen sind zum Großteil asphaltiert, und auch die Kanalisation und Wasserversorgung haben sich weitgehend verbessert. Hilfe wird aber weiterhin benötigt.

Es gibt noch zwei weitere Projekte in Bogotá, die ich mir angesehen habe und die die Österreichische Lateinamerikahilfe fördert: das eine ist der „Club Michin", der nur Buben aufnimmt und betreut. In Jugendzentren und Tagesschulheimen, die über die Stadt verstreut sind, bietet der Club mehreren hundert Kindern Schutz und Obdach und ebnet ihnen den mühsamen Weg zur kleinen Freiheit der tüchti-

◆❂◆❂◆❂◆❂◆

gen Handwerker. Besonders Begabte werden mit einem Stipendium auch auf die Universität geschickt.

Das zweite Projekt, „Secretário Social de Soacha", ist eine Mädchenschule im Armenviertel von Soacha, finanziert von Leonor de Bermudez, die ihr persönliches Vermögen dafür zur Verfügung gestellt hat. In dieser reinen Mädchenschule wird auch Kochen gelehrt, was sonst keineswegs üblich ist. Mit ihren Kochkenntnissen können die Mädchen backen, und diese Mehlspeisen werden dann von den Eltern in der Fabrik verkauft. Mit dem Erlös können sie die Familie finanziell unterstützen, da sie selbst neben ihrem Studium sonst keine Verdienstmöglichkeit haben. Im Sommer, in den Ferien, arbeiten sie in Kaffeehäusern als Serviererinnen.

❂◆❂

Der Tourist sieht diese Realität wohl kaum, ihn führt man ins Goldmuseum, das zweifellos einmalig ist. Seit 1938 kauft die Banco de República Goldobjekte präkolumbianischer Kulturen auf und verhindert so wenigstens teilweise den illegalen Export. Als Abschluß der Führung wird man in den Salón Dorado, einen begehbaren Tresor, geführt, wo die wertvollsten Objekte aufbewahrt werden. Der dunkle Raum wird plötzlich erhellt, und man steht geblendet vor all der funkelnden Pracht.

Ein weiterer touristischer Pflichtbesuch ist Guatavita, eine künstliche Siedlung im Kolonialstil, die erbaut wurde, als man 1965 die Indio-Siedlung Guatavita überflutete, um einen Staudamm zu errichten. Die heimatlos gewordenen Menschen wurden in das künstliche Guatavita umgesiedelt. Diese Siedlung ist nicht gewachsen, sie ist ohne Leben, kalt, unnatürlich. Ja, sie hat nicht einmal einen Hauptplatz zum Promenieren und Diskutieren.

Vom echten Guatavita bleibt nur noch die Legende, die von einer wunderschönen Prinzessin erzählt, die eines Tages im heiligen Guatavita-See verschwand, dort von einem Schlangendämon gefangen gehalten wird und einen untröstlichen Casique-Häuptling zurückließ. Um die Götter umzustimmen, befahl der Kazike, ein Floß, mit kostbaren, goldenen Kunstwerken und Edelsteinen beladen, im See zu versenken. Als weiteres Zeichen seiner Unterwürfigkeit ließ er sich am ganzen Körper mit Öl salben und mit Goldstaub bedecken. Als goldene Statue wurde er auf

◆❂◆❂◆❂◆❂◆

den See hinausgerudert und sprang dort ins Wasser, wobei eine „goldene Haut" auf der Oberfläche zurückblieb.

Die Kostbarkeiten, die man auf dem Grund des Sees vermutet, waren schon oft Anlaß für Schatzsuchen, entweder durch Senkung des Wasserspiegels oder durch Tunnelgrabung. Dem letzten Schatzsucher, der durch einen Tunnel an sein Ziel gelangen wollte, wurde dieser zum kühlen Grab. 1912 pumpten Engländer den See fast leer, doch der Schlamm wurde binnen kürzester Zeit zu einer zementartige Decke, und die gefundenen Gegenstände deckten die Bergungskosten bei weitem nicht.

❂◆❂

Zurück in Bogotá traf ich mich mit Hector Quintero Irredondo, Senator der liberalen Partei im Departamento Antioquia. Im Gespräch erfuhr ich, daß Kolumbien seit 14 Jahren zu den erdölexportierenden Ländern zählt. Ein Produkt, das das Land vorher importieren mußte. Der Kohlebergbau soll in absehbarer Zeit, neben dem Kaffee, zum zweiten Standbein der Exportwirtschaft werden.

„Warum berichtet man in den Medien nicht über diese sehr positiven Errungenschaften?" fragte der Senator. Sicher, der am schnellsten wachsende Wirtschaftszweig, und das weltweit, ist ohne Frage der Drogenhandel. 1.500 Milliarden Dollar werden jährlich umgesetzt, davon allein in den USA 100 Milliarden. Kolumbien ist aufgrund seiner geographischen Nähe zu den USA von der Drogenmafia als Stützpunkt auserkoren worden. Und Medellín, die Hauptstadt des Departamentos Antioquia, wurde zur „cocina de la droga", zur Drogenküche, wo sich nicht mehr als 20 Familien Ende der siebziger Jahre im sogenannten Medellín-Kartell zusammengeschlossen haben.

Coca-Pflanzungen findet man in Kolumbien selten, die gibt es vor allem in den Andenstaaten, wo der Coca-Anbau oft die einzige Verdienstquelle der armen Landbevölkerung ist.

„Um den Drogenhandel zu unterbinden, gäbe es meiner Meinung nach zwei Möglichkeiten: Erstens, daß die USA ihre doppelte Moral ablegen. Der Handel mit der Droge kann in den USA nicht gutgeheißen werden und in Kolumbien schlecht sein. Und wenn das Verbraucherland nichts gegen die Verteiler tut, können wir schon gar nichts gegen den Handel tun", sagte Irredondo.

„Ein weiterer Diskussionspunkt wäre die Legalisierung der Droge. Wenn wir an die Prohibition denken, so hat diese den Alkoholkonsum keineswegs eingeschränkt, sondern eher gefördert. Natürlich findet so ein Vorschlag wenig Unterstützung, weil keiner die Verantwortung übernehmen will. Gegen die Drogenmafia vorzugehen, kann mit dem Tod enden. Erinnern Sie sich an Justizminister Rodrigo Lara Bonilla. Er hat den Mafiabossen vorgeworfen, unzufrieden mit ihrer wirtschaftlichen Macht zu sein und daß sie praktisch Staaten innerhalb des Staates geschaffen haben. Er wurde 1984 durch Schüsse aus einer Maschinenpistole auf offener Straße ermordet."

Das Drogenproblem in Kolumbien ist noch nicht gelöst. Der anfänglich als zu leger eingeschätzte Präsident Cesar Gaveria konnte aber einschneidende Erfolge verzeichnen.

Immerhin boten 1986 die Drogenbarone der Regierung an, die gesamten Auslandsschulden von 13 Milliarden Dollar zu übernehmen und ihr Auslandsvermögen von 60 Milliarden Dollar im Land zu investieren. Durch gewaltige Geldsummen waren sie in der Lage, weite Teile des Landes zu kontrollieren. Mitte 1989 ermordeten sie den liberalen Präsidentschaftskandidaten Luis Carlos Galán. Es wurden in einem einzigen Wahlkampf zwei Justizminister ermordet, ein Prokurator und drei Präsidentschaftskandidaten. Viele Richter, Magistratsbeamte und auch Journalisten, die sich gegen die Drogenpolitik engagierten, fielen den bezahlten Handlangern der Drogenfamilien zum Opfer. Eine Entführung war nicht teuer, genausowenig wie die Detonation einer Bombe in einem Supermarkt.

Die sechs bekannten Drogenbosse kamen unter der Regierung Gaveria ins Gefängnis oder sind tot. Carlos Leder wurde noch an die Regierung der USA ausgeliefert und sitzt dort eine langjährige Haftstrafe ab. Rodrigo Gacha wurde bei einem Zusammenstoß mit der Polizei erschossen. Pablo Escobar hat, wie auch die drei Brüder Ochoa, das Angebot der Regierung angenommen, sich zu stellen und dafür nicht ausgeliefert zu werden.

Mit dem jetzigen Justizminister Fernando Carillo Florez konnte ich im Rahmen einer Konferenz in Wien ein Gespräch führen. Der Justizminister von Kolumbien ist

◆✪◆✪◆✪◆✪◆

ein großer, junger Mann mit gewellten, braunen Haaren und dunklen Augen, die mich sehr direkt durch seine Brille anblickten. Mit 29 Jahren ist Fernando Carillo Florez der jüngste Justizminister der Welt. Auf seine Vorgänger wurden Attentate verübt, oder sie wurden ermordet. Es gehört schon eine gehörige Portion Mut dazu, einen solchen Posten anzutreten. Aber danach fragte ich ihn nicht, mich interessierte mehr, wie das sogenannte Waschen der Drogengelder kontrolliert werden könnte.

„Das ist sicher ein sehr wichtiger Punkt, nicht nur für die Andenländer, sondern auch für die USA. Das Problem betrifft die ganze Welt. Der Kampf gegen die Drogenmafia findet auf finanziellem Gebiet statt. Nur eine internationale Zusammenarbeit der Justiz kann hier dienlich sein. Der Kampf kann nur in den Gerichtssälen gewonnen werden."

Die Drogenhändler wußten sich auch die Gunst der Bevölkerung zu erkaufen, indem sie für Sanierungen spendeten. Geld war und ist genug vorhanden. Pablo Escobar gab sein Vermögen mit fünf Milliarden Dollar an. Er stiftete Geld für Wohnsiedlungen, Fußballplätze und Kirchen. Noch dazu hat er durch den Coca-Anbau für Arbeitsplätze von vielen Bauern gesorgt. Kurze Zeit zog es ihn auch in die Politik, und er war stellvertretender Abgeordneter der Liberalen Partei. Bei seiner demonstrativen Verhaftung schrieb die Oppositionszeitung El Espectador, daß der Terror gesiegt hätte. Für acht Jahre sollte er ins Gefängnis.

„Es ist vor allem wichtig, die Köpfe der Organisationen festzunehmen. Wir wissen auch, daß die großen Köpfe des Kartells nicht nur in Kolumbien zu finden sind. Die Bosse sitzen in den USA und in Europa und es ist höchste Zeit, diese ‚padrinos' der Justiz zu übergeben. Dazu muß man aber vorbreitet sein, und dazu gehört sicherlich, die Identität der Zeugen, wie auch die der Angeklagten, zu schützen. Wir schützen sie auch vor ausländischen Zugriffen."

Mich interessiert noch, ob es ein Attentat auf den Drogenboß Pablo Escobar im Gefängnis gegeben hat.

„Ich glaube, das waren alles Phantasiegeschichten. Pablo Escobar ist für viele ein Mythos, und es gibt noch immer Menschen, die nicht daran glauben, daß sich Escobar der kolumbianischen Justiz gestellt hat, daß er tatsächlich in einem gewöhnlichen Gefängnis sitzt. Ein Mann, der Multimillionär ist und Boss der mächtigsten Drogenorganisation. Ich habe auch die Anordnung getroffen, daß der Direktor

◆✪◆✪◆✪◆✪◆

durch einen Militär ausgetauscht wird, um diesen Mythos zu beenden. Das Gefängnis wird immer weiter verstärkt, um es noch sicherer zu machen."

Ich insistiere und wiederhole meine Frage, doch Carillo Florez bleibt dabei. Er meint zwar, daß es viele Gerüchte gibt, die aber in den Bereich der Illustriertenromane gehören. Auch eine Information der salvadorianischen Militärs, daß Bomben für ein Attentat gekauft wurden, konnten bisher nicht bestätigt werden.

Die Realität überholte kurze Zeit später, im Sommer 1992, unser Gespräch. In einer spektakulären Flucht entkam Escobar aus dem Gefängnis. Angeblich hat er den Wärtern 16 Millionen Schilling gezahlt, damit sie ihn frei lassen. Es wurde auch von einem unterirdischen Tunnel gesprochen, der aber nicht gefunden wurde. Fest stand, daß es eine Meuterei gab, vier Geiseln genommen wurden, darunter der stellvertretende Justizminister Eduardo Mendoza, und Escobar im Tumult bei der Befreiung fliehen konnte. Später rief er an und erklärte, er würde sich wieder stellen, wenn es Garantien für seine Sicherheit gäbe. Auch im Gefängnis konnte er seine Geschäfte weiterführen, durfte jederzeit Besuche empfangen, doch seine Angst vor einer Auslieferung oder vor einem Attentat von unliebsamen Konkurrenten wuchs.

Solange es Abnehmer gibt, existiert das Drogenproblem weiter. Es gibt einen großen Markt, besonders in den USA, und der muß befriedigt werden. In Kolumbien herrschen der Zwischenhandel und die Verarbeitung des Kokains. Damit ist das große Geschäft zu machen. Kleine, einmotorige Flugzeuge starten in Richtung amerikanischer Küste, werfen die Ware über Bord, wo sie dann von Schnellbooten aufgefangen und verteilt wird. Nur Marihuana – und nach neuesten Meldungen auch Mohn – wird selbst angebaut. Der Verdienst des Medellín-Kartells wurde auf rund 10 Milliarden Dollar geschätzt, das Geld wird in Hotels, Restaurants und Fußballklubs investiert.

Kolumbien hat aber nicht nur mit dem Problem der Drogenmafia zu kämpfen, die nach wirtschaftlicher und politischer Macht strebt, sondern auch mit der Guerilla. Die Guerilla ist die Reaktion auf die Vernachlässigung von Sozialreformen unter den seit Jahrzehnten sich an der Macht abwechselnden bürgerlichen Parteien.

✪◆✪

◆✪◆✪◆✪◆✪◆

Ich hatte schon seit Jahren den Wunsch geäußert, nach San Augustin, dem größten indianischen Friedhof Lateinamerikas, zu fahren. Immer wieder hörte ich: „Nein, da kannst du unmöglich hin. Das liegt im Guerillagebiet." Dann entschloß ich mich, nicht mehr auf diese Einwände zu hören und ein Flugzeug nach Pitalito zu nehmen, zu einem kleinen Ort in der Nähe von San Augustin. Azusena, die ansonsten kaum ihre Wohnung verläßt, wollte eine Ausnahme machen und mich unbedingt begleiten, mich auf keinen Fall alleine reisen lassen, trotz ihrer Flugangst.

Am Flughafen in Bogotá mußten wir durch eine Kontrolle, obwohl wir Kolumbien gar nicht verlassen wollten. Azusena kam anstandslos durch. Bei mir gab es Probleme. Es begann damit, daß der Beamte meine Tasche in die Luft warf und mit beiden Händen auffing, sie abklopfte und mir dann wiedergab. Die Beamtin, die mich durchsuchte, bediente sich ähnlicher Methoden. Etwas verwirrt fragte ich Azusena, was man denn bei mir suchte. „Eine Pistole." „Warum sollte gerade ich eine Waffe bei mir haben und nicht du?" fragte ich. „Du hast einen österreichischen Paß, und eine der bekanntesten Guerillaanführerinnen im Gebiet um San Augustin ist eine Deutsche, comprendes?"

Pitalito, unser Flugziel, liegt im Departamento Huila. Huila, mit der Hauptstadt Neiva, ist Viehzuchtgebiet. Don Hanibal Peña, bei dem uns Azusena einquartiert hatte, ist Viehzüchter. Er besitzt 19 Fincas, wie man die ländlichen Besitzungen hier nennt.

Der kleine Landeplatz von Pitalito ist leicht überschaubar, und Azusena entdeckte gleich unseren Gastgeber. Ein stattlicher Mann in Arbeitskleidung, Hemd mit Spencer, einer Hose, die, wie bei Cowboys üblich, eine zweite, lederne darübergestülpt hat. Auf seinem kantigen Kopf, mit dem zerfurchten Gesicht, ein mitgenommener Sombrero. Trotz des sichtlich hohen Alters ging Don Hanibal sehr aufrecht auf uns zu. Eigentlich hatte ich mir einen reichen Haziendero anders vorgestellt.

Im Auto war es drückend heiß. Um so angenehmer empfand ich die Kühle, die ich in der Finca, dem Gutshof, vorfand. Das Haus ist im Kolonialstil erbaut, sehr geräumig, was durch die sparsame Einrichtung noch betont wird. Spitzenartige Gewebe, die überall herumliegen oder hängen, sehen fast wie Spinnweben aus. Alles ist ein bißchen vernachlässigt und erweckt in mir Erinnerungen an Gabriel García Márquez Roman „Hundert Jahre Einsamkeit". Nur der ohne Unterlaß laufende Fernseher stört die Illusion vergangener Zeit.

Das Frühstück ist typisch: Envueltos, eine Art Rouladen, deren Inhalt aus Reis, gekochten Bananen, Yuka oder Namewurzel besteht und in ein Bananenblatt gerollt wird, außerdem Longanicas, köstliche Würste; Panderos, eine Art Bäckerei, die mit unserer Weihnachtsbäckerei Ähnlichkeit hat, und Biscochos, kleine gugelhupfähnliche Gebilde. Zu all dem trinkt man heiße Schokolade.

Während wir frühstückten, meldete das Hausmädchen, daß das Taxi gekommen war, das uns nach San Augustin bringen sollte. San Augustin umgibt schon auf den ersten Blick etwas Besonderes. An den Ausläufern des „Macizo Andino" sind die „Berge" sanfte Hügel, die wellenartig das Charakteristische der Landschaft ergeben. Wandert man über diese Hügel, dann bemerkt man auch tiefe Schluchten, die diese so harmlos aussehenden Hügel trennen.

Der Archäologe Luis Duque Gómez ist der Ansicht, daß San Augustin ein geheiligter Platz gewesen sein muß, ein Mittelpunkt, zu dem die Menschen von weitem kamen, um ihre Toten zu bestatten und ihre Götter anzubeten. Ein Indio namens Miguel bot sich uns als Führer durch den archäologischen Park an, und wir engagierten ihn gleich für den ganzen Tag.

Zuerst gingen wir durch das letzte Urwaldgebiet dieses Landstriches: den Wald der Statuen. Im Schatten der hohen Baumwipfel stehen sie, riesige Steinfiguren, ähnlich den Monolithen der Osterinsel. Über ihnen Orchideen, die sich an den Baumästen festklammern. Das Licht der gebündelten Sonnenstrahlen verleiht den Figuren und Monumenten eine mystische Aura.

35 dieser Grabhüter sind hier im „Wald der Statuen" von Archäologen aufgestellt worden. Es sind keine menschlichen Figuren, eher furchteinflößende Statuen, die Unbefugte am Eindringen in ein Grab hindern sollen. Die Augen dieser Wächter sind daher überdimensional, die Gebisse meist mit Reißfängen, wie bei einem Vampir, versehen. Die Köpfe sind überproportional, sie nehmen die Hälfte der Größe der Figuren, oder zumindest ein Drittel, ein.

Die „Quelle der Fußwaschungen" heißt ein weiterer heiliger Platz. Hier breitet sich ein kompliziertes Labyrinth von Kanälen und Wasserbecken aus. Die in Stein gehauenen Wasserbecken tragen die verschiedensten Verzierungen: Eidechsen,

Salamander, Schlangen, über die das Wasser hinwegplätschert oder manchmal auch stillzustehen scheint, sich sammelt, um dann in die nächste Vertiefung zu fließen. Stundenlang könnte man hier sitzen, dem plätschernden Wasser lauschen und seine Wege verfolgen.

Auf dem „Alto de los Idolos“, dem „Hügel der Götzenbilder“, hat man viele Gräber so belassen, wie man sie vorgefunden hatte. Es gibt Grabkammern, die mit Steinplatten ausgelegt und von einem Kreis kleiner Bildsäulen schützend umrahmt sind, monolithische Sarkophage mit Tierreliefs von Alligatoren. Da ist ein Adler, Zeichen des Feuers, des Lichtes und der Macht, dort ein Affe, Symbol der Fruchtbarkeit und des phallischen Kults. Auf einem anderen Grabmal sind es Katzen, die für eine dunkle, unterirdische Welt stehen. Aber auch Eidechsen, Frösche und Krokodile, die in Verbindung mit Totenkulten stehen, finden sich auf den Sarkophagen. Diese Kulte beruhen auf dem Glauben, daß sich Tote in Tiere verwandeln.

Beeindruckend sind die gut zwei Meter hohen Figuren mit dem „doppelten Ich“. Auf der unteren Figur sitzt huckepack eine zweite, bei der der Eindruck entsteht, daß sie ein Tierfell übergezogen hat. Da bei vielen Völkern Amerikas der Glaube herrschte, daß man damit die Kraft und die Eigenschaften des Tieres übernehmen könne, ist diese Erklärung sehr wahrscheinlich.

„Zwischen 500 vor und etwa 500 bis 1.000 nach Christi wurde dieser Platz für die vornehmen Toten dieses ‚Volkes der Bildhauer‘ geschaffen“, erzählt uns Miguel. Warum diese künstliche Hochebene eine Hufeisenform hat, kann er uns nicht erklären. Über die Herkunft dieses Gräberfeldes, dessen einzelne Gruppen teilweise schwer zugänglich sind, ist noch vieles unklar. Es gibt im übrigen Amerika keine Parallele dazu.

Es hatte leicht zu regnen begonnen, und wir merkten nun auch, daß wir müde und hungrig waren. Auf unserem Rückweg zum Taxi sprachen wir über diverse Themen. Als ich annahm, daß Miguel genug Vertrauen zu mir geschöpft hatte, brachte ich das Gespräch auf die Guerilla.

„Die Menschen hier um San Augustin stehen zur Guerilla“, sagt Miguel. „Die Guerilla hat mit den Dealern kurzen Prozeß gemacht. Zuerst haben sie die Drogenhändler gewarnt, die Jugend in Ruhe zu lassen, sich um eine andere Form des Einkommens umzuschauen. Als die Drogenhändler nicht darauf reagierten, hat die

◆◎◆◎◆◎◆◎◆

Guerilla ein Exempel statuiert und einen Dealer erschossen. Danach mahnte sie die Drogenhändler nochmals, sich ehrliche Arbeit zu suchen und die Jugend nicht zu verführen oder das Land zu verlassen. Als wieder keine Reaktion erfolgte und die Drogen weiterverkauft wurden, hat die Guerilla die Händler liquidiert. Mit Diebesgesindel verfuhr sie gleichermaßen. Nun ist unsere Provinz sauber. Ich sehe das als positives Verhalten der Guerilla gegenüber dem Volk. Die Guerilla hat keine politischen Verpflichtungen. Der Polizei gibt man Geld, und sie schweigt."

1991 hat die Guerillabewegung M19 die Waffen niedergelegt. Antonio Navarro, Fraktionsführer der Alianza Democrática M19, wurde im Rahmen der Verfassungsgebenden Versammlung einer der Vorsitzenden.

„Ein Land, das so viele Jahre vom Krieg beherrscht wurde, in dem in 150 Jahren 108 bewaffnete Auseinandersetzungen stattgefunden haben, hat einen starken Willen zum Frieden", war ein ausschlaggebendes Motiv für Antonio Navarro. Von sechs Guerillaorganisationen, die es in Kolumbien gibt, sind drei weitere dem Beispiel der M19 gefolgt. Zwei, allerdings sehr große Guerillagruppen sind noch bewaffnet: die revolutionären Streitkräfte Kolumbiens, „farc" genannt, eine links gerichtete Guerillaeinheit, und die ELN, Ejército de Liberación Nacional.

Es wurde Zeit, nach Pitalito zurückzufahren, es dämmerte bereits. Wir waren noch in Gedanken versunken, als plötzlich eine Straßensperre auftauchte. Sind es Guerilleros oder Regierungssoldaten? Unser Taxichauffeur steigt aus und will auf die Uniformierten zugehen, als einer der Männer mit Maschinenpistole auf uns zukommt, die Tür des Taxis aufreißt und lautstark „Sus documentos, por favor" verlangt.

Azusena hat glücklicherweise ihren Journalistenausweis bei sich. Ich krame in meiner Tasche, immer hektischer und verzweifelter, aber es findet sich kein Dokument. Ich muß meinen Paß im Haus von Don Hanibal gelassen haben. Ich versuche zu erklären. Unser Taxichauffeur sieht meine Not, und als potentieller Kavalier, der ja jeder Lateinamerikaner ist, sagt er mit Grandezza: „Ich garantiere für die Señorita." Palaver, bange Minuten, er hat es geschafft.

Als wir in der Finca ankamen, erzählten wir Don Hanibal von dieser Begegnung. „Die Guerilla hat mir 67 Jungtiere gestohlen und eine Finca in ihre Gewalt gebracht", sagt Don Hanibal. „Das war eine Gruppe, die sich ‚Invasores', die Besetzer, nennt

◆❂◆❂◆❂◆❂◆

und von der Guerilla Weisung erhält." Schweigend beobachtete ich Don Hanibal, als er kurz nach unserem Gespräch seine Peones, seine Tagelöhner, auszahlte.

Der Herr über 19, oder jetzt vielleicht 18 Fincas, in einer Größenordnung, die man mit Niederösterreich vergleichen kann, sitzt hinter einem kleinen Holztisch, auf dem Münzenstapel hergerichtet sind.

Vor dem Tischchen: die Peones. Hut in der Hand, alte, zerschlissene Ponchos über die demütig gebeugten Schultern, warten sie, vom Patron aufgerufen zu werden, um ihre paar Pesos in Empfang zu nehmen.

❂◆❂

Auch die Guerillatruppen tragen wie die reguläre Armee Uniformen, wodurch man bis zum letzten Moment im Zweifel bleibt, wer einem gegenübersteht, was oft zu bangen Minuten führt, wie im Fall von Adriana, der Tochter des Kolumbianischen Botschafters von Jugoslawien. Ich hatte Adriana in Cali, der drittgrößten Stadt des Landes und der zweitwichtigsten Drogenhochburg nach Medellín, besucht. Cali ist die Stadt, wo die Europäer am liebsten wohnen, denn Cali ist hübsch und gepflegt, mit schönen Häusern, aber sehr heiß. Das ist der einzige Nachteil. Dort herrscht echtes Tropenklima.

Adriana erzählte mir von den Indios in Silva und lud mich ein, mit ihr zum Samstagsmarkt zu fahren. Silva liegt schon nahe an der Grenze zu Ecuador. Dort gibt es eine Indianersiedlung, die ich besuchen wollte. An ihrem Markttag kamen wir an, doch ich war schwer enttäuscht. Die Indigenas waren reich geschmückt, hatten unzählige Perlenketten um den Hals geschlungen, je mehr, je wichtiger die Persönlichkeit. Ein weiteres Zeichen des Wohlstandes sind Goldzähne. Als mich eine Indigena anlachte, blitzte ihr ganzer Mund. Pures Edelmetall. Ein monströser Anblick. Jedes Foto wird peinlich genau abgerechnet. Sie spekulieren auf die Touristen und sind auf sie ausgerichtet. Ich wollte deshalb den Markt bald wieder verlassen. Wir fuhren ins Dorf, doch als wir es verließen, sah ich, wie Adriana schneeweiß im Gesicht wurde. Am Ende des Platzes standen Uniformierte. Wenn das jetzt die Guerilla ist und sie uns mitnehmen? Die Gedanken beginnen zu rotieren. Ich mache mir im stillen Vorhaltungen. Ich habe mir geschworen, nie wieder jemanden in ein ge-

◆✪◆✪◆✪◆✪◆

fährliches Gebiet mitzunehmen. Möglicherweise hätten sie mich nämlich freigelassen, doch Adriana behalten, denn ihre Eltern sind auf der Todesliste.

Für diesmal hatten wir Glück. Es ist Militär. Nach dem Schreck fuhren wir den Berg hinauf Richtung Dorf. Zwei kleine Kinder versperrten uns den Weg mit einer über der Straße gespannten dünnen Schnur. Wir mußten stehenbleiben, und ich fragte sie, was sie wollten. Mir ihren Händchen verlangten sie Maut. Kein Kinderspiel, sondern beinharter Broterwerb. So weit hat der Torusimus einen ganzen Stamm verdorben.

✪◆✪

Zurück in Bogotá bereitete ich meine nächste Etappe vor, die mich nach Cartagena führte. Es zog mich nach Cartagena, das als Kulisse in vielen Piratenfilmen fungiert, zu seinem berühmten Castillo. Wie um das Klischee zu vollenden, wurde auch gerade ein amerikanischer Film gedreht. Nicht nur zu Weihnachten und Ostern flüchten viele reichen Bogotaner an die Karibikküste, in das begehrte Cartagena, jenes Schmuckstück aus alten Piratentagen. Das Zentrum, das noch ganz erhalten ist, ist einzigartig in ganz Südamerika. Die 500.000 Einwohner sind zum Großteil Schwarze. Cartagena war nicht nur einer der großen Sklavenumschlagplätze, sondern hatte das Monopol für Südamerika. Auch das ganze Gold wurde dort verschifft. Monatlich wurden bis zu 1.000 Menschen auf der Plaza de los Coches, wo die Feria de Negros stattfand, verkauft. Heute kann man hier von kolonialem Charme sprechen.

Gegründet wurde Cartagena 1533, und als reiche Handelsstadt war es begehrtes Opfer diverser Piratenkapitäne. Selbst Francis Drake hat sich in die Liste eingetragen, 1585 belagerte er mit 23 Schiffen und 2.500 Mann Besatzung die Stadt. Trotz Stadtmauer, Kastell, einer unpassierbaren Laguneneinfahrt war Cartagena auch dem Angriff der Franzosen Ducasse und Pointis ausgeliefert, die nach einer dreiwöchigen Belagerung rund eine Million Pesos aus Kirchen und Häusern raubten. Nur dem englischen Admiral Edward Vernon hielt die Stadt trotz seiner großen Flotte zwei Monate lang stand. Er hatte sich schon eine Gedenkmünze prägen lassen, mußte sich aber dann frustriert nach Jamaica zurückziehen.

◆✪◆✪◆✪◆✪◆

Die Unabhängigkeitskriege unterbrachen entscheidend die Entwicklung der Stadt, die erst Anfang dieses Jahrhunderts wieder richtig begann. Heute lebt Cartagena von petrochemischer Industrie, dem Hafen und natürlich den Touristen. Hier finden auch Film- und Folklorefestivals statt.

Die Altstadt ist sehr interessant und wunderschön. Nicht nur das Castillo de San Felipe, das als mächtigstes Fort der Neuen Welt und als uneinnehmbar gilt. Es wurde ständig ausgebaut und immer weiter verstärkt. Der Hügel des Castillos ist von vielen unterirdischen Gängen und Räumen durchzogen.

Es gibt eine angenehme Sitte in Kolumbien. Wenn zum Beispiel unter der Woche ein Feiertag ist, wird er immer an den Sonntag angehängt und nie unter der Woche gefeiert. Die Leute, die es sich leisten können, fliegen dann für drei oder vier Tage nach Cartagena.

In Cartagena konnte ich bei Freunden wohnen, über deren Vermittlung ich die Gelegenheit erhielt, eines dieser alten Kolonialhäuser zu besuchen, die man sonst nicht von innen zu sehen bekommt, mit ihren Patios, den alten Stukkaturen und den ausgefeilten Schnitzereien an den Wänden.

Bei einer Einladung zum Mittagessen kam das Gespräch auf den kolumbianischen Kaffee. Der Hausherr fragte mich, wie mir der kolumbianische Kaffee schmeckt. Er war gut, aber sehr schwach, und diesen Kommentar konnte ich mir nicht verkneifen. Sie kochen den Kaffee sehr dünn, aber dafür wird sehr viel getrunken. Kolumbien ist nach Brasilien weltweit zweitgrößter Kaffee-Exporteur. Die Kolumbianer selbst trinken nur ein Viertel der Produktion. 10 Prozent der Bevölkerung leben vom Kaffeeanbau, der primär nach Deutschland und in die USA geliefert wird. Die stark schwankenden Weltmarktpreise haben aber die Exportgewinne um 50 Prozent reduziert. Das erste Mal, als ich in Brasilien war und einen „cafesinho", einen kleinen Schwarzen, getrunken habe, dachte ich mir auch, daß er Ähnlichkeit mit gefärbtem Wasser hätte, obwohl er sehr aromatisch war.

Perlen der Karibik

Einen Ausflug zu den Karibikinseln San Andrés und Providencia wollte ich mir nicht entgehen lassen. Sie sind ein Pflichttermin. Seit 1959 ist San Andrés Freihafen und seit 1972 Intendencia Especial, das heißt ein Gebiet mit Sonderverwaltung. Die ursprünglichen Einwohner haben davon wenig, weit mehr allerdings die neuen Zuwanderer, Geschäftsleute vom Festland und die Turcos, wie die Einwanderer aus Syrien und dem Libanon genannt werden. Die Insel mit ihren Riffen und palmenbewachsenen Riffinselchen, umgeben von klarem aquamarinblauem und smaragdgrünem Meerwasser eine wahre Postkartenidylle, ist einerseits einer der schönsten Flecken in der Karibik und andererseits ein riesiges Kaufhaus. In der gleichnamigen Hauptstadt kommen Waren aller Art, wie Elektroartikel, Haushaltsgegenstände, Alkoholika und Kleidung, vornehmlich aus den USA, zum Verkauf. Als Freihandelszone unterliegt San Andrés nicht den hohen kolumbianischen Zöllen, und daher werden vom Festland Einkaufsfahrten organisiert.

Obwohl südlich vor der nicaraguanischen Küste gelegen, gehören San Andrés und Providencia zu Kolumbien. In ihren Namen klingt noch die Zeit der Piraten und Freibeuter an, denn lange Zeit dienten diese Inseln als Stützpunkt für die Freibeuter Mansfelt und Morgan.

Auf San Andrés findet man noch die Cueva de Morgan, eine kurze und niedrige Höhle, die Morgan als Unterschlupf gedient haben soll. Die Besichtigung ist organisiert. Getränke und kleine Speisen werden, nachdem man ein wenig Schauder und Romantik genossen hat, verkauft. 1806 verbarrikadierte sich John Blingh hier für einige Monate, und zehn Jahre lang herrschte der französische Korsar Luis Aury, der es auch schaffte, die Befestigungsanlagen von Cartagena zu stürmen und die Stadt zu plündern.

In der Kolonialzeit wurde intensiv Baumwolle angebaut, die dann nach der Sklavenbefreiung von Kokosplantagen abgelöst wurde. Viele Schädlinge machten sie unrentabel, doch die Kokoshaine prägen noch heute das Bild der Inseln.

◆❂◆❂◆❂◆❂◆

Um 18 Uhr kam ich in San Andrés an, nahm ein Taxi und fuhr zum Gouverneurspalast, um dem Gouverneur mein Empfehlungsschreiben zu überreichen. Simón González, ein Mann, der auch das erste Treffen aller Brujos, das bedeutet Hexen, Magier, in Lateinamerika organisierte und natürlich daran teilnahm, empfing mich freundlich. Die Chefin der Touristenagentur, Patricia Archibald Bowie, sorgte für meine Bedürfnisse. Sie ist eine der wunderschönen Eingeborenen, zu denen sofort das Stichwort café au lait einfällt. Fast zwei Meter groß, schlank, schmalnasig, mit vollen Lippen und herrlichen, geradegewachsenen, weißen Perlenzähnen. Sie strahlte mich mit einem so offenen, herzlichen Lachen an, daß ich sie sofort ins Herz schloß.

Am nächsten Morgen ging ich zum Strand, auf der Suche nach einem Boot, das mich nach der San Andrés vorgelagerten winzigen Insel "Johnny Cay" zum Schwimmen und Sonnen bringen sollte. Die Cays, Sandbänke, sind eine der Hauptattraktionen der Insel, und Johnny Cay ist die populärste unter ihnen.

Ein riesiger, breitschultriger Schwarzer sprach mich an. In einer Art Pidgin-Englisch, einem Gemisch aus Englisch und Spanisch, das auf der Insel viel gesprochen wird, fragte er mich, ob ich zur Insel möchte. Er half mir auf ein nicht sehr neues, eher einfaches Schiffchen mit dem stolzen Namen „Tiberón azul", blauer Hai. Ich setzte mich auf die Bugseite, er zum Steuer. Mitten auf der Fahrt zwischen San Andrés und Johnny Cay warf er den Anker. Das Boot hielt und schwankte gefährlich auf den Wellen. Ohne eine nähere Erklärung zu geben, ging er mit einem Kopfsprung über Bord und tauchte derart lange, daß mir bereits angst und bang wurde. Als er endlich wieder auftauchte, hielt er eine riesige Krabbe in der Hand. Er kletterte an Bord, strahlte mich an, riß mit den Zähnen eines der Beine aus dem zuckenden, noch lebenden Tier und reichte sie mir. Mit dem Bein in der Hand stammelte ich nur ein "thank you so much, but ...", zeigte auf meinen Magen und gab das Stück Krabbe wieder zurück. Er hatte keine Bedenken dieser Art, knackte die Schale und verspeiste mit Genuß das weiße Fleisch des Meerestieres.

Er wurde gesprächig, fragte mich nach meinem Namen, sagte mir, daß er Ernesto heißt und eine kleine Tochter von eineinhalb Jahren hat. „Und eine Frau?" fragte ich. „Ja", meinte er dazu. „Und verheiratet auch?" „Manchmal", war die lakonische Antwort.

◆✪◆✪◆✪◆✪◆

Auf "Johnny Cay" angekommen reichte mir Ernesto galant die Hand, um mir aus dem Boot zu helfen, und lud mich zu einer Besichtigung der Insel ein.

✪◆✪

Um ein Uhr mittags war ich auf San Andrés wieder mit Patricia verabredet. Wir fuhren im Wagen des Gouverneurs nach San Luis, auf die andere Seite der Insel, die nicht so vom Tourismus geprägt ist. Der Gouverneur selbst verwendete den Wagen sehr selten, lieber ging er zu Fuß oder fuhr mit dem Rad. Im Restaurant „Luz Mar" sollten wir den grünen Politiker Ken Francis treffen. Auf der Fahrt über den Hügelkamm gibt es oft traumhafte Ausblicke hinunter zur Küste. Die Siedlungen, die wir passierten, Slave Hill, Flowers Hill und Orange Hill, bilden eine Art Straßendorf. Einfache karibische Architektur, die noch die Ursprünglichkeit der Insel erkennen läßt. Bewohnt sind sie primär von Schwarzen. Sie sind gewissermaßen die armen „Vororte" des reichen San Andrés.

Ken Francis beklagte sich bitter über den ökologischen Schaden, der der Insel angetan wurde. „Die meisten Zuwanderer waren Städter", sagte er, „und Städter haben wenig Kenntnis von der Natur. Sie wissen nicht, wie man anpflanzt, die Natur schützt und konserviert. Was sie kennen, ist Beton: Betongebäude, Betonhallen. Sie glauben alles, was sie in der Werbung hören und sehen. Ihr Einfluß auf die ‚isleños', die Inselbewohner, ist sehr groß, und ihr Gott ist das Geld. Aber eine ozeanische Insel muß ökologisch überleben", betonte Ken Francis. „Wenn wir weiterhin alles, was grün ist, vernichten, mit Beton zuzementieren, werden wir die Insel zu Grunde richten. Unsere Eltern und Großeltern haben uns noch gesund ernährt. Jetzt haben wir statt frischer Lebensmittel Essen in Konservendosen. Getrunken wird, was in Flaschen verkauft wird, keine frischgepreßten Fruchtsäfte oder dergleichen: Coca-Cola ist, was die Jugend will, das sehen sie ständig im Fernsehen. Das macht eine abhängige Gesellschaft, abhängig von Dingen, die nicht einmal gut oder gesund für sie sind."

Auch der große „Brujo", Magier der Insel, Brother Pepa, den ich besuchte, spricht vom ökologischen Sterben der Insel, das nicht aufzuhalten ist, wenn die Menschen sich nicht besinnen.

◆❂◆❂◆❂◆❂◆

Ernesto hatte mir die Adresse des Brujo gegeben, und Patricia war ganz überrascht, daß ich von Brother Pepa wußte. Sie kannte ihn noch nicht persönlich, und diese Gelegenheit ließ sie sich nicht entgehen.

Als wir zu dem kleinen, einfachen Häuschen kamen und durch die offene Gartenpforte gingen, kam uns ein sehr großer, schlanker, weißhaariger Mann entgegen. Brother Pepa betrachtete uns zuerst mit offenem Mißtrauen. Nach und nach erkannte er aber im Gespräch, daß ich nicht als neugierige Touristin zu ihm kam, sondern ehrliches Interesse an den Vorgängen auf der Insel habe. Da begann sich auch er für das Gespräch zu interessieren, und er erzählte:

„Als ich 1918 auf dieser Insel geboren wurde, gab es nur wenig Häuser und wenig Menschen, aber viel Liebe. Heute leben hier 45.000 Menschen, aber es gibt keine Liebe. In meiner Jugend hat man alles und jeden respektiert. Auch sich selbst, denn nur dann kann man auch andere respektieren. Die Menschen, die auf die Insel gekommen sind, respektieren nur Geld und Besitz. Sie haben die Insel modernisiert. Die Insel ist keine Insel mehr, sie ist zur Stadt geworden, mit all ihren Nachteilen. Sie haben der Insel Lebensraum genommen, haben sie verkleinert, die Sandbänke ausgebaggert, und jetzt kommen die Schildkröten nicht mehr hierher, um ihre Eier zu legen. Früchte findet man kaum mehr auf der Insel. Auch die vielen Vogelarten, die wir auf der Insel hatten, sind fast gänzlich ausgestorben."

Was man dagegen tun kann, möchte ich wissen. „Ich schätze den Einsatz von Simón González, dem Gouverneur der Insel, sehr", sagte Brother Pepa. „Er möchte das erhalten, was noch vorhanden ist – das bringt ihm viel Kritik ein. Aber er ist ein Mann, der großes Interesse an der Insel hat, viel Liebe. Die, die ihn kritisieren, haben nur sehr viel Liebe für ihre eigenen Geldbörsen. Ich glaube, die einzige Macht, die die gesamte Welt vereinen kann, ist die Macht der Liebe. Weder Krieg noch Geld, sondern die Liebe."

Diese Worte gab uns Brother Pepa zum Abschied mit.

❂◆❂

Nahezu alles Gemüse und sehr viel Obst, das auf San Andrés konsumiert wird, kommt aus der Dose. Die Blechzylinder haben einen hohen Imagewert. Trotzdem

◆✪◆✪◆✪◆✪◆

oder vielleicht auch deshalb gibt es eine Müllverwertungsanlage auf San Andrés, die für den karibischen Raum beispielgebend ist. Die Chefin ist eine Frau namens Aida Mitchel. Sie hatte ein kleines Geschäft in San Luis, wo sie auch wohnte. Ein Nachbar, der öfters bei ihr einkaufte, kannte Simón González, den Gouverneur persönlich.

„Ich wollte ihn einfach fragen, ob er mich beauftragen könnte, den Müll zu beseitigen – kostenlos natürlich. Einen Monat später erhielt ich einen Brief, in dem mir der Posten angeboten wurde", erzählte Aida über die Entstehung der Müllverwertungsanlage in kurzen Worten. Sie hat die Anlage gut organisiert. „Der Müll kommt unsortiert zu uns und wird dann manuell getrennt, in Karton, Papier, drei verschiedene Flaschensorten, drei unterschiedliche Arten von Plastikmaterial, Aluminium, Zinn und in junk, das heißt wertloses Zeug. Die sortierten Produkte kommen in ein Lager und werden von dort an die Kunden verschickt. Nach Kolumbien geht Karton, weißes Glas wird von einer Kristallfabrik gekauft, und das bunte Glasgemisch bleibt auf der Insel." Die bunten Gläser werden zerrieben und mit Zement und Sand vermischt. Daraus entsteht eine harte Masse, die sich gut für den Straßenbau und die Küstenverstärkung eignet. „Wir hoffen, in Zukunft Papier auch in die USA liefern zu können. Doch das wichtigste ist", sagt Dona Aida, „daß der Verschmutzung des Meeres Einhalt geboten und die Insel rein gehalten wird." Die Müllwiederverwertung beginnt, sich auch finanziell zu rentieren.

✪◆✪

Am nächsten Morgen ließ ich mich um 6.30 wecken, um noch das Flugzeug nach Providencia zu erreichen, das um 8 Uhr starten sollte.

Die Insel Providencia ist ein winziges Pünktchen auf der Landkarte und nur von der Insel San Andrés innerhalb von 20 Flugminuten zu erreichen. Aufgrund der beschwerlichen Anreise und auch weil sie bergiger ist, ist Providencia weitaus unberührter und verschlafener als San Andrés.

Als ich am Flughafen ankam, war noch kaum Betrieb, meine Hoffnung, einen Platz in der Propellermaschine, die nur 26 Sitzplätze hat, zu bekommen, stieg. Ich stand vor dem Schalter nach Providencia, aber niemand kam. Schließlich entdeckte ich doch einen Mann in Uniform und fragte, was mit der Maschine wäre. „Heute

◆❂◆❂◆❂◆❂◆

geht keine um 8 Uhr", sagte er etwas befremdet, als müßte jeder wissen, daß der Flugplan geändert worden war. „Aber um 16 Uhr", ließ er mich Hoffnung schöpfen. Für 16 Uhr gelang es mir, einen Platz zu reservieren, und wir flogen auch fast pünktlich ab.

Die Verspätung hatte auch ihr Gutes. Auf San Andrés wandern einmal im Jahr kleine Landkrabben quer über die Insel. Sie sind eine begehrte Spezialität, obwohl sie äußerst mühsam zuzubereiten sind. Jetzt war gerade die Zeit. Und die Wartezeit verkürzte ich mir mit einem großen Teller voller Krabben.

Ich habe noch nie so viele verschiedene Meeresfarben gesehen wie auf diesem Flug von Insel zu Insel: aquamarin, mittelblau, blaugrün, türkis, hellgrün, dunkelgrün und dunkelblau – Schattierungen ohne Ende.

Am Flughafen, oder besser gesagt auf der Landepiste der Insel Providencia erwartete mich der Tourismus-Chef dieser Insel, Eduard Petterson, dem Patricia mein Kommen angekündigt hatte. Auch er hatte nichts von der Absage des Fluges um 8 Uhr früh gewußt und seitdem gewartet.

Das Tourismusbüro ist, wie sich bald herausstellte, ein Einmannbetrieb und tritt nur ab und zu in Funktion, wenn sich ein Tourist auf die Insel verirrt. Eduard Petterson begrüßte mich sehr herzlich und stellte sich vor mit: "Call me Jah Jah." „Sind Sie Rastafari?" fragte ich ihn sofort, weil doch Jah für Jehova im Glauben der Rastafari steht. Er nickte.

Ich sah mir Jah Jah nochmals genauer an: Er war von mittlerer Größe, die Hautfarbe hellbraun, seine kurzen Kraushaare waren von einem Strohhut bedeckt. Ich sah nichts von einem gläubigen Rasta, weder die sogenannten Dreadlocks, die wie Flaschenkorken gedrehten Haare, noch trug Jah Jah eine dieser in den Farben Jamaicas gestrickten Mützen.

Wir stiegen in eine Camionetta, einen kleinen Lastwagen, und Jah Jah besprach etwas mit seinem Chauffeur Tony. Auf die Frage, in welcher Sprache sie jetzt gesprochen hätten, bekam ich sofort als Antwort: „Natürlich Englisch." Wenn Jah Jah mit mir sprach, war es verständliches Englisch, doch wenn die beiden untereinander sprachen, verstand ich kein Wort. Zur Probe zeigte ich auf einen Vogel, der eben vorbeiflog, und fragte nach dem Wort dafür. "Man of war", antwortete Jah Jah. „Und wie würdest du 'man of war' zu Deinem Freund hier sagen?" setzte ich

◆✪◆✪◆✪◆✪◆

nach. "Maowa", war die prompte Antwort. Auf weitere linguistische Nachforschungen verzichtete ich.

Das Hotel, wo ich untergebracht war, hieß „La posada del mar". Der Name ist sehr poetisch, das Haus ein Pfahlbau aus Holz, der ins Meer hinausgebaut wurde. Zu den Zimmern kommt man über eine Art Veranda. Mit einem großen Türschlüssel, wie man sie noch manchmal in Europa auf dem Land findet, sperrte ich die Holztür auf, schaltete das Licht ein und betrat den Raum. Eine einzige, nackte Glühbirne baumelte an einer Schnur von der Decke und beleuchtete ein sehr einfach eingerichtetes, spartanisches Zimmer. An der linken Wand standen hintereinander aufgereiht zwei Betten. Ihnen gegenüber trohnte ein handgezimmerter Schrank und als einziger Luxus ein mächtiger Eisschrank, der bestimmt schon Sammlerwert hatte.

Aber der Blick aus dem Fenster versöhnte mit allem. Das Meer breitete sich vor mir aus und spielte alle Farbkunststücke. Der Mond warf silberne Lichter auf die Kämme der Wellen, die sanft dahinglitten, sich im Licht des Mondes schaukelnd. Es war, als hörte ich sie murmeln, als spräche Yemanja, die afrikanische Göttin des Meeres, zu mir. Ich fühlte mich so frei und glücklich wie schon lange nicht mehr.

✪◆✪

Ich wurde vom Bürgermeister der Insel, Raúl Auffington, zum Abendessen eingeladen. Er erzählte mir, daß die beiden Inseln San Andrés und Providencia 1822 auf der kolumbianischen Landkarte eingezeichnet wurden. Zuerst war Providencia die Hauptstadt, dann wurde es San Andrés.

„Providencia hat jetzt 3.500 Einwohner", sagt Raúl Auffington und fügt stolz hinzu: „Mehr Männer als Frauen und mehr junge Menschen als alte und Kinder."

Auf das Sprachengemisch der Inseln angesprochen, meinte der Bürgermeister: „Spanisch ist zwar die offizielle Sprache, aber die Denkweise ist Englisch. Wenn sie mit älteren Menschen reden, werden sie hören, daß diese noch ein korrektes Englisch sprechen, aber oft kein Spanisch. Unsere Kinder hingegen sprechen gut Spanisch, aber nicht sehr gut Englisch. Dazwischen gibt es „patois" und das, was sie für Englisch halten. Das ist so wie mit unserem Rassengemisch: Fast alle Länder Europas, aber auch Afrikaner und Chinesen sind vertreten."

◆❂◆❂◆❂◆❂◆

Ich sehe das Ergebnis vor mir: Menschen, die von einer außergewöhnlichen Schönheit sind. Wohlproportioniert, feingliedrig, meist sehr groß, wirken sie sehr edel. Die Hautfarbe hat einen Braunton, den wir Europäer uns durch stundenlanges Schwitzen in der Sonne erarbeiten müssen. Die Haarfarben sind schwarz, braun, rot, aber auch hellblond – und meist sind die Haare gekraust. Die Augenfarbe reicht von dunkelbraun über grün bis hellblau. Die Augenform ist meist rund, öfters auch mandelförmig. Die Gesichtsform ist oval. Die Lippen wohlgeformt und voll, aber nicht negroid. Schmale, feine Nasen und schneeweiße Zähne vervollständigen das Bild, das ich schon an Patricia so bewundert habe.

Der Bürgermeister erzählte mir noch vom gutorganisierten Schulsystem auf der Insel. Ein Busservice versorgt alle sieben Sektoren der Insel, denn jeder dieser Sektoren hat eine eigene Volks- und Oberschule.

Auch das geregelte Gesundheitswesen ist gut organisiert. Für werdende Mütter sind jegliche ärztliche Pflege oder Versorgung im Krankenhaus sowie Medikamente kostenlos vorgesehen. Außerdem können sie neun Monate nach der Geburt zu Hause bleiben und müssen nicht arbeiten.

Auf meine Frage, warum Mütter oder werdende Mütter so viele Privilegien haben, antwortet Raúl Auffington: „Früher war die Familie im Durchschnitt sehr groß. Es gab Familien mit 12, ja bis zu 16 Kindern", und lachend erzählt er weiter: „Das war bis 1973 so, da wurde das elektrische Licht auf der Insel installiert, und mit dem Licht kam auch das Fernsehen – und das hat sich auf den Nachwuchs in den Familien ausgewirkt."

❂◆❂

Am nächsten Morgen holten mich Jah Jah und Tony zu einer Rundfahrt um die Insel ab. Ein herrlich klarer, azurblauer Himmel wetteiferte mit dem Blau des Meeres, als wir den Motor starteten.

In der Ferne wurde ein Felsen sichtbar, und Jah Jah machte mich darauf aufmerksam, daß dieser Felsblock "Morgan's Head" heißt. Näherkommend sah ich dann, daß der Felsen tatsächlich wie der zur Riesengröße aufgeblasene Kopf Captain Morgans aussieht. Er ist ein Uferfelsen der kleinen Nachbarinsel Santa Catalina,

◆○◆○◆○◆○◆

die durch eine Holzbrücke, auch Mole der Verliebten genannt, über den Canal Aury mit Providencia verbunden ist. Nicht weit davon entfernt führt ein Pfad über Steintreppen zum Fort Morgan. Eine Kanone soll noch an den Piraten erinnern.

Jah Jah erzählte mir natürlich, daß der legendäre Pirat Morgan auf Providencia lebte und hier viele Schätze versteckt haben soll. Die Bezeichnung „Pirat" hatte damals einen anderen Sinn, meint Jah Jah. Er war ein Kämpfer, der die Spanier angriff, die damals die Herren von fast ganz Lateinamerika waren. Captain Morgan enterte ihre Schiffe, die mit Gold aus Peru, Kolumbien und Panama beladen waren, nahm die Schätze in Besitz, die zwischen der englischen Krone, ihm und Piraten aliquot geteilt wurden. Morgan brauchte alle seine Männer für die Beutezüge, daher ließ er für die Bearbeitung des Bodens in Providencia Arbeitskräfte aus Afrika holen. Für den Nachwuchs auf der Insel sorgten beide: Piraten und Sklaven. Aber auch der französische Pirat Aury und die Besatzung seiner Schiffe sorgten für Nachwuchs auf der Insel. Ein italienischer Edelmann namens Augustin Collasi hinterließ auf der Insel bleibende Eindrücke, ebenso ein Österreicher, ein gewisser Mr. Tick, dem nachgesagt wird, Sohn einer hochstehenden Persönlichkeit österreichischen Adels gewesen zu sein.

Dann kamen noch Chinesen, die am Bau des Panamakanals mitgearbeitet hatten. Zwei von ihnen ließen sich in San Andrés nieder und zwei in Providencia. Sie hatten angeblich hundert Nachkommen.

Unser Ziel war eine kleine Nebeninsel namens "Crab Island". Dort bestiegen wir zuerst den Gipfel, und Jah Jah sagte mit Stolz: „Hier sitzt oft Simón González und meditiert." Anschließend nahmen wir ein erfrischendes Bad im traumhaft klaren Wasser, das das Inselchen umgibt. Danach machte sich ein Hungergefühl bemerkbar, und wir steuerten eine flache Bucht an. Als wir näherkamen, hörte ich Reggaeklänge, die lautstark aus Lautsprechern tönten. Als Jah Jah, Tony und ich am herrlichen, strahlendweißen Sandstrand das Boot festmachten, sahen wir eine Art Unterstand, der die Tanzenden vor der brennend heißen Sonne schützte. Es war Sonntag, und die Einheimischen genossen diesen freien Tag, wie es sich gehört, mit Musik und Tanz. Als ich Durst hatte, nahm Tony kurzerhand eine Machete, kletterte auf einen der skurril aussehenden Bäume, deren Wurzel über der Erdoberfläche in Schlangenform liegen. Ein paar Kokosnüsse, die Tony gekappt hatte, fielen herunter.

◆◎◆◎◆◎◆◎◆

Es dauerte nicht lange, und auch er war wieder am Boden angelangt. Mit einem einzigen Hieb der Machete trennte er ein Ende der Kokosnuß ab und reichte sie mir. In diesem Augenblick konnte ich mir nichts besseres als die frische Kokosmilch vorstellen.

Simón González hatte mir gesagt, daß ich in Providencia unbedingt einen Baracuda essen sollte, den Fisch, der das Wahrzeichen der Inseln ist und alle Farben des Regenbogens auf seinen Schuppen hat. Er ist ein Raubfisch mit giftigen Stacheln am Rücken. Ihn zu verspeisen, soll zu den größten Genüssen von Fischliebhabern zählen. Gespannt, ob ich das Glück haben würde, eine solche Köstlichkeit zu probieren, fragte ich, ob es vielleicht einen Baracuda gäbe. Jah Jah machte sich auf den Weg, und ich sah, wie er mit einer der Frauen sprach. In der Zwischenzeit fragte mich Tony, ob ich nicht mit ihm tanzen wollte, und schon waren wir mitten unter den Tänzern. Zu meiner Überraschung folgte auf einen Reggae ein Vallenato, ein Rhythmus der kolumbianischen Küste, der mit Zieharmonika gespielt wird und gänzlich anders als der Reggae ist. Bis dahin hatte ich den Vallenato immer in Verbindung mit Gabriel García Márquez gesehen. Es ist seine Lieblingsmusik, die er auch nicht vermissen wollte, als ihm der Nobelpreis verliehen wurde. Er nahm deshalb eine Gruppe von Vallenatomusikern nach Stockholm zur Preisverleihung mit.

Jah Jah holte uns zum Essen. Auf einem Bananenblatt lag ein Baracuda. Das schneeweiße Fleisch des Fisches duftete herrlich. Ich brach ein Stück mit den Fingern ab und kostete. Gonzales hatte nicht zuviel versprochen. Er war einfach köstlich. Die Zubereitung ist äußerst schlicht, wenn man von dem Fisch einmal absieht. Auf einem offenen Holzfeuer hängt über zwei Astgabeln ein Eisenkessel, in dem Öl erhitzt wird. Der in Scheiben geschnittene und mit Limetten marinierte Fisch wird nun darin gebraten.

Ich wollte diesen Ort mit seiner geballten Ladung an optischen Reizen und anderen Genüssen am liebsten in mich einsaugen und mitnehmen. Nach diesem wundervollen Tag sollte nichts meine Stimmung stören. Ich sah all das Grün, das es auf dieser Insel gibt. Leguane – diese Riesenechsen leben hier noch als Haustiere – und Früchte überall: Ananas, Papaya, Mango, Platano, Guayaba, Badea, Curuba, Zapote, Granadilla, Anon, Guanabana, Lulo, Maracuya, Mamoncilla, Pitaya und so weiter. Es ist wie im Paradies.

Das Dorf Macondo – Literatur und Literaten

Als 1982 mit Gabriel García Márquez ein lateinamerikanischer Schriftsteller den Nobelpreis überreicht bekam, erhielt die Literatur dieses Kontinents für einige Zeit etwas mehr Beachtung, auch in Europa. Doch bald verflachte das Interesse wieder. Márquez war in den Kanon der gelesenen Schriftsteller aufgenommen worden, doch vom Gros der Autoren dieser Länder ist in Europa nur eine kleine Auswahl bekannt. Schon der Begriff „lateinamerikanische Literatur" ist problematisch, wie es Octavio Paz formuliert. Es gibt einerseits die portugiesische Literatur Brasiliens, die spanischsprachige von Mexiko bis Argentinien und die französischsprachige im karibischen Raum, von den indianischen Einflüssen ganz zu schweigen, die zu einem guten Teil nur mündlich überliefert werden. Ein weiterer Grund dürfte auch im politischen Engagement dieser Schriftsteller liegen, die in sehr vielen ihrer Arbeiten die soziale Wirklichkeit ihres Kontinents unermüdlich thematisieren. Eine Wirklichkeit, die geprägt ist von ihrem Status als Länder der Dritten Welt, deren Eigenständigkeit in der Literatur von ihrer Abhängigkeit in wirtschaftlicher Hinsicht überdeckt wird. Márquez hat diesen Umstand in seiner Rede bei der Nobelpreisverleihung beschrieben:

„Lateinamerika wünscht weder, eine willenlose Schachfigur zu sein, noch hat es Grund, dies zu wünschen: Auch hat es nichts Chimärenhaftes, wenn sein Streben nach Unabhängigkeit und Originalität zu einem Anliegen des Westens wird. Und doch scheinen die Fortschritte der Schiffahrt, die manche Entfernungen zwischen unseren Amerikas und Europa verringert haben, unsere kulturelle Entfernung dafür vergrößert zu haben. Warum versagt man uns die Originalität, die man uns in der Literatur rückhaltlos zubilligt, mit allen möglichen Verdächtigungen bei unseren so schwierigen Versuchen sozialen Wandels? Warum denkt man, daß die soziale Gerechtigkeit, die fortschrittliche Europäer in ihren Ländern durchzusetzen versuchen, nicht auch ein lateinamerikanisches Ziel mit unterschiedlichen Methoden unter anderen Bedingungen sein kann? Nein: Die maßlose Gewalt und der maßlose

Schmerz unserer Geschichte sind das Ergebnis von jahrhundertelangen Ungerechtigkeiten und Bitternissen ohne Zahl und nicht eine dreitausend Meilen von unserem Haus entfernt ausgeheckte Verschwörung. Doch viele europäische Führer und Denker haben mit dem Infantilismus von Großvätern, welche die fruchtbaren Verrücktheiten ihrer Jugend vergessen haben, geglaubt, es gäbe kein anderes Schicksal, als in der Gnade der beiden größten Herren der Welt zu leben. Dies, Freunde, ist das Ausmaß unserer Einsamkeit."

Es war nicht das erste Mal, daß der Nobelpreis an einen lateinamerikanischen Autor ging, erhielten doch die Chilenin Gabriela Mistral 1945 und ihr Landsmann Pablo Neruda 1979 den begehrten Preis, der Guatemalteke Miguel Angel Asturias 1967 und der Mexikaner Octavio Paz 1990.

Octavio Paz umreißt die lateinamerikanische Literatur sehr treffend: „Imagination, Sensibilität, Liebenswürdigkeit, Sinnlichkeit, Melancholie, eine gewisse Religiosität und ein gewisser Stoizismus gegenüber dem Leben und dem Tode, ein tiefes Gefühl für das Jenseitige und ein nicht weniger ausgeprägter Sinn für das Hier und Jetzt."

Die diversen Literaturpreise sind nur Bestätigung der eigenen Wertschätzung. Die lateinamerikanischen Autoren sind sich ihrer selbst viel bewußter geworden und ringen nicht mehr um die zweifelhafte Anerkennung europäischer Institutionen. Sehr konsequent gehen sie ihren eigenen Weg und haben den „Minderwertigkeitskomplex", wie der peruanische Literaturwissenschaftler José Miguel Oviedo schrieb, überwunden. Ihre Literatur ist nicht mehr eine pittoreske Zugabe oder eine Kuriosität für Liebhaber, garniert mit Exotismen und geprägt von einer archaischen Sprache. Ihre Romane und Erzählungen, die Gedichte und die Theaterstücke schielen nicht mehr nach der Alten Welt, sondern benutzen dort geprägte Symbole oder Haltungen nur mehr als Versatzstücke, die in einem früheren Leben eine gewisse Bedeutung erlangt hatten.

Da gibt es Bücher voll überschäumender Phantasie mit tropischer Bildfülle und barocker Sprache. Bücher, die von einem System erzählen, in dem es nur weiße

◆❂◆❂◆❂◆❂◆

Herren und farbige Knechte gibt, Elend und Verschwendung, Herrschaft der Männer über Frauen. Bücher revolutionärer Erzähler und Bücher romantischer Dichter. Der Dualismus einer grausamen und dann wieder schmachtenden, glutheißen und zugleich frierenden Welt, in der ein Katholizismus der prunkvollen Kathedralen in verfallenen Städten regiert.

Schreiben, und vor allem Verse schreiben, gehört einfach zum Leben eines jeden Kolumbianers, sagt Gabriel García Márquez.

Ernesto Cardenal, Dichter, Priester, Revolutionär und für einige Zeit Kulturminister in der sandinistischen Regierung Nicaraguas, verknüpft sehr direkt Literatur und Politik im Leben seiner Landsleute: „Das Volk von Nicaragua ist ein Volk der Dichter und nicht der Krieger. Die Revolution in Nicaragua hat tiefgreifende Veränderungen mit sich gebracht. In diesem Prozeß konnten die Dichter, die Schriftsteller und die Künstler nicht abseits stehen."

❂◆❂

Die kubanische Revolution 1959 und die darauffolgenden Bemühungen um die neue lateinamerikanische Literatur verliefen parallel zu den verlegerischen Anstrengungen in Spanien, einen verlorengegangenen Markt wieder zu erobern. Die Voraussetzungen für den internationalen Durchbruch lateinamerikanischer Literatur waren optimal. Vor allem die politischen Veränderungen und das Auftreten charismatischer Persönlichkeiten, wie Che Guevara oder Camilo Torres, trugen dazu bei.

Zwischen 1960 und 1970 bot sich Márquez zum ersten Mal die Möglichkeit einer raschen Veröffentlichung seiner Werke; er stieß auf Interesse, sowohl beim Verleger als auch beim Leser, und konnte von seiner Arbeit als Schriftsteller leben, bisher ein Ding der Unmöglichkeit. Natürlich trugen die Vorabdrucke in Zeitschriften, die Übersetzungen, die Literaturpreise zur finanziellen Absicherung der Schriftsteller bei, aber entscheidend waren die Auflageziffern in der eigenen Sprache, ein Resultat der fortschreitenden Alphabetisierung in Lateinamerika. So wurden mehr als eine Million Exemplare von „Hundert Jahre Einsamkeit" von Gabriel García Márquez in Lateinamerika verkauft. Aber auch Carlos Fuentes, Mario Vargas Llosa und Julio Cortázar erzielten sechs- oder siebenstellige Verkaufsziffern. Diese Autoren haben sich von den früher favorisierten Strömungen, dem „criolismo“ und dem „nativismo“, die die Wirklichkeit als Typus begriffen und fast holzschnittartige Literatur präsentierten, abgewandt.

In den zwanziger Jahren waren die natürliche Landschaft, die feindselige Umwelt und der primitive Mensch bestimmende Sujets der Literatur. Spätere Autoren befaßten sich mehr mit den Menschen, deren Sprache nicht gehört wurde, die keine Lobby hinter sich hatten. Deshalb tauchten in der Literatur oft Mittel des Journalismus, der politischen Agitation auf. Sie konnten damit aber wieder nur jene erreichen, die schon lesen konnten, und in Gegenden, in denen die indianische Literatur vorherrschte, mußten sie versuchen, mit den Sprachbarrieren umzugehen, da sie dort selbst „Ausländer“ waren. Diese Probleme sind heute noch nicht beseitigt. Die verschiedenen Sprachen und Kulturen haben keine eigene Literatur herausgebracht, die alles verschmilzt. Dieses Unterfangen wäre auch sinnlos, denn die verschiedenen Facetten eines Kontinents würden dadurch nur nivelliert.

Derartige Differenzierungen werden in euopäischen Ländern kaum gemacht. Hier war und ist es überhaupt ein Novum, wenn lateinamerikanische Literatur grundsätzlich rezipiert wird. Besonders die deutschsprachigen Länder haben ihre Schwierigkeiten damit. Die berühmte Zeitschrift „Sur“ der argentinischen Schriftstellerin und Mäzenin Victoria Ocampo sorgte in Frankeich dafür, daß Miguel Angel Asturias oder Jorge Luis Borges erstmals in Europa gelesen und bekannt wurden.

Auch die Verbindung vieler Autoren zum Film förderte das Interesse an der neuen lateinamerikanischen Literatur:

Michelangelo Antonioni realisierte einen Kultfilm der sechziger Jahre, „Blow up“, nach einer Erzählung von Julio Cortázar. Auch Jean-Luc Godard wurde von einer Geschichte Cortázars zu seinem Film „Weekend“ inspiriert und von einer Erzählung José Luis Borges zu „Alphaville“. Bernardo Bertolucci verfilmte eine Erzählung Borges unter dem Titel „La strategia del ragno“, die Strategie der Spinne.

Viele lateinamerikanische Autoren wie Jorge Amado, Autor vieler brasilianischer Filme, schrieben auch in ihrer Heimat Drehbücher, die internationale Be-

◆❂◆❂◆❂◆❂◆

achtung fanden, wie „Doña Flor und ihre beiden Ehemänner" oder „Tenda dos milagros". Der meistprämierte Film der Filmgeschichte, „Orfeo negro", wurde ebenfalls von einem Brasilianer geschrieben, Vinicius de Moraes, Schriftsteller, Dichter und Diplomat.

❂◆❂

Der kubanische Schriftsteller Alejo Carpentier entwickelte 1949 das erste theoretische Konzept des neuen lateinamerikanischen Romans. Seiner Meinung nach ermöglicht die konkrete Realität des Kontinents einen unmittelbaren, authentischen Zugang zu einer „wunderbaren Wirklichkeit", die in Europa nicht mehr existiert. Eine zusammenfassende Definition des „magischen Realismus", wie ihn Carpentier und der guatemaltekische Schriftsteller Miguel Angel Asturias proklamieren, könnte man als die Übersetzung des europäischen Surrealismus betrachten, allerdings nur ungefähr, denn der Surrealismus westlicher Prägung basiert auf der Erkenntnis der Psychoanalyse, und der magische Realismus Lateinamerikas birgt Rationalität und Irrationalität zugleich in sich, eine für Lateinamerika charakteristische Vermischung.

Der „magische Realismus" bemüht sich um eine Harmonie zwischen den formalen Elementen und der zugrunde liegenden Realität. Die Grenze zwischen Mythos und Wirklichkeit schwimmt. Die ungleichmäßige Entwicklung der Gesellschaft, die krassen Gegensätze in allen Lebensbereichen spiegeln sich in der Bedeutung des Mythos wider. Vor allem auf dem Lande besteht die Neigung, wichtige Begebenheiten zu mystifizieren. Geschichten zu verwandeln, sie umzudrehen, perspektivisch zu verzerren, Begebenheiten, die unangenehme Folgen bringen könnten, zu verschweigen oder geschichtliche Ereignisse zu verfälschen. Es entsteht eine partielle Fusion von Zeitdokumenten und Fiktion. Zum Beispiel datiert Gabriel García Márquez in „Hundert Jahre Einsamkeit" den Aufstand der Arbeiter in den Bananenplantagen mit 1928. In den Geschichtsbüchern gibt es ihn nicht. Die Suche nach dem Ursprung, die Betonung des Autochthonen ist das gemeinsame Anliegen der Essayisten, Dichter und Romanciers. In „Hundert Jahre Einsamkeit" gibt García Márquez nicht nur ein Bild von Macondo, dem kleinen Dorf in Kolumbien, er versteht es zugleich als Mittelpunkt des Universums.

◆✪◆✪◆✪◆✪◆

„Die Originalität lateinamerikanischer Literatur besteht gerade in der freien und mutigen Weiterverarbeitung der Produkte anderer Kulturen, in deren Verschmelzung mit den ursprünglichen Sedimenten der eigenen Kultur sowie in einer modernen Deutung", entkräftet José Oviedo die Angriffe im Hinblick auf fehlende Originalität. Zwar wird von großen Erzählern gesprochen, wie bei Isabell Allendes „Geisterhaus", ein Erzählen in einer Tradition, die in Europa nur mehr selten zu spüren ist, doch schwingt in den Kritiken mit, daß es eben nur eine Neuauflage schon bekannter Methoden wäre. Durch die Vereinigung vieler kultureller Erbschaften und natürlich auch europäischer Vorbilder, mit ganz unterschiedlichen Einflüssen, kann nicht mehr von einer Übersetzung, beispielsweise des Surrealismus, auf hiesige Verhältnisse gesprochen werden, sondern es entstand eine ganz eigene, eigenartige Literatur.

✪◆✪

Heute können drei große Richtungen unterschieden werden. Einmal der opulente Roman, in dem Fragen kollektiver Tragweite untersucht werden und in dem oft ein wahrer Kosmos von Figuren auftritt, die für die Aufarbeitung von Gegenwart und Vergangenheit stehen. Weiters die Annäherung der Erzählweise an die Dokumentation, den Essay oder die Reportage, wie es García Márquez in den „Abenteuern des Miguel Littín" versucht. Márquez beschreibt den neuerlichen Besuch des chilenischen Regisseurs Littín in seinem Land unter der faschistischen Diktatur. In der Ich-Form erzählt Márquez von den Mühen, unerkannt als verfolgte Person, einen Film über das Leben zu dieser Zeit zu drehen.

Dann hat sich auch die Postmoderne auf diesen Kontinent verirrt, und es entstand eine Literatur, die sich abschottet von der Wirklichkeit und einen sehr hermetischen Charakter zeigt.

✪◆✪

Ein Streifzug durch die verschiedenen Länder beweist, wie vielfältig die Literatur oder besser die Literaturen Lateinamerikas sind.

Die Zeitschrift „Martin Fierro", deren Titel von einem berühmten Gedicht der Gaucho-Literatur des 19. Jahrhunderts stammt, war 1922 sehr prägend für eine eigenständige, künstlerische Erneuerung in Argentinien.

Es bildeten sich zwei Gruppen: Die Gruppe Boedo und die Gruppe Florida. Die Gruppe Boedo umfaßte die Anhänger des Marxismus aus der Zeit nach dem ersten Weltkrieg und generell all jene, die sich mit den sozioökonomischen Problemen des Menschen befaßt.

Die Gruppe Florida vereinte Schriftsteller aller politischen Strömungen dieser Epoche. Prominentes Mitglied dieser Gruppe war Jorge Luis Borges. „Die befreiende Wirkung der Kunst" liege in ihrer einzigartigen Fähigkeit, „gegen die Welt zu träumen", Welten zu schaffen, die „anders" seien.

Diese Worte des Schriftstellers und Bibliothekars Borges sind bezeichnend für seine Werke, in denen er mit einer Welt der Träume und auch der Alpträume jongliert. Seine „Bibliothek von Babel", das „Aleph" oder die „Universalgeschichte der Niedertracht" zeigen Welten, deren Grenzen verschwimmen, die keine große Sicherheit offenbaren. Alles Leben ist ein Vexierspiel, das, selbst wenn es sich durch historische Daten belegen läßt, noch immer falsch sein kann. In vielen Erzählungen näherte er sich einer Gaucho-Mystik an, in denen Symbole wie das Messer ein eigenes Leben gewinnen. Die Dinge dominieren ihre Träger, und ein Kampf muß erneut durchgeführt werden.

Den Texten Borges nahestehend sind die Arbeiten von Julio Cortázar. Seine Erzählungen spielen auch mit der Wirklichkeit und verbergen geschickt den Einbruch des Phantastischen in den Alltag. Sehr streng komponierte er seine Texte und konnte gerade deswegen mit manieristischen Versatzstücken eine ungewohnte Intensität erreichen. Cortázar plädierte dafür, das Instrument der Vernunft, das seine Unfähigkeit bewiesen hat, durch Phantasie, Verlangen, Empfinden und Wünsche zu ersetzen.

Eine besondere Stellung im Kontext der zeitgenössischen Literatur nimmt Manuel Puig ein. Das soziologische Material, auf das Puig sich stützt, sind die Subprodukte der Massenkultur, ein Bestandteil gemeinsamen Erlebens. In Puigs Bezugssystem ist für Ironie kein Platz, als Mensch unter Menschen fühlt sich der Autor niemandem überlegen. Der Kitsch aus den Filmen, die beispielsweise Molina Arregui

◆❂◆❂◆❂◆❂◆

im „Kuß der Spinnenfrau“, „El beso de la mujer araña“, erzählt, sind für den Autor kein Gegenstand der Verachtung. Seine Gestalten glauben an das, was sie sagen, es entspricht der Verfassung ihrer Gefühle und könnte Mitleid, aber nicht Sarkasmus wecken. Die Protagonisten in den Werken Puigs werden von Zensur und Tabu gepeinigt. Sie können sich nur für Augenblicke einbilden, sie hätten sich davon befreit – in der Welt ihrer Phantasie, dem Kino.

❂◆❂

In Ecuador entstand als Reaktion auf das Versagen der Liberalen und die politischen Probleme in den dreißiger Jahren die sogenannte „Literatur der Anklage und des Protests“. Ziel dieser Gruppe war die Auseinandersetzung mit der Realität, dem Elend der unterdrückten Bevölkerung.

Jorge Icaza wurde zum Hauptvertreter der indigenistischen Literatur. Durch seine Romane „Huisipungo, unser kleines Stückchen Erde“ und „El chullo Romero y Flores“, „Caballero im geborgten Frack“, war er der einzige ecuadorianische Schriftsteller, von dem auch Europa Notiz nahm.

Zu einem Kultbuch wurde „Die offenen Adern Lateinamerikas“ des uruguayanischen Schriftstellers und Journalisten Eduardo Galeano. Er präsentiert darin ein Bild der Kolonisation und der heutigen politischen Situation, bei der er sich nicht den geschönten Mitteln europäischer Historiker bedient, die vor ihm zu diesem Thema arbeiteten. Sein Zugang ist geprägt von seiner Herkunft, seinem Engagement und seiner Wut: „Die Tatsache, daß ein Buch Buch ist, macht es nicht wie magisch zu einem Werkzeug der Befreiungskultur. Der Großteil der Kultur, die wir besitzen, ist eine Kultur, die uns ignoriert und aus uns Ignoranten macht. Genauso wie uns das Bildungssystem verbildet und die Kommunikationsmedien uns isolieren. Dann gibt es Bücher, die eine Verdummungsfunktion erfüllen, das heißt, sie tragen dazu bei, daß der Sklave sich mit den Augen des Sklaventreibers sieht. Es sind Werke, die die Menschen ungeheuer beeinflussen und, wie ich glaube, ihnen sehr geschadet haben. Im 18. Jahrhundert galt das Buch als etwas Magisches, Heiliges, und man vertrat die Idee, die Intellektuellen würden das Volk erleuchten. Die Geschichte Lateinamerikas ist genau das Gegenteil. Die Pest Lateinamerikas waren, und sind es noch, die Doktoren, die sogenannten Gebildeten. Wegen dieser Doktoren befinden wir uns in der jetzigen Lage."

Die literarische Betätigung kann sehr schnell zu einer Gefahr für den Autor werden, wie das Beispiel des kolumbianischen Schriftstellers Arturo Alape zeigt, dessen Name allein 1977 auf drei Todeslisten gestanden hat. Todesankündigungen werden in der Regel streng ausgeführt; daher verließ auch Alape seine Heimat. Er begründet diesen Schritt damit, daß er der Meinung ist, seinem Land durch die Literatur neue Welten öffnen und die Emotion der Schöpfung bringen zu können. „Meine Literatur ernährt sich von dieser sozialen Wirklichkeit", sagt er. „Sie verwandelt sich in einen kreativen Prozeß oder in eine Aufgabe der Geschichte oder in eine Fiktion angesichts der Lage, in der das Land sich befindet. Das ist der wesentliche Aspekt, den die Drohungen verursacht haben. Und wenn ich Kolumbien nicht verlassen hätte, würden sie mir jetzt vielleicht eine posthume Ehrung erweisen."

Die guatemaltekische Dichterin Ana Maria Rodas beschäftigt sich mit der Lage der Indios in ihrer Heimat. Sie werden, und nicht nur aus sprachlichen Gründen, aus dem kulturellen Leben ausgeschlossen. „Der Indio hat einfach ein ganz anderes Bild der Welt, ein anderes Konzept, eine andere Weltanschauung.

Seine Welt ist eine religiöse Welt, die in sich abgeschlossen ist, die man nicht mit der übrigen Welt vergleichen kann. Es ist eine völlig andere Kultur, ein völlig anderes Leben. Werden sie mit der sogenannten Zivilisation, der Latino-Kultur, wie wir sie nennen, konfrontiert, passiert immer wieder das gleiche: Sie geben ihr bisheriges Denken, Fühlen, Glauben und Hoffen auf, um sich diesem neuen Lebensstil anzupassen, mit dem Erfolg, nun wirklich zu den Ärmsten der Armen zu gehören.

Auch wir Frauen haben in diesem Kulturkreis zu kämpfen. Man betrachtet uns noch immer als Menschen zweiter Klasse. Das ist einer der Gründe, warum meine Poesie so ist, wie sie ist:

◆✪◆✪◆✪◆✪◆

‚Schade, daß man die Männer noch nicht bekommt
als Ampullen
als Pillen
als Salben.'"

„Ich glaube", sagt Ana Maria Rodas, „daß man die Politik in literarischer Form darlegen muß, und zwar die Politik, die man für die Frau anstrebt, weil die derzeitige Welt noch immer eine machistische ist."

✪◆✪

Im Inkareich kannte man eine sehr hoch entwickelte Literatur die, da es keine Schrift gab, mündlich weitergegeben wurde. Die „quipus", Schnüre mit verschiedenfärbigen und in unterschiedlichen Abständen angebrachten Knoten, dienten zur Weitergabe von Daten wirtschaftlicher und administrativer Natur. Man kann die Knotenschrift also nicht wirklich als Schrift bezeichnen, und daher blieb für die Weitergabe literarischer Werke der Mensch. Die in der indianischen Sprache „Quechua" geschaffenen Werke sind vor allem lyrischer und dramatischer Natur. Dank der Aufzeichnung des Franziskanerpaters Blas Valera, des Garcilaso de la Vega Inca und des Indios Felipe Guamán Poma de Ayala ist dieser Schatz für die Nachwelt erhalten geblieben.

Die „Quechua-Lyrik" spielte im inkaischen Gemeindeleben eine wichtige Rolle. Bei den Dramen standen die Kräfte des Guten und des Bösen im Mittelpunkt der Handlung, die Beziehung der Menschen zu den Göttern und untereinander. Die „amautas" gaben die Weisheit und die literarische Tradition weiter. Bei Festen wurden je nach Anlaß Trauer- oder Lustspiele aufgeführt, die von den „amautas" zusammengestellt und von Kindern der „curacas"-Häuptlinge und der Aristokratie dargestellt wurden. Themen der Trauerspiele waren kriegerische Auseinandersetzungen und heroische Abenteuer, während sich die Lustspiele mehr mit Themen aus der Landwirtschaft und der Familie befaßten. Das historische Drama „ollantay" erschien im zweiten Band, „Die Ketschuasprache", 1853 in Wien.

✪◆✪

◆◎◆◎◆◎◆◎◆

In der Kolonialzeit bestand das literarische Schaffen in der Neuen Welt vor allem aus Chroniken, Tagebüchern, Berichten über Leben und Sitten der Inkazeit sowie die Ereignisse der Eroberung. Das bedeutendste Werk dieser Zeit sind die „Comentarios reales de los incas" von Garcilaso de la Vega.

Erst im 20. Jahrhundert entstehen in Bolivien Bestrebungen, eine echte nationale Literatur zu schaffen. So beschreibt Jaime Mendoza 1911 in seinem Roman „En las tierras del Potosí" die Wirklichkeit des indianischen Minenarbeiters im Silberberg von Potosí. Alcides Arguedas behandelt in „Raça de bronce" als Mittelpunkt den Kampf der „Aymaria"-Indios gegen Unterdrückung und Ungerechtigkeit.

Einer der erfolgreichsten Schriftsteller Brasiliens, Jorge Amado, betrachtet in seinem Roman das Leben der Menschen in Bahia mit all seinen Facetten; kritisch, humorvoll ist er auch persönlich ein echter Brasilianer und als solcher ein Anhänger des afro-brasilianischen Kults „candomblé". „Für viele Brasilianer ist der ‚candomblé' eine Wirklichkeit, die zu unserem täglichen Leben gehört", sagt er. „Ich bin damit aufgewachsen, und ich könnte kein brasilianischer Schriftsteller sein, wenn ich den ‚candomblé' nur von außen kennen würde. Man muß mitten drinnen sein."

Zu den letzten Entdeckungen brasilianischer Literatur zählt Ignacio de Loyola Brandaõ mit seinem Roman „Null", der in erschreckender Eindringlichkeit das Leben unter der Militärdiktatur thematisiert. Im Kapitel „Rosa kehrt zur Erde zurück: Sie war Erde", geht Brandaõ auf imaginäre „quimbanda" (Afro-brasilianischer Kult) Praktiken ein. Darüber sagt er: „Das unterstreicht unsere afrikanischen Wurzeln; es bestätigt von neuem, daß in einem Land wie Brasilien, das Atomenergie herzustellen versucht, das eine Metro mit der modernsten Technologie baut, das den Computer in allen Bereichen einführt, eine ebenso unglaubliche, wie wirkliche Gegenseite existiert: die Barbarei, die Primitivität, ein für die Zukunft völlig unvorbereiteter Mensch. Denn dieser Mensch ist unterentwickelt, Analphabet, krank. Er hat Hunger, flüchtet in Mystizismen, um Probleme, nichts als grundlegende Probleme, zu lösen, die das politische System für ihn lösen müßte. Dieses Kapitel offenbart die Inkohärenz, die Paradoxe, den innerhalb einer Nation wie Brasilien bestehenden ungeheuren Widerspruch."

◎◆◎

◆○◆○◆○◆○◆

Die paraguayische Literatur ist mit wenigen Ausnahmen im Ausland unbekannt geblieben. Während der wechselnden Diktaturen mußten die Schriftsteller, wenn sie nicht systemangepaßt schrieben, emigrieren. Der renommierteste Schriftsteller Paraguays, Augusto Roa Bastos, hätte das Land bald nicht mehr verlassen können, nur mit knapper Mühe entging er 1974 einem auf ihn verübten Mordanschlag durch die Geheimpolizei des Diktators Stroessner. Seitdem lebt er im Exil in Argentinien.

Augusto Bastos wird als einzigartig unter den modernen Autoren Lateinamerikas bezeichnet. Das liegt an seiner Herkunft und an der Zweisprachigkeit Paraguays. Zu den Elementen, die das Entstehen einer Nation fördern, gehört die Bewahrung der einheimischen Sprache. In Paraguay ist es das „Guaraní", die Sprache der Ureinwohner. Auch heute lernen die Kinder oft erst in der Schule spanisch, besonders in den ländlichen Regionen. Diese Zweisprachigkeit unterstreicht die eigene Nationalität, verschärft aber zugleich die kulturelle Isolation. Sie gibt dem Erzähler schwierige Probleme auf, denn zunächst erschwert sie den Dialog: Die Werke sind spanisch geschrieben, die Figuren denken und sprechen Guaraní. Da die Strukturen beider Sprachen völlig verschieden sind, stehen sie sich gewissermaßen feindlich gegenüber und lassen sich nicht zu einer gemeinsamen Form verflechten.

Der fast ausschließlich mündliche Charakter der einheimischen Literatur und die fundamentale Verschiedenheit beider Sprachen verhindern, daß die paraguayanische Literatur diese doppelte kulturelle Tradition nutzt. Die strukturellen Schemata des Guaraní, die Roa Bastos in seinen Werken verwendet, machten diese zu einer literarischen Ausnahme.

○◆○

Der uruguayische Schriftsteller Juan Carlos Onetti plaziert die Figuren seiner Romane immer in das Leben der Stadt, ob Montevideo, Buenos Aires oder Santa Maria. Onetti beschreibt mit Buenos Aires eine Immigrantenstadt, die aus dem Boden gestampft wurde. Teilnahmslose Städte, Städte mit angsterfüllten und zärtlichen Menschen, in denen Opfer und Opferpriester in einer Umarmung aufgehen. Buenos Aires, die Stadt, von der er so lange geträumt hat, daß er auch seine Leser davon träumen läßt.

◆❂◆❂◆❂◆❂◆

Ob Gabriel García Márquez ebenfalls von seinem Dorf Macondo geträumt hat, bleibt offen. Daß Macondo die Geschichte des Universums symbolisiert, veranschaulichten sein mythologischer Ursprung und sein apokalyptischer Untergang. Macondo spiegelt auch die wichtigsten Ereignisse des lateinamerikanischen Kontinents seit der spanischen Conquista wider: Entdeckung, Eroberung, Kolonialzeit, Republik, Beginn der Bürgerkriege, Beginn des Imperialismus, Gegenwart und Neoimperalismus.

Die Unterscheidung der historischen und mythischen Dimension Macondos kann man auch auf die Bewohner übertragen. Sie läßt sich besonders deutlich an Hand der Zeit nachprüfen. Die mythische Zeit ist zyklisch, sie kennt keine Grenzen zwischen Vergangenheit, Gegenwart und Zukunft. Alles verschmilzt zu einem immerwährenden Präsens. Die Bewohner des Dorfes Macondo lassen sich in drei Gruppen einteilen: archetypische, typische und sonstige Gestalten. Die Grundfragen der menschlichen Existenz bleiben aber ungelöst.

García Márquez stellt die Begriffe Einsamkeit und Tod in den Mittelpunkt seines Bemühens, eine Antwort darauf zu finden. Die Einsamkeit, als Hauptthema des Romans, wird bereits durch den Titel hervorgehoben. Die Einsamkeit manifestiert sich auf allen Ebenen als inneres oder äußeres Kennzeichen der Personen, als Hinweis auf Ort und Zeit, Natur, Klima, als zwischenmenschliche Beziehung, als soziale Gegebenheit, als Problem im Alter und im Tod.

Der Sprachrhythmus des Romans ist durch Abschnitte gekennzeichnet, die aus langen Sätzen bestehen, die manchmal bis zur Hälfte einer Seite gehen. Sie beinhalten viele parataktische Sätze. Eine Unterbrechung durch einen Dialog oder einen kurzen Satz fällt daher besonders auf und schildert eine wichtige Begebenheit oder wechselt in die Perspektive einer anderen Person. Gesamt gesehen ist die lückenlose Verzahnung von Realität und Fiktion, die zum völligen Verschwinden jeglicher Grenzen führt, das grundlegende Charakteristikum des Werkes.

❂◆❂

Anfang Dezember 1991 fand in Guadalajara, Mexiko, die erste gesamtlateinamerikanische Buchmesse statt. Schriftsteller und Intellektuelle Lateinamerikas und Europas waren dazu eingeladen. Mexiko versuchte damit, seinen Anspruch auf eine kulturelle Führungsrolle in Lateinamerika zu dokumentieren. Ein Argument dafür liefert die literarische Tradition Mexikos. Es braucht daher auch nicht zu überraschen, daß Mexiko sofort für die Buchmesse im heurigen Frühjahr zusagte, als die 1991 noch bestehende UdSSR aus finanziellen Gründen auf die Teilnahme verzichtete.

Oktavio Paz ist, wie auch der Dichter Juan Rulfo, Mexikaner. In der Provinz Jalisco geboren, verbrachte Rulfo seine Kindheit im täglichen Kontakt mit den Dorfbewohnern und wurde Zeuge der gewalttägigen Unruhen der Zeit. Das beeindruckte ihn entscheidend und fand in seinen literarischen Werken ein deutliches Echo.

Juan Rulfo gilt unter den mexikanischen Dichtern als derjenige, der am tiefsten in Denkformen und Fühlen der mestizischen Mehrheit seines Landes eingedrungen ist. Er hat Mythen und Vorstellungen dieser Menschen poetischen Ausdruck verliehen.

Veranstaltungen wie diese Buchmesse sind sichtbarer Ausdruck eines neuen Selbstverständnisses lateinamerikanischer Literatur, die eine große Zahl an Autoren hervorgebracht hat, die keinesfalls mehr darum ringen müssen, in ihrer Originalität anerkannt zu werden, sondern selbst schon eigene Traditionen aufzuweisen haben.

◆○◆○◆○◆○◆

Ecuador – Das Land des ewigen Frühlings

Mein erstes Ziel in Ecuador war die Hauptstadt Quito. Am Flughafen postierte ich mich mit einem Zettel, auf dem mein Name stand, in der Halle und wartete darauf, angesprochen zu werden. Die meisten Passagiere hatten bereits den Flughafen verlassen, als eine stattliche Frau auf mich zukam, hinter ihr ein eher schmächtiger Mann, der kaum mit ihr Schritthalten konnte. Sie musterte mich, schaute den Zettel an und fragte: „Doña Erica?"

Aida und Eduardo Peñaherrera sind Verwandte eines in Wien studierenden Ecuadorianers, der bei einer lateinamerikanischen Musikgruppe spielt, mit der ich schon oft gearbeitet habe. Er bestand darauf, daß ich in Ecuador bei seiner Familie wohnen sollte. Wir bestiegen einen Lastwagen, ich durfte neben dem Fahrer Platz nehmen, und Aida schwang sich auf die Tragfläche des vorsintflutlichen Gefährts.

Es war ein strahlender Tag. Die Berge, die die Stadt umgeben, stachen mit ihren kegelförmigen Spitzen in den wunderschönen blauen Himmel Quitos. Der am nächsten gelegene wuchtige Berg, der selten Schnee tragende Vulkan Pichincha, an dessen Osthängen Quito liegt, ragt mit seinen beiden Gipfeln 4.787 Meter hoch.

Die Stadt, zu seinen Füßen, scheint sich an ihn zu klammern, um nicht in die nahegelegenen Schluchten zu stürzen. Nach La Paz ist Quito, in rund 2.800 Metern Seehöhe, die zweithöchstgelegene Stadt Südamerikas. Sebastián de Benalcázar gründete sie an einem strategisch günstigen Punkt. Um eine gute Ausgangsposition für ihre Verteidigung zu haben, errichtete er sie auf einem schmalen und abschüssigen Plateau, das von drei Seiten durch Schluchten geschützt war. Für die Verteidigung war es günstig, nicht aber für die künftige Stadtentwicklung, denn mühsam mußten Niveauunterschiede ausgeglichen werden. Die wohlhabenden Konquistatorenfamilien setzten sich hier fest, da die Ebene durch die Vulkanerde ein umgemein fruchtbares Gebiet war. Die schneebedeckte Spitze des Cayamba überragt den Pichincha, und der Cotopaxi mit seiner perfekten Kegelform ist der höchste tätige Vulkan der Erde. Der bekannteste allerdings ist der Chimborazo.

◆✪◆✪◆✪◆✪◆

In der Mitte des 18. Jahrhunderts kamen in Begleitung der Spanier Jorge Juan und Antonio de Ulloa die französischen Gelehrten La Condamine, Godin und Bouguer nach Ecuador, um die am Pol gemachten Messungen zu vergleichen und um die Theorie Newtons über die Gestalt der Erde aufgrund ihrer sich drehenden Bewegung zu beweisen. Aufgrund der Vergleiche konnten die ersten gesetzmäßigen Definitionen des Meters als Längenmaß gemacht werden.

✪◆✪

Am Ziel angelangt, stiegen wir aus und betraten eines der kleinen Häuser, die wie in einer Dorfstraße in knappem Abstand aneinandergereiht sind.

Aida führte mich in einen winzigen Raum, dessen Einrichtung aus zwei Betten und einem Schrank bestand. Überall verteilt standen Koffer, Schachteln, Pakete – dazwischen ein schmaler Weg, der zu den beiden Betten führte. Ich hatte den Verdacht, daß mir meine Gastgeber ihr Schlafzimmer überlassen hatten.

Die Gastfreundschaft der Menschen Lateinamerikas ist von einer Großzügigkeit, die uns immer wieder überrascht. Schon Kolumbus beschrieb sie in seinem Bordbuch als sanfte, umgängliche Menschen, die das Gold aus ihren Ohren nahmen und den Spaniern schenkten. Weiters sah er in ihnen Untertanen, die bald auch Christen werden sollten, die einen Sinn für Höheres hatten, weil sie glaubten, daß die Fremden mit ihren Schiffen vom Himmel herabgekommen waren.

Nach einer kleinen Ruhepause und einem köstlichen Mittagessen, das Aida zubereitete, machten wir uns auf den Weg ins Zentrum von Quito. Die heutige Hauptstadt Ecuadors hieß schon Quito, als sie noch Mittelpunkt des Königreichs der Quito- oder der Cara-Indios war. Sogar die Inkas änderten den Namen der Stadt nicht, nachdem sie das Königreich eroberten und in ihr Imperium eingliederten. Selbst der Spanier Sebastián de Benalcázar, der Quito „offiziell am 6. Dezember 1534 gegründet" hat, behielt den Namen bei. Den katholischen Anstrich erreichte er, indem er den Namen des Heiligen Franziskus vor Quito setzte: „San Francisco de Quito".

Die Straßen Quitos sind rechtwinkelig angelegt, wie die Paläste und Höfe der spanischen Adeligen und der Kirchenfürsten. Die Bürgersteige sind sehr schmal. Die Straßen im Zentrum sind eng und für den heutigen Verkehr ungeeignet. Manchmal

◆❂◆❂◆❂◆❂◆

sind sie so schmal, daß man befürchtet, die durchfahrenden Autobusse könnten die Häuserwand streifen. Quito ist erst Mitte dieses Jahrhunderts rapide gewachsen. Innerhalb von 24 Jahren verdreifachte sich die Bevölkerung. Anziehungspunkt für die zahlreichen Zuwanderer ist die industrielle Struktur der Stadt. Die Verwaltung der Ölindustrie hat hier ihren Sitz. 1967 stießen Ölsuchtrupps der Texaco-Oil auf eines der größten Ölvorkommen Südamerikas.

Auch in Quito separieren sich die Reichen von den Armen und ziehen immer weiter nach Norden. Die koloniale Altstadt wird vernachlässigt. Die Besitzer vermieten die alten Villen, und aus ehemaligen Salons und Patios werden Werkstätten und kleine Wohneinheiten. Die Fassaden sind noch in Ordnung. Seit die UNESCO die Altstadt als Menschheitserbe deklariert hat, gibt es eifrige Bemühungen zur Restaurierung.

Es hatte leicht zu regnen begonnen, als wir vor der halbkreisförmigen Freitreppe der San Francisco Kirche ankamen, jener Miniaturausgabe des spanischen Escorial. Sie soll auf den Ruinen abgebrannter Inka-Tempel stehen. Kirche und Kloster gelten als eines der größten und bedeutendsten Ensembles der Kolonialzeit.

Mestizien und Indios beherrschen das Bild. Die Indios in ihren roten, grauen und blauen Ponchos sind in der Minderzahl und haben ihren Platz vor der Kirche, wo sie ihre Waren, hartgekochte Eier, Orangen und Brombeersaft, zum Verkauf anbieten. Die Mestizen haben ihr Warenangebot auf der Freitreppe der San Francisco Kirche zur Schau gestellt. Sie führen Devotionalien aller Art: Amulette, Heiligenbilder und Kerzen. So große Kerzen, wie ich sie noch nie gesehen habe, unglaublich geschmückt und wie die Palmenblätter am Palmsonntag geflochten.

Trotz des leichten Regens war es nicht kalt. In Quito verändert sich die Temperatur über das Jahr hinweg kaum. Es gibt weder Sommer noch Herbst oder Winter. Der ewige Frühling regiert hier mit Höchsttemperaturen von +24° Celsius und Niedrigsttemperaturen von +6° Celsius. Quito liegt auch nur 16 Kilometer südlich des Äquators. Huayna Capac eroberte im 15. Jahrhundert Quito, blieb für 30 Jahre bis zum Ende seines Lebens in dieser Stadt und machte sie zu seiner zweiten Heimat. Die Prinzessin Pacha aus Quito gebar ihm hier seinen Lieblingssohn Atahualpa.

Wir überquerten den Platz und kamen zur „Companía de Jesús". Die Barockfassade der Jesuitenkirche mit ihren gedrehten Säulen und Arabesken ist beeindruckend. Nicht umsonst gilt die Kirche „Compania de Jesús“ als die schönste Barockkirche Lateinamerikas, als Gipfelpunkt kolonial-religiöser Kunst. Da die Franziskaner als erste in Quito siedelten, konnte eine Kirche der Jesuiten nicht ärmlicher aussehen. Und das tut sie wahrlich nicht. Die kunstvoll ziselierte Fassade wird oft mit dem Schnitzwerk eines Altars verglichen. Die Klöster der einflußreichen Orden, wie Dominikaner, Franziskaner und besonders der Jesuiten, nehmen oft einen ganzen Häuserblock ein. Reiche Familien waren die Mäzene, die den Bau ermöglichten, um im Gegenzug mit Grabstellen und Kapellen sowie einem Platz im Himmel abgefunden zu werden. Quito war neben Cuzco ein wahres Kunstzentrum der Kolonien. Hervorragende Baumeister aus Europa wurden gerufen, die die neuesten Stilrichtungen favorisierten. Das Barock kam zur vollen Entfaltung. Der Churriguerismo entstand. Fassaden der Kirchen, wie auch Hochaltäre, wurden prächtigst verziert, Kapellen und Altäre oft zusätzlich vergoldet. Auch der Mudéjarstil, der auf die islamischen Baumeister zurückgeht und mit Ornamenten, Rankenmuster, farbigen Kacheln und Holzbalkonen spielt, wurde geschätzt. Von den Indios kamen Symbole aus ihrer Mythologie, sofern sie sich mit christlichen deckten, wie auch regionale Tiere und Pflanzen.

Im Inneren der Kirche war ich zunächst geblendet: Gold, Gold und wiederum Gold – wohin ich schaute, kaum eine Stelle, die nicht mit Blattgold überzogen wäre. Soviel Reichtum – soviel Armut. Gold, das aus dem inkaischen Imperium gepreßt wurde. Ich mußte an die vielen hungrigen Straßenkinder denken, wie sie, in ihren zerlumpten, schmutzigen Kleidern, barfuß, den Staub der Straße im Gesicht, in den Haaren, die schmutzigen, kleinen Hände aufhalten, um ein paar Sucres bittend.

„Huacaynan“, Weg des Weinens, ein Zyklus des zur Zeit bekanntesten und international erfolgreichsten ecuadorianischen Malers Oswaldo Guayasamín erstand vor meinem geistigen Auge. Guayasamín weiß, wovon er in seinen Bildern spricht. Er hat die Armut am eigenen Leib erlebt. Auch den Kampf um die Freiheit, Thema seines zweiten Zyklus: „La edad de la ira“, „Das Zeitalter des Zorns“.

Seit 1980 ist Guayasamín Präsident des „Lateinamerikanischen Verbandes für Menschenrechte“. Für viele seiner 6.000 Bilder hat er Preise bekommen.

In seinem dritten Zyklus „Mientras vivo, siempre te recuerdo“, „Solange ich lebe, denke ich immer an dich“, zeigt er, daß nur Zärtlichkeit und Liebe Haß überwinden können. Im Rahmen der Feiern „500 Jahre Lateinamerika" wurde er beauftragt, ein Monument in Cádiz zu gestalten. Als einer der berühmtesten Maler und Bildhauer Südamerikas konnte er durch seine Autorität kein Denkmal zur spanischen Glorifizierung, sondern ein Monument gegen die Feiern errichten. Die Argenitinierin Mercedes Sosa, eine der bekanntesten und engagiertesten Sängerinnen des Kontinents, wurde eingeladen, bei der Eröffnung zu singen. „Lateinamerika ist ein lebender Kontinent, der nicht in der Vergangenheit lebt, sondern sich selbst bestimmen muß", begründete sie ihre Absage.

Schon im 17. und 18. Jahrhundert kamen die bedeutendsten Maler und Bildhauer aus der „Escuela Quiteña", der Schule von Quito.

Der Franziskaner-Pater Jodoce Ricke gründete 1535 ein Franziskanerkloster in Quito, dem eine kleine Schule angeschlossen war. Eine Schule, in der Indios in handwerklichen Techniken, Malerei, Musik sowie Lesen und Schreiben unterrichtet wurden. Die Technik, der Stil, den sie erlernten, war durchwegs europäisch: spanisch, italienisch, flämisch. Die Schüler wurden, wenn ihre Begabung entsprach, für Dekor- und Bildhauerarbeiten in Klöstern und Kirchen eingesetzt. Hier verstanden sie es, ihren Arbeiten einen „indianischen Stempel" aufzudrücken.

Bei den „encarnadores" machte sich ein Naturalismus breit, der sich darin äußerte, daß Holzplastiken Glasaugen eingesetzt wurden und die Figuren echtes Haar aufgesetzt bekamen, manchmal sogar echte Augenbrauen und Fingernägel.

Wenn in einem Land fast zehn Millionen Menschen leben, von denen zwanzig Prozent Indios und fünfundfünzig Prozent Mestizen oder Mulatten sind, ist es dennoch verständlich, daß Gott ein Weißer ist, da man es ihnen immer wieder erklärt hatte. Das hat sich bis heute nicht geändert, trotz Unabhängigkeit und Republik und trotz der Veränderungen, die durch die Liberale Revolution bewirkt wurden. Auch der Fortschritt hat nicht dazu beigetragen, daß der Indio viel anders lebt als seit der Eroberung des Kontinents vor 500 Jahren. Und wenn er das Land verläßt und in die Stadt kommt, ohne auf eine Arbeit in der Stadt vorbereitet zu sein – Analphabet, Quechua mit ein paar Worten spanisch vermischend –, trägt er nur zur Erhöhung der Zahl der Arbeitslosen bei.

Neben Peru hat Ecuador am lateinamerikanischen Kontinent den höchsten Anteil an indigener Bevölkerung. Neben Spanisch als offizieller Sprache wird von über

◆✪◆✪◆✪◆✪◆

einem Drittel der Bevölkerung noch Quechua und Aymará gesprochen. Das Schulsystem ist gänzlich überfordert. 40 Prozent der Bevölkerung sind noch unter 15 Jahren. Selbst offiziell liegt die Zahl der Analphabeten bei 15 Prozent. Nur ein Zehntel der Bevölkerung verfügt über die Hälfte des Volkseinkommens. Diese Reichen, die den american way of life kopieren, besitzen alles, während die Mehrheit der Bevölkerung weder über Strom noch Leitungswasser verfügt. Mithin auch Gründe für die starke Landflucht. Guayaquil, die größte Stadt Ecuadors, besteht zur Hälfte aus Slumvierteln mit den bekannten Wellblechhütten.

Vor der Kirche von San Augustin las ich, was auf der Fassade geschrieben steht: Im Jahre 1662 am 28. November ereignete sich das Erdbeben. Danach folgten die Beben von 1775, 1797, 1844, 1859 und 1887. Der Pinchincha, der „Hausberg" Quitos, brach 1660 aus. Jetzt ist der Exvulkan so ruhig, daß er zu einem beliebten Ausflugsort wurde. 51 Vulkane gibt es in Ecuador. 50 Kirchen und Klöster in Quito.

Quito war die erste Hauptstadt Lateinamerikas. Auch die erste, die sich gegen die spanische Herrschaft auflehnte. Am 10. August 1809 tat sie ihren Willen nach Freiheit mit dem „Unabhängigkeitsschrei" kund, noch bevor die Forderung „Los von Spanien" auf dem ganzen Kontinent begann. Am 24. Mai 1822 wurde die Entscheidungsschlacht am Fuß des Pichincha ausgetragen und der spanischen Herrschaft ein Ende bereitet. Quito wurde „das Licht Amerikas" genannt. Die Spanier konnten zwar besiegt werden, doch soziale Veränderungen gab es keine. Großgrundbesitzer bestimmten die Politik. Im letzten Jahrhundert erhielt die katholische Kirche einen derartigen Einfluß im Land, daß sich Ecuador zur „Republik des Heiligen Herzens Jesu" erklärte. Die wirtschaftliche Entwicklung unterliegt ständigen Höhen- und Talfahrten. Vor hundert Jahren war es der Kakao, der eine Oligarchie erstarken ließ. Später wurde Kakao durch Bananen abgelöst. Jetzt ist es das Erdöl, das primär in die USA exportiert wird, neben Bananen und Garnelen.

✪◆✪

Einige Tage später fuhren wir ins Landesinnere, zu den Otavalo-Indios. Renaldo, ein Verwandter meiner Gastgeber, holte mich ab.

◆✪◆✪◆✪◆✪◆

Es war kurz vor den Wahlen, die alle vier Jahre stattfinden. Bei diesen Wahlen wird nicht nur der Präsident gewählt, sondern auch die Bürgermeister, die Landtage, der Kongreß und das Einkammernparlament. Renaldo und ich diskutieren während der Fahrt über die beiden möglichen Präsidentschaftskandidaten: Dr. Rodrigo Borja Cevallos von der Escerda Democrática und dem, von einer libanesischen Einwandererfamilie abstammenden Abdala Bucaram von der Partida Rodolsista.

Dieser Wahlkampf 1988 kann kurz als Schlammschlacht zwischen den beiden Kandidaten bezeichnet werden. Hier ging es nicht etwa um politische Parteiprogramme, sondern um Machismo. So hat Abdala Bucaram in einem Interview für die spanische Zeitung „El País“ seinen Gegner Dr. Borja als zeugungsunfähig hingestellt, da sein Sperma verwässert sei. „No tiene huevos“, „Er hat keine Hoden“, fein ausgedrückt, ist ein weiterer Ausspruch, der bei diesem Wahlkampf gefallen ist.

Die nächsten Wahlen waren 1992. Im ersten Wahldurchgang erhielt keiner der Bewerber die absolute Mehrheit. Inzwischen hat Durán Ballén, Rodrigo Borja Cevallos, den bisherigen Präsidenten Ecuadors, abgelöst. Er galt noch als einer der letzten Verteidiger einer staatlichen Kontrolle der Wirtschaft in Lateinamerika.

Seine Nachfolger: Sixto Durán Ballén, der frühere Bürgermeister von Quito, und sein Konkurrent Jaime Nebot, ein Interessenvertreter der großen Exportoligarchien, regen beide eine Privatisierung der Wirtschaft an. Rationalisierungen, eine Einschränkung der Bürokratie und eine Liberalisierung des Exportwesens stehen auf dem Programm. Wieder erwartet sich das Volk mehr Freiheit, und das auf wirtschaftlichem Wege. Der dritte, aber abgeschlagene Kandidat war Abdala Bucaram, der bei den vorangegangenen Wahlen 1988 als Gegner von Dr. Borja kandidierte. Diesmal ließ er sich als „Kandidat der Armen“ feiern, konnte aber mit seinen „magischen Lösungen“ das Ziel nicht erreichen. Er landete wieder abgeschlagen auf den Rängen. Er stammt aus Guayaquil, der größten Stadt des Landes mit einem starken Zuzug aus den armen Gebieten und einer großen Rassendiskriminierung. Nebot vertritt eher die radikalere Rechte, während Durán eher als konservativ bezeichnet werden kann. Trotzdem haben die beiden die gleiche politische Heimat.

Die interessanteste Neuerung bei diesen Wahlen war, daß nun auch im Parlament die Rechten die Mehrheit haben, ein Umstand, den es schon seit Jahren in Ecuador nicht mehr gegeben hat.

◆❂◆❂◆❂◆❂◆

Auf der anderen Seite ist es wieder überraschend, daß das Bürgermeisteramt der größten Stadt Ecuadors, Guayaquil, in den Händen einer Frau lag. Es war die Schwester des Präsidentschaftskandidaten Bacharam, der vor ihr dieses Amt innehatte. Sicher kann hier das Stichwort Familienclan fallen, doch es erscheint trotzdem als ein Fortschritt. Lateinamerika ist eben voll von Gegensätzen.

❂◆❂

Auch die Indianerstämme bilden da keine Ausnahme.

Die „Colorados", die Farbigen, die nördlich von Quito leben, haben zum Beispiel den Brauch, daß die Männer ihre Haarpracht brandrot färben. Dazu verwenden sie ein rotes Gewürz in der Größe von Traubenkernen. Warum sie das machen, ist nicht bekannt – ob es ihnen wie Samson Kraft verleiht, ob es ein Schönheitsprinzip ist oder die Gefahr einer Situation auf sie konzentrieren soll, weil sie gut sichtbar sind? Ob diese Tradition auch weitergeführt wird, ist noch eine ungeklärte Frage, die erst nach dem Tod des jetzigen Häuptlings Saracay entschieden werden wird. Seine Tochter hat nämlich einen Deutschen geheiratet. Die Jivaros, ehemalige Kopfjäger, deren Schrumpfköpfe zu den beliebtesten Touristenartikel zählen, die heute natürlich in Fabriken hergestellt werden, sind ein sehr großer Indianerstamm. Sie leben im Amazonasgebiet an der Grenze zwischen Ecuador und Peru.

Pater Jakob Mitterhöfer, ein guter Freund von mir und ein profunder Kenner der lateinamerikanischen Szene, Generalsekretär der päpstlichen Missionswerke in Österreich, erzählte mir von seinem Besuch bei den Jivaros. Die Jivaros, besser Shuara, leben in sechs Stammesformationen. Der größte Stamm in Ecuador nennt sich Shuara. Im Grenzgebiet zwischen Ecuador und Peru wird das meiste Erdöl von amerikanischen Firmen gefördert. „Vom Flugzeug und auch vom Hubschrauber aus kann man schon die mächtigen Pipelines sehen, die das Gebiet der Shuara richtiggehend durchfurchen", erzählt er mir. „Oft gibt es Dörfer, durch die die Pipeline hindurchgeht. Man hat auf die Menschen keine Rücksicht genommen. Wenn sie sich dagegen gesträubt haben, wurde ein Militärkommando geschickt, um die Sache zu bereinigen. Der Kontakt mit Europäern und Amerikanern brachte ihnen Krankheiten wie Durchfall oder Grippe, gegen die sie nicht immun sind."

◆❂◆❂◆❂◆❂◆

Seit 1972 gibt es die Transecuadoriana-Pipeline. Sie verläuft in 4.000 Kilometer Höhe und ist über 500 Kilometer lang. Doch nicht nur die Pipeline zerstört das Gebiet der Jivaros. „Holzhändler kommen hin und engagieren die Jivaros, um die Bäume zu fällen. Sie bekommen dafür nur Tand. Jetzt sind Sekten in dieses Gebiet eingefallen. Sie locken die indigene Bevölkerung von ihrem Land weg und können als Speerspitze der Ölfirmen bezeichnet werden. Die Jivaros fallen jetzt einem Genozid zum Opfer. Sie sind eigentlich Märtyrer der Ökologie. Sie würden den Urwald pflegen, wenn man sie in Ruhe ließe, so aber, nachdem das abseits gelegene Gebiet als Drogenumschlagplatz auserkoren wurde, stehen ganz andere Interessen zur Debatte, und der Lebensraum der Jivaros wird immer mehr eingeschränkt."

Rund 50.000 Jivaros leben noch in Ecuador und Peru. Sie sind in erster Linie Bauern. Maniok, Süßkartoffeln, Yams und Ednüsse werden von ihnen angebaut. Pflanzen sehen sie als menschenähnliche, beseelte Wesen, da sie der Überzeugung sind, daß die Pflanzenseelen in früherer Zeit mit Menschen, vor allem Frauen, verbunden waren. Mädchen tragen bei ihnen deshalb oft Pflanzennamen. Ihre familiären Beziehungen bieten echten Zusammenhalt. Reichtum ist bei ihnen verpönt, deshalb werden Überschüsse sofort nach dem Prinzip des Teilens wieder in Umlauf gebracht.

Eine Siedlung besteht aus mehreren verstreut liegenden Häusern, die ökonomisch unabhängig sind. Die wichtigste Aufgabe in ihrem Leben ist die Suche nach Arutam. Arutam ist gewissermaßen eine wahre Art des Sehens, ein mystisches Erlebnis, indem die wahre Gestalt eines Dinges oder Tieres erkannt und überwunden wird.

Über die Grenzen berühmt wurden sie durch die Sitte der Kopfjagd. Sie entwickelten die Schrumpfkopfherstellung, die heute allerdings verboten ist. Diese Sitte wurde skandalträchtig plaziert und völlig aus dem sozialen und religiösen Zusammenhang gerissen. Ein Schrumpfkopf diente dazu, die Racheseele des Getöteten zu bannen.

Der Ethnologe Mark Münzel beschreibt die Herstellung: „Man löst die Kopfhaut vom Schädel und hält nun, ohne die Knochen, einen unförmigen Hautsack in der Hand. Diesen kocht man in Kräuterabsud, füllt ihn mit heißem Sand oder Steinen und läßt diese in einem Sack rotieren. Die Prozedur wird mehrmals wiederholt. So

◆✪◆✪◆✪◆✪◆

vernichtet man die Fleischreste im Inneren des Hautsacks, der dabei zusammenschrumpft. Man räuchert ihn danach etwa acht Stunden, wodurch sich eine charakteristische dunkle Färbung ergibt. Von außen poliert man die Haut mit einem heißen Stein. Danach modelliert man die Gesichtszüge nach (die also nicht, wie oft fälschlich angenommen, beim Schrumpfungsprozeß erhalten bleiben). Die Prozedur, zu der auch umfangreiche Riten gehören, dauert insgesamt etwa sechs Tage." Das anschließende Fest war einer der Höhepunkte in einem Jivaro-Leben.

Anhand der Prozedur läßt sich leicht vorstellen, daß eine Fälschung mit Tierköpfen nicht allzu schwierig ist. Vornehmlich Affen und Faultierköpfe werden dazu benutzt. Ein Faultier besitzt für die Jivaros auch Seelenkraft. Die Überlieferung berichtet, daß der erste Jivaro selbst ein Faultier war. Heute, nachdem die Kopfjagd verboten ist, gibt es nur mehr das Fest des Faultier-Schrumpfkopfes.

✪◆✪

Seit die Selva mit Beginn der siebziger Jahre wieder ins Zentrum wirtschaftspolitischen Interesses gerückt ist, wird das Leben für die dort heimischen Indios immer schwieriger. Das Eindringen in das Amazonasgebiet durch die Expeditionen und Missionen im 16. und 17. Jahrhundert war nur der Beginn. Während des Kautschukbooms, 1870 bis 1915, wurden die Indigenos als „Shiringueros", als Gummisammler, eingesetzt. Fand man nicht genug Freiwillige, wurden Menschenjagden veranstaltet.

Mit dem organisierten System der Vorauszahlung, bei dem man den Indios im voraus Gewehre, Munition oder Macheten für eine bestimmte zu erbringende Menge Kautschuks gab, gerieten sie schnell in ein Abhängigkeitsverhältnis, aus dem sie sich nicht mehr lösen konnten. Ähnliche Praktiken existieren auch heute in den Regionen des Amazonas, wo es Erdölvorkommen gibt. Eine englische Studie ergab, daß zwischen 1900 und 1910 die Bevölkerung von 30.000 Indios der nördlichen Selva um 80% reduziert wurde.

Die Nutzung der Wälder durch Konzerne und Siedlungsunternehmen geht eindeutig auf Kosten der dort lebenden Eingeborenen. Für einen gefällten Baum aus kostbarem, tropischem Holz erhalten die Indios fünf Schilling, der Konzern hinge-

◆❂◆❂◆❂◆❂◆

gen heimst dafür 5.000 Schilling ein. Dazu kommt in letzter Zeit die Drogenmafia, die vor allem im Gebiet um Iquitos in Peru anzutreffen ist. Ein schwer zugängliches Gebiet, durch das Werner Herzog in seinem Film „Fitzcarraldo" Klaus Kinski toben ließ und dabei noch einige Indios für seine Selbstdarstellung ausbeutete.

In diesem Gebiet werden nun Laboratorien errichtet, wo die Rohware in leicht zu transportierende Paste umgewandelt wird, die mittels Kleinflugzeugen außer Landes gebracht wird. Wie sich diese „Geschäfte" auf die Jivaros auswirken werden, ist noch nicht abzusehen. Schade, daß sie keine Kopfjäger mehr sind und sich nur noch die falschen Köpfe im Umlauf befinden.

Auch auf dem Musiksektor wurden die Jivaros vermarktet. Moises Vivanco, Ehemann der bekannten peruanischen Sängerin Ima Sumac, nahm die Kriegsgesänge und religiösen Zeremonien der Jivaros auf, bearbeitete sie für den enormen Stimmumfang seiner Frau und kassiert die Tantiemen.

Falsche Schrumpfköpfe, unechte Jivaromusik, aber echte Panamahüte. Die gibt es trotz der Bezeichnung „Panamahut" in Ecuador. Hier werden sie erzeugt. Natürlich heißen sie hier nicht Panama, sondern Montecristis oder Cuencas, nach dem Ort in Manabi, wo die feinsten und teuersten hergestellt werden.

Wie diese Hüte zum Markennamen Panamahüte kamen, ist ganz einfach zu erklären. Im Jahre 1849, als der kalifornische Goldrausch die Gemüter erhitzte, kamen viele Goldsucher über Panama nach Kalifornien. Und in Panama gab es diese herrlichen, leichten Strohhüte, die sie vor der kalifornischen Sonne schützen sollten. Also kauften sie sie. Bis heute konnte sich der Name „Montecristis" nicht durchsetzen. Wenn man einen Strohhut von besonderer Qualität, den man auf die Stärke eines Schilfrohrs zusammenrollen kann, haben will, so fragt man noch immer nach einem Panamahut.

Schon Mitte des 19. Jahrhunderts erfolgten die ersten Exporte in die Karibik, und um 1900 entand daraus ein richtiger Boom, der nicht mehr abflaute. Nach 1945 wurden pro Jahr fünf Millionen Exemplare in alle Welt verkauft. Die Hüte werden aus der Toquilla-Palme geflochten. Die grünen Blätter werden geschnitten, die Fasern gekämmt, getrocknet und nach Farbe und Qualität sortiert. Vor dem Flechten werden die Fasern befeuchtet, der fast fertige Hut mit Leim ausgekocht, damit er geschmeidig wird, und zum Trocknen abgestellt. Anschließend wird er auf einer

◆✪◆✪◆✪◆✪◆

Holzform zurechtgeklopft, in kaltem Wasser gewaschen, die Krempe geflochten und nochmals ausgebügelt.

Die Montecristis sind blendend weiß, gleichmäßig gearbeitet und wasserdicht. Man kann sie in langen schmalen Schachteln, in denen sie zusammengerollt wurden, kaufen.

Aber nochmals zurück, zu den in Ecuador lebenden Indianerstämmen.

Neben den ehemaligen Kopfjägern, den Jivaros, leben im Amazonas die Aucas. Die Aucas leben von der Jagd und benützen dazu bis heute Blasrohre. Sie sind den Weißen nicht sehr wohl gesinnt, und das hat seinen Grund. Zu Beginn des 16. Jahrhunderts machte sich Francisco de Orellana, zusammen mit dem damaligen Gouverneur Quitos, Gonzalo Pizarro, auf die Suche nach dem sagenhaften „Zimtland" im Osten. Dabei stieß er auch auf die Aucas, die ihn und seine Männer freundlich empfingen. Auch die Spanier waren freundlich zu ihnen, ja sie beschenkten die Indios sogar, aber nur so lange, wie sie von ihnen wichtige Informationen bekamen. Als die Spanier glaubten, über alles Bescheid zu wissen, entführten sie die kräftigsten Männer, um sie als Lastenträger zu verwenden. Alle anderen töteten sie: Männer, Frauen, Greise, Kindern. Orellana, der bis zum Amazonas vorstieß und den Fluß bis zu seinen Quellen befuhr, ließ sich dafür später am spanischen Hof bejubeln. Pizarro selbst hatte nicht so viel Glück. Nachdem sich Orellana von ihm getrennt hatte, versuchte er mit 400 Spaniern und 4.000 Indios alleine seinen Weg zu machen. Er mußte allerdings nach drei Jahren und mit nur mehr 80 Mann nach Quito zurückkehren, wo er 1548 hingerichtet wurde.

Die Weißen, die später in das Gebiet der Aucas eindrangen, waren nicht viel besser. Warum sollte sich die Haltung der Indigenas ändern? Wäre es nicht an der Zeit für uns, die „Weißen", einen Anfang zu machen?

✪◆✪

Otavalo steht nicht nur für eine Kleinstadt nördlich von Quito, sondern auch für das dicht besiedelte Land der Otavalo-Indios. Sie zählen zu den wohlhabendsten Indios Südamerikas, die ihre Textilien, nicht nur in Ecuador, sondern auch in die meisten Hauptstädte Südamerikas verkaufen. Ein gutes Beispiel, wozu ein Indianer-

◆❂◆❂◆❂◆❂◆

stamm fähig ist, wenn man ihn läßt. Sie sind autark und leben in Wohlstand. Ihre Webkunst und das Wissen, wie man ein Produkt vermarktet, hat sie zu freien Menschen gemacht. Samstag haben sie Markttag, und Renaldo, mein Begleiter, und ich waren am Weg zu diesem Markt.

Wir besuchten aber noch kurz San Antonio de Pomasquí, den Ort, an dem die Äquatorlinie vorbeizieht. Auf einer klotzigen Pyramide sind die Himmelsrichtungen angegeben, und man kann auch die Inschrift lesen: ÄQUATOR 0 0' 0'', ein unvermeidliches Touristenfoto.

Ecuador – Land zu beiden Seiten des Äquators.

Die Bezeichnung „Ecuador" geht auf die Mitte des 18. Jahrhunderts zurück, als die Pariser Akademie der Wissenschaften eine Gruppe von Wissenschaftern beauftragte, im Raum der „Audencia de Quito" die Äquatorlinie zu vermessen. Nach dem Zerfall Großkolumbiens 1830 beschloß die Verfassungsgebende Versammlung, den Namen „Ecuador" offiziell anzunehmen.

Als wir am Marktplatz bei den Otavalas ankamen, herrscht bereits Hochbetrieb. Das erste, was ins Auge sticht, ist die unvergleichliche Farbenpracht der Teppiche, die überall hängen: an Hauswänden und Holzstangen, die an drei Seiten des Verkaufstands angebracht sind. In der Farbskala sind das indianische Pink, Türkis, Violett, Orange und Blau vorherrschend. Bei näherem Hinsehen fällt auf, daß die meisten der Teppiche quergestreift sind, wobei die Streifen auch vertikal verlaufen können, das wiederum in verschiedenen Farb- und Musterkombinationen. Wieder andere Teppiche beginnen ihr Muster an der Schmalseite aus präkolumbianischen Kulturen, die himmelwärts wachsen. Figurative Muster sind relativ selten – Volkskunst, wie es sie nicht schöner geben kann.

Diese Meister der Webkunst, die Otavalo Indios, haben aus ihrem handwerklichen Können eine Industrie aufgebaut. Sie haben gelernt, ihre Produkte ohne Zwischenhandel zu vermarkten, sprechen außer ihrer Indiosprache Spanisch und meist auch Englisch. Sie sind selbstbewußt, haben weder Identitäts- noch Integrationsprobleme. Sie wissen, wer sie sind, woher sie kommen, und können sich in einer wirtschaftsorientierten Welt sehr wohl einbinden.

International gesehen geht die Fama: Triffst du irgendwo in der Welt einen Indio, so ist es sicher ein Otavalo.

◆❂◆❂◆❂◆❂◆

Das Bemerkenswerte bei den Otavalos ist, daß sie trotz ihrer kommerziellen Erfolge ihre indianische Kleidung, Haartracht, Sitten und Gebräuche weiter beibehalten. Sie sind von einer direkten Herzlichkeit, die der Anden-Indio durch die vielen Erniedrigungen, die er erlitten hat, einfach nicht mehr zu zeigen wagt. Die Männer tragen Zopf, einen Filzhut und einen dunkelblauen Wollponcho über dreiviertellangen weißen Hosen und einem weißen Hemd. Die Frauen haben buntbestickte weiße Blusen, tragen mehrere Röcke übereinander in den Farben weiß, schwarz oder Blau und haben mehrere Schultertücher um, die mitunter den Filzhut ersetzen. Die Otavalos sind für Indios eher groß und gut gewachsen.

Auf dem Markt gibt es Pullover, Jacken, Schals, Handschuhe, mit teilweise eingearbeiteten mythologischen Tiermotiven. Eidechse und Spinne stehen für Schutz, während Affe und Frosch Wohlstand und Fruchtbarkeit bedeuten. Schon vor der Ankunft der Spanier webten die Indio-Frauen. Die Spanier brachten das Schaf mit, das die Lamas und Alpakas, die weit bessere Wolle lieferten, verdrängte. Die Naturfarben sind braun, grau oder weiß. Seidenartige Webstoffe des Alpakalammes waren nur dem Inka und seinen Angehörigen vorbehalten, wobei rein-weißes Alpakagewebe das seltenste und wertvollste war. Die Lamas waren für das einfache Volk. Heute wie damals kommt Schafwolle gefärbt in den Handel.

Von meinen vielen Zusammentreffen mit Indios war dieses mit den Otavalos ein wirklich beglückendes. Ich ging von einem Verkaufsstand zum anderen, bewunderte die Arbeit und unterhielt mich mit den Künstlern, die diese Prachtstücke gewebt hatten.

Bei einem Stand fiel mir ein Teppich auf, der eine Landschaft darstellt. Sehr naiv und gleichzeitig von einem künstlerischen Empfinden inspiriert, das mich fasziniert. Ich sah mir den Wandteppich näher an.

Das untere Drittel des Teppichs ist links braun gefärbt und rechts grün. Drei abstrakte Bäumchen, so wie Kinder sie zeichnen: Längsstrich für den Stamm, Seitenstriche für die Äste. Die Seitenstriche dieser Bäume schauen himmelwärts. Ein Tupfen rot, grün oder braun ziert ihre Spitze wie ein Mützchen.

Zwischen dem braunen und grünen Feld führt ein, mit vielen Windungen sicher schwer zu erklimmender Weg hinauf zu einer kleinen Siedlung, die aus fünf Häusern besteht. Links des Weges zwei und rechts drei. Das linke Häuschen, daß am äußeren Rand des Wandteppichs zu sehen ist, hat eine braune Vorderfront und eine graue Seitenfläche. Das Dach hebt sich durch sein Ziegelrot deutlich ab. Dahinter, etwas versteckt, ist ein weiß-gelbes Haus sichtbar, das mit einem grauen Dach bedeckt ist. Vor diesen beiden Häusern breitet sich ein smaragdgrüner See aus. Zwischen den zwei Häuschen auf der linken Seite des Wandteppichs und der rechten Seite gibt es einen grauen Untergrund mit weißen, kleinen Rechtecken – eine Art Straßenpflaster. Das dritte Haus, ganz rechts im Teppich, ist etwas höher als alle anderen Häuser auf dem Wandteppich. Der braune Dachstuhl ragt über die anderen Häuser hinaus. Bei diesem Haus ist nur die Vorderseite sichtbar, und die ist grau mit weißen Fenstern und einer gelben Tür. Vor den Häusern, die im zweiten Drittel des Bildes sind, erheben sich die Berge. Zuerst die braunen und die grünen, hinter denen, alles überragend, der Vulkan Chimborasso in voller Majestät sichtbar wird. Mit seiner schneebedeckten Spitze dominiert er Siedlung und Teppich.

Links und rechts des Chimborassos, etwas im Hintergrund, gibt es zwei weitere schneebedeckte Berge mit einer Spitze, die ein ballonartiges Gebilde aufgesetzt hat. Stellen sie Rauchsignale dar oder Naturgottheiten?

Darüber werde ich ein Leben lang nachdenken, weil dieser Wandteppich jetzt in der Wohnküche unseres Bauernhofs in Niederösterreich hängt.

Peru – Das Reich der vier Himmelsrichtungen

Das Faltengebirge der Anden durchzieht Peru von Norden nach Süden. Rund 30 Prozent des peruanischen Territoriums werden davon eingenommen. Cuzco, die ehemalige Hauptstadt des Inka-Imperiums, liegt im Altiplano zwischen der westlichen Kordillere und der Cordillera Central. Fast 353 Kilometer Luftlinie ist sie von Lima entfernt. Auf der Straße muß man allerdings 1.200 Kilometer zurücklegen, und mit einem Auto zu fahren, ist bei den beträchtlichen Höhenunterschieden, Cuzco liegt immerhin in 3500 Meter Höhe, für ungeübte Europäer riskant. Sie leiden oft unter Höhenkrankheit, das bedeutet Erbrechen, Durchfall, Kopfschmerzen und starke Müdigkeit. Selbst trainierte Menschen sind davor nicht gefeit. Die Ursache liegt in der schlechten Sauerstoffversorgung des Körpers.

Die Stadt ist wie in eine flache Hand gebettet, dachte ich, als ich vom Flugzeug aus Cuzco erblickte. Ein einzigartiges Blau – vielleicht weil die Luft hier so dünn ist. Die Lust, sie wie Nektar zu genießen, die trockenen Lippen zu benetzen, wird wach. Südlich von Cuzco endet der Altiplano, ein teilweise bis zu 4.000 Meter hohes Steppengebiet am Titicaca-See, einem legendenumwobenen Gewässer. Das relativ warme Wasser mildert die Nachtfröste, und so können hier in dieser Höhe noch Weizen und Kartoffeln angebaut werden. Das intensive Blau des Himmels wird vom Wasser des Sees reflektiert, es entsteht ein tiefes, fast unwirkliches Blau.

Die Stimme der Stewardess durchschnitt meine Gedanken. Sie hatte meine Verzücktheit mit einem Höhenkoller verwechselt. Am Boden empfing uns tropisches Höhenklima, das einen hohen Temperaturunterschied zwischen Tag und Nacht aufweist, jetzt, am späten Vormittag, durch die strahlende Sonne erträglich, die Temperatur liegt bei 20 Grad.

Im Bus Richtung Stadt fahrend, sah ich viele ärmliche Behausungen und noch ärmlichere Menschen. Armut – eines der großen Probleme Lateinamerikas. Den Menschen in Cuzco geht es allerdings besser als den Einwohnern von Lima. Einerseits ist die Zuwanderung nicht so stark, andererseits gibt es genügend Platz und

Wasser für eine individuelle Selbstversorgung. In den Armenvierteln halten die Menschen Schweine und Hühner. Auch Gemüsegärten werden angelegt. Cuzco selbst hat gepflasterte Straßen, eine funktionierende Müllabfuhr, selbst die Stromversorgung ist durchgehend vorhanden.

In Peru lebt jede zweite Familie am Rande des Existenzminimums, ihr Einkommen reicht nicht einmal für die Grundbedürfnisse aus. Daraus ergibt sich sowohl quantitativ, was den Kalorienverbrauch anbelangt, als auch qualitativ, in bezug auf Proteine und Vitamine, eine unzureichende Ernährung. Unterernährung und katastrophale hygienische Zustände, besonders in den Elendsvierteln, waren die Ursachen der Cholera-Epidemie, mit der Peru in die Schlagzeilen der Weltöffentlichkeit gelangte. 1991 wurde sogar der medizinische Notstand ausgerufen. Innerhalb eines Vierteljahres sind 170.000 Menschen erkrankt und 1.200 gestorben.

Nach einer Computeranalyse, die von peruanischen Wissenschaftlern durchgeführt wurde, leben 15 Prozent der Peruaner in extremer Armut, weitere 19 Prozent in relativer Armut. 82 Prozent dieser Familien wohnen in ländlichen Gebieten.

Als Indikator der Armut wurden in der Studie unter anderem Einkommensverhältnisse, Alphabetisierung, Ernährungssituation, medizinische Betreuung, Trinkwasser- und Stromversorgung herangezogen.

Die davon am meisten betroffene Bevölkerungsgruppe ist zweifellos die der Indigenas. Über die Hälfte der Bevölkerung zählen dazu. Sie sind die größte Gruppe neben den Mestizen. Weiße machen nur rund zehn Prozent der Bevölkerung aus. Daneben gibt es noch Nachkommen der schwarzen Sklaven wie auch eingewanderte Japaner und Chinesen. Neben Spanisch ist Quechua zweite Amtssprache. Aymará, eine weitere alte Indianersprache, wird von rund zwei Millionen gesprochen, nur als Umgangssprache.

Hauptexportgüter von Peru sind Kupfer, Zink und Fischmehl. Der Coca-Anbau, obwohl illegal, macht geschätzt rund 20 Prozent des Bruttosozialproduktes aus. Die Deviseneinkünfte werden auf 800 Millionen Dollar geschätzt. Rund 200.000 Bauern leben vom Coca-Anbau. Sie selbst bekommen nur einen Bruchteil dessen, was die eigentlichen Händler einstreifen. Für die Bauern ist es oft die einzige Einnahmequelle, und auch die können sie nur unter Gefahren betreiben.

Ich war ganz aufgeregt, endlich in die Hauptstadt des ehemaligen Imperiums der Inkas zu kommen. Meine Phantasie hatte mir ein bestimmtes Bild von Cuzco entworfen, das ich nun auch in der Realität erwartete. Cuzco bedeutet „Nabel", Mittelpunkt der Welt. Die Inkas haben Cuzco zu ihrem Zentrum gemacht. Reich geschmückte Tempel, beladen mit Edelsteinen aller Art, Paläste und Häuser, verkleidet mit Gold und Silber. Von Cuzco gingen die alten Inka-Straßen aus, die das ganze Land durchquerten. Es gab eine Hochschule, in der Gelehrte den Adel unterrichteten, und durch die Straßen wanderten Menschen mit Juwelen und Wolle, die fein wie Seide gesponnen war.

Wir fuhren an armseligen Behausungen vorbei, und mir fiel auf, daß die kleinen Häuser sämtlich ohne Stockwerk sind. Nur ein Vorort der Stadt, dachte ich, den es wie bei so vielen Großstädten gibt. Aber auch nach längerer Fahrt änderte sich nichts am Stadtbild.

Tata-Inti, Vater Sonne, wie die Sonne in der Sprache der Quechua-Indios heißt, strahlt ein grelles, unbarmherziges Licht auf die unscheinbaren, um nicht zu sagen, häßlichen Häuser.

Am Gehsteig, vor und zwischen den Häusern, gibt es Marktstände mit allen möglichen Warenangeboten. Quechuas in blauen, roten, schwarzen Röcken und einfärbigen Pullovern stehen davor und bieten ihre Waren zum Verkauf an. Manche von ihnen haben quergestreifte Tücher um die Schultern gebunden. In diesen Tüchern tragen sie auch ihre Babys, die alle Bewegungen mitmachen, vom rhythmischen Arbeiten bis zum schnellen Gang auf dem Markt oder dem Tanz. Die schwarzen, strähnigen Haare sind glatt nach rückwärts gekämmt und zu einem oder zwei Zöpfen geflochten. Erdfarbene Filzhüte, die bei uns als Herrenhüte gelten würden, sind fest auf den Kopf getrimmt. Die nackten Beine stecken in einer Art Sandale.

Als wir beim Hotel El Portal anlangten, war meine Stimmung auf Null gesunken. Bei der Rezeption bekam ich meine Zimmerschlüssel und wurde gefragt, ob ich

◆◎◆◎◆◎◆◎◆

schon Coca-Tee getrunken hätte. Als ich verneinte, wurde ich mit Nachdruck darauf hingewiesen, „qué importante es". Na gut, wenn es so wichtig ist, werde ich ihn wohl gleich bestellen und in der Halle trinken.

Der Tee, der aus den Blättern des Coca-Strauches gebraut wird, soll helfen, den plötzlichen Höhenunterschied, Lima liegt im flachen Küstengebiet und Cuzco 3.400 Meter über dem Meeresspiegel, besser zu verkraften. Weiße oder Küstenbewohner, die in den Anden arbeiten, kauen zu diesem Zweck auch Coca-Blätter. Eigentlich ist kauen nicht der richtige Ausdruck. Die mit Kalk vermischten Coca-Blätter werden zu einer Kugel geformt, zwischen Zähne und Backe geschoben und dann langsam ausgesaugt. Die „cosqueros" sind leicht zu erkennen – außer der geschwollenen Backe haben sie auch noch grün verfärbte Zähne.

Die Auswirkungen des Coca-Genusses hat mir ein Freund sehr drastisch in einer Geschichte geschildert.

Es passierte auf der Farm seines Vaters. Mein Freund sah zu, wie Ricardo, ein Quechua, der als „Mädchen für alles" bei seinem Vater arbeitete, Holz hackte. Plötzlich rutschte er mit der Hacke ab und schlug sie sich in den Fuß. Ohne die geringste Regung riß Ricardo die Axt aus der klaffenden Wunde, streute Salz und Asche hinein, verband das Ganze mit einem in Petroleum getauchten Lappen und arbeitete weiter, als sei nichts geschehen. Gleichmütig saugte er weiter an seiner Coca-Kugel, die ihn schmerzunempfindlich machte. Pflegebedürftig wurde mein Freund, er war nämlich ohnmächtig geworden.

Nach meinem Tee legte ich mich wie vorgeschrieben auf eine Stunde hin. Im Aufwachen versuchte ich, meinen Traum zu rekapitulieren. Ich hatte von der alten Inkalegende von Manco Capac, dem ersten Inka, Sohn der Sonne, geträumt. Manco Capac, göttlichen Ursprungs, entstieg den Tiefen des Titicaca-Sees, begleitet von seiner Schwester Mama Ocllo. Gemeinsam machten sie sich auf den Weg, das Zentrum der Welt zu suchen. Ein Stab aus purem Gold, den der Sohn der Sonne als magisches Werkzeug mithatte, sollte an der Stelle stecken bleiben, wo sich der Nabel der Welt befand, und dort sollte die Hauptstadt des Inka-Imperiums errichtet werden. Cuzco war dieser Mittelpunkt.

◎◆◎

◆❂◆❂◆❂◆❂◆

Diese Inka-Legende über die Entstehung von Cuzco berücksichtigt nicht die Kulturen, die sich schon 2.000 Jahre vorher in der Gegend entwickelten, wie die Kultur der Moché, deren Sonnenpyramide in der Nähe von Trujillo auf einem künstlichen Berg aus rund 200 Millionen aufgeschichteten Lehmziegeln steht. Oder die Paracas-Kultur, die die bedeutendsten Weber des alten Amerika waren, wie sich anhand der Mumien in den Grabkavernen der Paracas zeigte. In bis zu elf Lagen waren sie eingewickelt, jede kostbarer und schöner als die vorherige. Sie kannten auch schon medizinische Techniken, wie das Öffnen der Schädel, die dann von den Inkas übernommen wurden. Oder die Nazca mit ihren Scharrbildern auf den Hochplateaus der Anden, die der Schriftsteller Däniken als Landeplätze der Götter bezeichnete, die aber möglicherweise tatsächlich Einschleusfunktionen für Flugobjekte menschlicher Natur waren. Oder die Chimú, deren Technik der Goldbearbeitung und Kunst, Städte anzulegen, zu einer weiteren Blüte der Architektur führte.

Die Erbauer der heiligen Stadt Tiahuanaco sind auch heute noch unbekannt. Es ist nicht klar, ob es das Zentrum eines großen Reiches war oder eher ein Wallfahrtsort. Die mächtigen Ruinen, rund 20 Kilometer vom Titicacasee entfernt, liegen in fast 4.000 Meter Höhe. Noch immer stehen dort gewaltige, bearbeitete Steinblöcke, die zum Bau von Pyramiden und Tempeln verwendet wurden. Das bekannte Sonnentor ist bedeckt mit geheimnisvollen Schriftzeichen, die noch nicht entziffert sind. Die Stadt wurde plötzlich verlassen. Einige der Bauten wurden nie fertiggestellt. Die wirklichen Gründe dafür sind nicht bekannt, es gibt darüber nur Spekulationen.

Erst danach kamen die Inka, und ihr Reich dehnte sich immens aus. Geblieben ist davon nicht viel. Das Reich, das von Südkolumbien über Ecuador, Peru, Bolivien, Nordargentinien bis nach Mittelchile reichte, „Tahuantinsuyo – das Reich der vier Himmelsrichtungen, das keine Grenzen kennt", wie das Reich der Inka in der Quechuasprache hieß, ist zerstört. Cuzco, damals der Nabel der Welt, die Hauptstadt, war der Schnittpunkt der vier Landesteile.

Der Aufstieg des Inka-Reiches begann Mitte des 15. Jahrhunderts mit Pachacútec Yupanqui, dem 9. Inka, und wurde von seinem Sohn, Túpac Amaru, fortgesetzt, der oft als „Alexander der Große Amerikas" bezeichnet wurde. Unter dem Inka Huayna Capac erreichte das Imperium seine größte Ausdehnung, rund 900.000 km^2, die das Reich beim Eintreffen der Spanier hatte.

◆✪◆✪◆✪◆✪◆

In einem so riesigen Reich war eine straff organisierte Verwaltung nötig, um den Zusammenhalt zu garantieren. Adelige, die den Kronrat des Herrschers bildeten, waren gleichzeitig die Männer an der Spitze der vier Reichsteile, in die das Reich gegliedert war.

Der „Ricuc", der Alles-Seher, berichtete dem Inka über alle Vorkommnisse im Staat und hatte auch die Aufgabe, die von den „Curacas" eingehobenen Tribute nach Cuzco weiterzuleiten. Um bessere Kontrolle über das Volk zu haben, wurde es in Einheiten von 10, 100, 1.000 und 10.000 Familien gruppiert. Wichtige Grundlage der Verwaltung waren die Quipus, Knotenschnüre, die für alle Arten statistischer Aufzeichnungen verwendet wurden.

Das ausgezeichnet ausgebaute Straßennetz kam der Verwaltung zugute. Die beiden Hauptstraßen durchliefen das Land von Norden nach Süden, eine durchs Hochland, die andere entlang der Küste. Die Küstenstraße war um die acht Meter breit. Pässe wurden mit steilen Steintreppen begehbar gemacht und Flüsse mit Hängebrücken überwunden. Die Inkas kannten weder Rad noch Wagen, und die Nachrichtenübermittlung erfolgte durch Staffettenläufer. Alle zwei oder drei Kilometer stand ein neuer Läufer, so konnten Nachrichten an einem Tag über 400 Kilometer weit übermittelt werden. Es gab natürlich eine Menge Querverbindungen zu den Hauptstraßen, ein richtiges Netz von Straßen überzog das Imperium.

500 Indiovölker waren in diesem Reich verschmolzen, wurden oft umgesiedelt, und Huayna Capac erhob Quechua zur Staatssprache. Ausgediente Militärs wurden in alle Teile des Landes geschickt, um die Sprache zu unterrichten. Eine einheitliche Sprache galt als Grundlage eines einheitlichen Reiches.

Die Inkas selbst bezeichneten Quechua als die Sprache der Menschheit: „Runa-Shimi" und die übrigen Sprachen mit „HuaHua-Shimi", Kindersprache.

Die Gesellschaft der Inka bestand aus zwei Klassen: Adel und Volk. Der Inka mit seiner Hauptfrau, die im Idealfall seine Schwester war, stand an der Spitze des Adels. Der Adel war von Tribut und Feldarbeit befreit, und ihm waren mehrere Frauen gestattet, während dem Volk Polygamie bei strenger Strafe verboten war.

Das Volk lebte in einer Art Sippenverband, dem „Ayllu", das eine gesellschaftliche, wirtschaftliche, religiöse und politische Einheit darstellte, an deren Spitze der Häuptling, der Curaca, stand. Die einem Ayllu Angehörigen waren zu Tributzahlungen und Dienstleistungen verpflichtet. Außerdem gab es noch Leibeigene, die von den Tributzahlungen befreit waren. Die bis ins Detail festgelegte Arbeitsorganisation basierte auf der Struktur des Ayllu. Alle Männer zwischen 25 und 50 Jahren wurden zu öffentlichen Arbeiten herangezogen: Straßen-, Brücken-, Tempelbau oder Arbeiten in Bergwerken. Es wurde aber immer nur eine bestimmte Anzahl von Männern aus einem Ayllu genommen, und ihre Felder wurden in ihrer Abwesenheit von anderen Angehörigen des Ayllus bearbeitet, sie mußten sich auch um die Familienangehörigen dieser Männer kümmern.

Die spanischen Eroberer nahmen keine Rücksicht auf diese sinnvolle Einteilung. Für sie waren einfach alle arbeitsfähigen Menschen, ob Männer oder Frauen, gleichermaßen als Arbeitskräfte einsetzbar. Durch diesen großflächigen Abzug konnte die Form der Arbeitsteilung nicht mehr aufrechterhalten werden. Die Konsequenz war der Hungertod für Millionen.

Der Ackerbau war die wirtschaftliche Basis des Imperiums, und um wertvolles Ackerland zu gewinnen und eine Erosion an den steilen Berghängen zu vermeiden, legten die Inkas ihre Felder in Terassenform an, die sie künstlich bewässerten und mit Guano, dem Vogelmist, düngten. Die Viehzucht, Lama, Alpaka oder Meerschweinchen, spielte eine geringere Rolle.

Vor 500 Jahren begann für dieses Reich die Endzeit. Als Christoph Kolumbus am 12. Oktober 1492 auf einer Bahamainsel landete, die er zu Ehren des göttlichen Erlösers San Salvador taufte, begann die Tragödie, die zum Genozid an den Inkas führen sollte.

Bei der Entdeckung Amerikas betrug die Anzahl der in Zentralamerika lebenden Indios 25 Millionen. 1532 waren noch 16,8 Millionen am Leben. 16 Jahre später, 1548, waren von den 25 Millionen Indios noch 2,6 Millionen am Leben. Diese Zahl schrumpfte 1595 auf 1,3 Millionen und 1505 auf 1 Million Menschen. Kaum 150 Jahre nach der Eroberung Lateinamerikas durch die Spanier und Portugiesen war die Urbevölkerung fast verschwunden. In den Antillen wurde sie total ausgerottet.

Welchen Grund sollten die Ureinwohner Lateinamerikas haben, diese 500 Jahre, die seit der sogenannten Entdeckung vergangen sind, zu feiern? Vielleicht, daß man sie als Sklaven, Fronarbeiter, Lasttiere bis zur tödlichen Erschöpfung mißbrauchte, mit von Europa eingeschleppten Bakterien verseuchte?

◆✪◆✪◆✪◆✪◆

Der Strukturalist Tzevatan Todorov, Forscher am Centre National de la Recherche Scientifique in Paris, formuliert sehr zutreffend: „Wenn der Begriff Völkermord jemals wirklich zutraf, dann zweifelsohne in diesem Fall. Es handelt sich meines Erachtens nicht nur in relativen Zahlen (Vernichtung in der Größenordnung von 90% und mehr) um einen traurigen Rekord, sondern auch in absoluten, da wir es mit einer Dezimierung der Bevölkerung um schätzungsweise 70 Millionen Menschen zu tun haben. Keines der Massaker des 20. Jahrhunderts läßt sich mit diesem Blutbad vergleichen."

✪◆✪

Der Blick aus dem Hotelzimmer brachte mich wieder zurück in die Realität. Die Wirklichkeit einer ehemaligen Metropole, die heute von Landwirtschaft und Tourismus lebt.

Überall auf den Gehsteigen wurden Ponchos, Pullover, Schals, Socken, Hauben, Stricksachen aller Art angeboten. Die Frauen weben auch weiter, Bänder in bunten Farben, während der Kunde sich umsieht und auswählt. Ist auch hier schon Zeit Geld? „Was verkaufen Sie?" fragte ich eine junge Quechua-Indianerin. „Eier", bekam ich zur Antwort. In einem gestreiften, um die Schulter gebundenen Tuch trug sie ihr Kind. „Wie alt ist das Baby?" „8 Monate", antwortete sie. „Ist das ihr einziges Kind?" „Ja Señorita" „Und ihr Mann, wo ist er?" „Er arbeitet" „Und Sie verdienen ein bißchen dazu?" fragte ich. „Ja", meinte sie. „Wie alt sind Sie?" „19 Jahre", war die Antwort. „Sind Sie mit ihrem Leben zufrieden?" „Ja Señorita." Die Menschen ziehen vom Land in die Stadt, um vom Elend in die Armut zu fliehen, denn hier gibt es zumindest potentielle Auswege aus Not und Gewalt.

Ein Mann um die Dreißig kam mir entgegen. Ich sprach ihn an. Er begutachtete mich, fixierte mein Mikro und fragte, wofür das ist. Ich sagte: „Por la radio Austríaca en Europa", für den Österreichischen Rundfunk in Europa, um nicht mit Australien verwechselt zu werden, was in Lateinamerika sehr oft vorkommt.

Nachdem ich erfahren hatte, daß er Nachtwächter in einer Fabrik ist, fragte ich ihn nach dem Verdienst. „3.500 Inti", sagte er. „Das ist aber sehr wenig", rutschte mir heraus. „Ja", meinte er. „Es ist zu wenig für alles, und das Leben ist so teuer ge-

◆✪◆✪◆✪◆✪◆

worden.“ Wie kommt man mit so wenig durch? „Alle, die können, verdienen dazu“, sagte er, „auch meine Frau.“ Aber es reicht nicht.

Ich sprach noch einen Mann an. Er grüßte sehr freundlich und respektvoll. Diese Menschen sind aufgeschlossen und reden sehr frei, trotzdem sie arm und ausgebeutet sind. „Wie hoch ist das Mindesteinkommen in Peru?“, fragte ich. „6 Millionen“, sagte er, einen Moment stutzte ich, dann sagte ich: „Soles – also 6.000 Intis?“ „Ja, 6.000 Intis.“ Die Währung in Peru wurde 1987 erstmals abgewertet und von Soles auf Intis gewechselt. Beides heißt Sonne, Inti in Quechua, Sol in Spanisch.

Auch die Abwertung hat die Inflation nicht vermindern können. Und Ende 1991 wurde der Nuevosol, der neue Sol, eingeführt, mit einem Kurs von 0,97 für einen US Dollar.

Aber wieder zurück zu dem jungen Quechua, der mir im April 1988 sagte, daß das Mindestgehalt monatlich 6.000 Intis beträgt. „Wie schafft man es, damit auszukommen?“ – „Nicht sehr gut, Señorita, man muß beim Essen sparen, kann sich kaum Kleidung leisten, und auch mit der Wohnung ist es sehr schwer.“ Das glaube ich, wo doch eine Wohnung, die über sanitäre Anlagen und 3 bis 4 Räume verfügt, schon 7.000 Intis kostet.

✪◆✪

Der Hauptplatz von Cuzco ist atemberaubend. Wo einst der Sonnentempel der Inkas stand, erhebt sich jetzt eine Kathedrale, die wie eine riesige Spinne am Kopf des rechteckigen Platzes sitzt. Auf dem der Erde gleichgemachten Tempel des Inka-Gottes Viracocha erbaut, wirkt sie wie der Stephansdom in einer Schrebergartensiedlung. Die katholische Trutzburg mit barocken Schnörkeln und ihrem dreischiffigen Bau wurde zum Vorbild vieler Kirchen des Hochlandes. Alleine für den Guß der Glocke, die aus Gold und Bronze ist, wurden sechs Tonnen Legierung verbraucht. Auch im Altar wurde über eine Tonne Silber eingearbeitet. Die Kathedrale beherbergte aber bis vor einiger Zeit noch eine unglaubliche Kostbarkeit: eine Monstranz, 1,60 Meter hoch, verziert mit 331 Perlen, 263 Diamanten und einigen hundert Amethysten, Brillianten, Rubinen und Saphiren. Fast 30 Kilo war sie schwer. Doch dieses einzigartige Stück fiel in die Hände von Dieben.

◆❂◆❂◆❂◆❂◆

372 Gemälde mußten für die Kathedrale hergestellt werden. Gemälde liebten die Spanier, deshalb wurden Maler aus Europa beschäftigt, die entweder Kopien bekannter Bilder oder neue Werke herstellten. Da die Nachfrage so groß war, kam es zur Gründung der Schule von Cuzco und weiterer Malschulen in Peru, in denen Nachwuchs rekrutiert wurde. Man kann fast von einer industriellen Serienproduktion sprechen. Auch heute gibt es auf den Märkten noch einen regen Verkauf von Kopien alter Meister. Die Schule von Cuzco war die berühmteste der lateinamerikanischen. Die damaligen Künstler bevorzugten eine märchenhafte Irrealität in ihrer Darstellung.

Im Kloster La Merced wird auch eine prächtige Monstranz verwahrt. Ein wenig kleiner und leichter, doch ebenfalls kostbar: nur 1,30 Meter hoch und 22 Kilogramm schwer. Ihr Gewicht erhält sie von dem reinen Gold, aus dem sie gearbeitet wurde, und den über 2000 Perlen und Diamanten, mit denen sie geschmückt ist. Sicherlich gehören diese Goldeschmiedearbeiten zu den schönsten Perus, und man sieht ihnen das Blut nicht an, mit dem sie erkauft wurden.

Neben der Landwirtschaft ist der Tourismus das zweite Standbein von Cuzco. Der geschichtsträchtige Ort lockt viele Menschen an. Zwar gab es zwei große Erdbeben, 1650 und 1950, durch die die Stadt ziemlich zerstört wurde, doch beim Wiederaufbau wurde die Stadtanlage nicht verändert. Sie konnte ihr koloniales Ambiente bewahren. Die meisten Klöster und Kirchen wurden auf ehemaligen inkaischen Anlagen erbaut. Jede beherrschende Religion macht sich die alten Plätze des unterlegenen Glaubens zunutze.

Eines der berühmten Beispiele sind die Kirche und das Kloster Santo Domingo. Das größte Heiligtum der Inka mußte dafür herhalten. Nach den zwei Erdbeben steht von der Kirche nur mehr die Apsis, die auf der gewölbten Außenmauer des Sonnentempels erbaut wurde. Für den Sonnentempel waren sorgfältig polierte Steinblöcke ohne Mörtel aufeinandergesetzt und miteinander verzahnt worden. Die Wände sollen nach den Beschreibungen der Chronisten mit Goldplatten, die mit Smaragden und Türkisen versetzt waren, belegt gewesen sein. Eine riesige Goldscheibe im Inneren symbolisierte die Sonne, deren „Söhne", die jeweiligen Inkas, auf goldenen Sesseln mumifiziert, kreisförmig um sie herum gruppiert waren. Vor dem Tempel war ein massiv-goldener Garten angelegt, in dem zwanzig goldene Hirten zwanzig goldene Lamas hüteten, die goldenes Gras fraßen. In der Nähe gab es sein Pendant, den Mondtempel. Er war mit Silber ausgelegt, und unter einer silbernen Mondscheibe saßen die mumifizierten Hauptfrauen der Inkas, jede auf einem silbernen Thron. Die Spanier waren geblendet von diesem Reichtum, und ohne Zögern riefen sie sich als neue Besitzer aus. Heute gibt es von diesen Prachtbauten nur mehr Ruinen, ein Portal, ein Stück Mauer.

Diese große Vergangenheit konnte zumindest bis vor nicht allzu langer Zeit in gute Devisen umgesetzt werden. Die Fremden bleiben heute aber aus. Das zweite Standbein wackelt. Hotels sind geschlossen oder unterbelegt. Schuld daran sind die Choleraepidemie und die Guerillas.

Die Eindämmung der Choleraepidemie ist in einem Land wie Peru, das eine derart schlechte Infrastruktur hat, ein schier unlösbares Problem. Die Cholera in Peru ist ein Problem der Armut. Die Situation läßt sich nicht mit anderen Ländern wie Ecuador, Brasilien, Kolumbien, Chile oder Venezuela vergleichen. In Peru ist die Krankheit noch katastrophaler. In den Berichten ist immer wieder von einem medizinischen Notstand die Rede. Hinter dem medizinischen Aspekt der Cholera-Epidemie steht aber auch die Problematik des Elends eines politisch zerfallenden Landes.

„Die Armut ist eine der Hauptursachen. Die Informationen des Wirtschaftsrates der Vereinten Nationen bestätigen, daß von den 29 Millionen Einwohnern Perus 15 Millionen unterhalb der Armutsgrenze leben. Sie können ihre Familien nicht mehr mit den nötigsten Lebensmitteln versorgen. Die meisten Menschen, die von der Cholera betroffen werden, leben in den Slums. Die Cholera ist ganz eindeutig eine Epidemie der Armut“, erklärte mir ein Kinderarzt.

Die ohnehin schon tristen sozialen Bedingungen im Lande werden durch die Cholera-Epidemie noch einmal verschärft. In erster Linie sind die Chechua und Aymará, zwei Indio-Stämme, davon betroffen.

Beinahe 70 Prozent der Bevölkerung leben in den Städten. Die Hauptstadt Lima muß fast sechs Millionen Einwohner unterbringen. Eine viel zu hohe Zahl für die unterentwickelte Infrastruktur der Stadt. Analphabetismus, schlechte Gesundheitsvorsorge und Unterbeschäftigung sind die großen Mankos. Es gibt eine sechsjährige Schulpflicht, doch viele Kinder absolvieren nicht einmal diese Zeit. Sie müssen arbeiten, um zum Familienunterhalt beizutragen, oder die nächste Schule ist viel zu

◆✪◆✪◆✪◆✪◆

weit entfernt. Auch die öfters geforderte Schuluniform ist ein Hindernis, denn die kostet Geld, das anderweitig gebraucht wird. Auf dem Land gibt es relativ wenige Schulen, es gibt keinen großen Anreiz für ausgebildete Lehrer, aufs Land zu gehen, denn dort verdienen sie kaum 100 Dollar im Monat. Allein die Lebensmittel für eine Familie kosten monatlich circa 60 Dollar. Der Mindestlohn beträgt nur 24 Dollar. Die Differenz heißt Hunger. Mit einem durchschnittlichen Monatseinkommen von 80 Dollar kann man auch nicht sehr viel anfangen.

Die Schätzungen der WHO, der Weltgesundheitsorganisation, haben ergeben, daß allein in Peru 400.000 Peruaner sich mit dem Vibrio Cholerae Bakterium infizieren werden. 300.000 Peruaner sind bereits von dieser Krankheit, die sich besonders an die Ärmsten der Bevölkerung heranmacht, infiziert. Nach ihren Prognosen werden 6.000 Menschen die Masseninfektion nicht überleben.

Die Gesundheitseinrichtungen des Landes reichen nicht aus, der Krankheit Herr zu werden. Von 130 Krankenhäusern des Landes sind nur 70 in Betrieb. Streiks des Krankenpersonals für mehr Lohn behindern die Betreuung der Cholerakranken.

Bis zu 20 Liter Wasser täglich verliert ein Cholerakranker. Die Behandlung der Cholera liegt in der richtigen Diagnose, und der Möglichkeit, Infusionen zu verabreichen. Selbst das ist nicht überall durchführbar. Für den Arzt Miguel Davila ist die Verbesserung der Infrastruktur des Landes Voraussetzung für die Eindämmung der Krankheit. Vom Verbot des Verzehrs von Fischen, dem Hauptnahrungsmittel der Armen, hält er wenig.

„Das ist eine falsche Information des ehemaligen Gesundheitsministers, daß der Fisch Hauptverursacher der Cholerainfektion sei. In Wirklichkeit sind nur die kleinen Fische aus den Abwässerkanälen und den verschmutzten Flüssen rund um die Ballungszentren, besonders Lima, verantwortlich zu machen. Die Hochseefischerei hat nichts mit der Epidemie zu tun. Meeresfische sind genießbar. Die Regierung hat keine Alternativen für die Ernährung der Bevölkerung. Sie muß Fisch essen."

✪◆✪

Sacsayhuamán, eine Festung, die 200 Meter über Cuzco liegt, ist einen Besuch wert. Die gigantischen Steinquader sind ohne Mörtel miteinander verbunden, von

◆✪◆✪◆✪◆✪◆

riesigen Dimensionen und waren Schutzwälle gegen Feinde. Die Mauern sind stumme Zeugen einer vergangenen Epoche. Ein Steinquader aus dem untersten Mauerring ist fünf Meter hoch, fünf Meter breit und zweieinhalb Meter tief. Er hat das Gewicht eines vollbeladenen Jumbojets, nämlich 360 Tonnen. Diese riesigen Blöcke wurden ohne Räder oder Zugtiere die Berge hinauftransportiert. Die Chronisten schreiben über den Bau: „Den Stein zogen über 20.000 Indianer an langen Stricken. Der Weg, auf dem sie ihn transportierten, ist mühsam, mit vielen Steigungen und Gefällen, die es zu überwinden gilt. An einer dieser Stellen besiegte des Steines Gewicht die Kraft derer, die ihn hielten, und er stürzte nach unten und tötete drei- oder viertausend Indianer. Aber trotz dieses Unglücks brachte man ihn nach oben."

Viel mehr haben die Spanier nicht überliefert, und die Herkunft der Erbauer liegt im Bereich der Spekulation. Die Festung besteht aus drei zyklopenartigen Mauern, die in Terrassen übereinander gebaut sind und von denen jede rund 300 Meter mißt. Garcilaso de la Vega schrieb darüber: „...seine Größe ist unvorstellbar für alle, die es nicht gesehen haben". Selbst die römischen Bauwerke sind nicht so spektakulär. Der großartige Eindruck hat die Spanier aber nicht daran gehindert, jeden Flecken des gesamten Festungsbereichs nach Schätzen zu durchwühlen.

Fast traumwandlerisch stieg ich Steintreppen hinauf, ging durch ehemalige Ein- und Ausgänge, kletterte wieder ein paar Stufen und war plötzlich auf einer Art Plattform. In der Mitte dieser Plattform liegt ein rechteckiger Stein, gerade groß genug, daß ein Mensch darauf stehen kann, und es stand auch einer oben, mit ausgebreiteten Armen. Er schien zu meditieren. Da hörte ich, wie er etwas rief, dann rief er noch einmal und noch einmal – dabei machte er immer eine Vierteldrehung im Uhrzeigersinn. Auf einmal stand er frontal zu mir. Ich entschuldigte mich, ihn womöglich gestört zu haben. Nachdem er verneinte, konnte ich meine Neugierde nicht mehr bezähmen und fragte ihn, was er dort täte. „Probieren Sie doch einmal selbst Ihre Stimme, wenn Sie mitten auf dem Stein stehen." Das ließ ich mir nicht zweimal sagen. Ich stieg auf den Stein und rief in die Ebene hinaus. Etwas ganz Merkwürdiges passierte. Meine Stimme umhüllte mich wie eine Säule, umgab mich wie eine Schutzmauer, schirmte mich ab, wie eine Raumkapsel. Ich hatte das Gefühl, mit dem Universum in Kontakt zu kommen. Bei jeder Vierteldrehung veränderte sich die Empfindung, und ich hatte das Gefühl zu schweben.

◆✪◆✪◆✪◆✪◆

Auf dem großen Platz der Festung findet alljährlich ein Spektakel mit langer Tradition statt. Die Sonnwendfeier der Inka, Inti Raymi, wird hier für die Touristen in Szene gesetzt.

✪◆✪

Einer der großen Poeten und Musiker Lateinamerikas, der Argentinier Atahualpa Yupanqui, hat seinen Künstlernamen aus den Namen zweier inkaischer Herrscher zusammengesetzt, dem des größten Eroberers Yupanqui und dem des letzten machthabenden Inka Atahualpa. Diese Namen haben symbolischen Charakter. Atahualpa Yupanqui wies schon sehr früh in dichterischer Form die Welt auf die sozialen Mißstände in seinem Land hin.

Er machte sich 1945 einen Namen als Vorkämpfer zu einer neuen Folklore. Seine politischen Aktivitäten, die gegen die Interessen der Oligarchie gerichtet waren, erschwerten jedoch zusehends die Verbreitung seiner Gedanken. Er wurde faktisch in seinem Wirkungskreis isoliert, auf die „schwarze Liste" der Todesschwadron gesetzt, erhielt Auftrittsverbot und durfte im argentinischen Rundfunk nicht mehr gespielt werden.

Unter diesen Bedingungen beschloß er im Jahre 1948, nach Paris zu gehen. Edith Piaf erkannte das große Talent Atahualpas und trat mit ihm einige Male gemeinsam auf. Versteht man den Inhalt seiner Lieder, begreift man, daß es noch andere Zeiten waren, aus denen ein Sänger von der Art eines Atahualpa Yupanqui hervorgehen konnte. Denken wir nur an seine Nähe zur Natur, sein Nomadenleben. Gesang und Sänger sind bei Atahualpa untrennbar. Sein Gesang schöpft aus den Erlebnissen und Erfahrungen, die untrennbar mit seinem Leben und dem Leben seines Landes verbunden sind. Er verkörpert die seltene Synthese zwischen Dichter, Musiker und Sänger.

✪◆✪

Der Inka Atahualpa war ein Kind der Liebe. Huayna Capac teilte das inkaische Reich vor seinem Tod zwischen seinen beiden Söhnen auf, dem rechtmäßigen Erben

Huascar, Sohn der inkaischen Prinzessin, und Atahualpa aus einer Verbindung mit einer quitenischen Prinzessin. Huascar bekam den südlichen Teil des Inka-Reiches, mit Cuzco als Hauptstadt, und Atahualpa den Norden, das heutige Ecuador, mit Quito als Hauptstadt. Das war die Situation, als Pizarro landete: Das inkaische Reich geteilt, die beiden Brüder, die einander nicht kannten, im Krieg.

Atahualpa konnte seinen Halbbruder besiegen und ließ aus dessen Hirnschale einen Trinkbecher anfertigen. Ein Brauch, der dazu dient, die Kraft des Feindes in sich aufzunehmen. Von Pizarro, der sich schon im Land eingenistet hatte, wurde diese Vorgangsweise als barbarischer Akt angesehen, der es ihm ermöglichte, Atahualpa unter Anklage zu stellen. Damit konnte er auch sein Vorgehen bei den anderen indianischen Herrschern legitimieren, denn eine gewisse Form mußte gewahrt bleiben. Noch war die Inkaherrschaft zwar zu übermächtig, doch war es immerhin möglich, sie zu erschüttern.

Francisco Pizarro, der Eroberer Perus, war von schmächtiger Statur, verwildert, hart und hochmütig, des Schreibens und Lesens unkundig. Mit 32 Jahren kam er nach Südamerika, aber nicht ohne sich vorher, im Jahre 1528, von Kaiser Karl V. die Befugnisse eines Stadthalters und Oberbefehlshabers für ein Land, das nur durch phantastische Gerüchte bekannt war, zu sichern. Am 26. Juli 1529 schloß Kaiser Karl V. einen Vertrag mit Francisco Pizarro, in dem es heißt: Francisco Pizarro erhält die Oberhoheit über das zu erobernde Land und ein Fünftel aller Gold- und Silberschätze des Inkareiches.

Im Jänner 1531 begann Pizarro per Schiff von Panama aus eines der unglaublichsten Abenteuer der Weltgeschichte. Mit drei Schiffen, 180 Mann, 60 Pferden, einer Meute dressierter Bluthunde, zum Zerfleischen der Indios gedacht, Feuerwaffen und Feldschlangen, eine Art kleiner Geschütze, landet er in Tumbez, einer Stadt im Norden Perus. Ihnen gegenüber stand ein organisiertes Staatsgefüge von 15 Millionen Einwohnern, doch die Arroganz der Weißen kannte kein Zurück. 180 km landeinwärts gründet er den Stützpunkt San Miguel und eroberte von dort aus das Reich.

Als Pizarro mit einer handvoll ungebildeter Krieger mordend und plündernd von der Küste Richtung Cajamarca, der Residenzstadt Atahualpas, zog, unternahm dieser nichts gegen Pizarros Vordringen. Eine Frage stellt sich immer, wie konnten

◆✪◆✪◆✪◆✪◆

die Spanier so rasch ein scheinbar perfekt organisiertes Reich zu Fall bringen? War es der Überraschungseffekt, die technische Überlegenheit der Spanier durch ihre Pferde, die als Zentauren gesehen wurden, die Feuerwaffen? Oder war es die Zerrüttung des Reiches durch den Bruderkrieg?

Der Hauptgrund war sicher der Bruderkrieg, der im Lande tobte. Weiters herrschte zu dieser Zeit eine verheerende Pockenepidemie. Das Reich war in seiner Ausdehnung noch jung und nicht gefestigt. Es gab trotz aller Bemühungen noch keine einheitliche Sprache und keinen Zusammenhalt. Die einzelnen indianischen Führer konnten deshalb mit dem Angebot Pizarros kokettieren, die Freiheit wieder zu bekommen, wenn sie gegen die Inkas kämpften.

Die Unverfrorenheit der Spanier spielte sicher auch eine Rolle, da sie sich, unter dem Schutz des „wahren Glaubens", den heidnischen Indios überlegen wähnten und mit dieser Einstellung alle ihre Taten und Verbrechen vor sich selbst und vor Gott problemlos rechtfertigen konnten. Glaubten die Inkas Pizarro wäre Viracocha? Die Inkas glaubten nämlich an den Sonnengott Inti als höchsten Gott in einem Pantheon von Göttern. Nur einer stand über ihm: Viracocha – der Gott der Schöpfung, und Inti war der Mittler zwischen Viracocha und den Menschen. Viracochas Wiederkehr wurde aus dem Osten erwartet.

Die Möglichkeit, daß dieser Glaube Pizarro half, war groß, denn Pizarro konnte auch ungehindert am 15. November 1532 in Cajamarca einziehen. Gegen einen Gott kämpft man nicht, man empfängt ihn ehrwürdig mit großem Gefolge. Das tat der Inka. Pizarro forderte die Unterwerfung. Atahualpa wollte Kaiser Karl V. als seinen Bruder betrachten, nicht aber als Herrn. Der Feldkaplan und Beichtvater Pizarros, Vicente de Valverde, befahl dem Inka, das Kreuz anzubeten und die Bibel zu küssen.

Der chilenische Nobelpreisträger für Literatur, Pablo Neruda, beschreibt die Szene in dem Gedicht „La línea colorada", die blutrote Linie:

„Der Kaplan
Valverde, Verräterherz, verkommener Schakal,
trägt einen seltsamen Gegenstand vor sich her, ein Stück
Korb, eine Frucht
vielleicht von jenem Planeten,

◆✪◆✪◆✪◆✪◆

woher die Pferde stammen,
Atahualpa nimmt es, weiß nicht,
um was es sich handelt: es glänzt nicht, tönt nicht,
und lächelnd läßt er es fallen.
‚Tod
und Rache, mordet, denn ich gebe euch Absolution',
schreit des Mordkreuzes Schakal.
Donnergedröhn wirft sich den Räubern entgegen.
Vergossen ist unser Blut in seiner Wiege.
Wie ein Chor umringen die Prinzen
die Inka in seiner Sterbestunde.
Zehntausend Peruaner fallen
unter Kreuzen und Schwertern, Blut
tränkt die Gewänder Atahualpas.
Pizarro, das grausame Vieh aus Estremadura,
befiehlt, des Inkas feingliedrige Arme
zu fesseln. Eine schwarze Glut,
ist die Nacht auf Peru herabgesunken."
(Aus: Das lyrische Werk, 1984 by Luchterhand Literaturverlag)

4.000 der Gefolgsleute um Atahualpa wurden umgebracht, insgesamt 12.000 Menschen ermordet, der Inka Atahualpa gefangen genommen. Er versprach, binnen 2 Monaten den 60 m² großen Raum, in dem er gefangengehalten wurde, bis zur Höhe seines ausgestreckten Armes mit Gold zu füllen. 140 Kubikmeter Gold hat er herbeigeschafft, ein Wert von umgerechnet circa 2.550 Millionen Schilling.

Dennoch wurde Atahualpa in einem Scheinprozeß, bei dem man ihn des Brudermordes anklagte, weiters der Idolatrie und der Polygamie, zum Tode verurteilt. Um nicht verbrannt zu werden, und damit seine Seele zu verlieren, ließ sich der Inka taufen und wurde für seine gottgefällige Tat erwürgt. Er starb am 29. August 1532.

Die Hauptstadt des Imperiums der Inka, Cuzco fiel genau ein Jahr nach Cajamarca. Die Spanier brannten die Stadt nieder, vernichteten Häuser und Tempel, bemächtigten sich der Kostbarkeiten, vergewaltigten die Frauen und schändeten sogar die geheiligten Sonnenjungfrauen.

◆◎◆◎◆◎◆◎◆

Machu Picchu – das Heiligtum der Jungfrauen, die der Sonne geweiht waren, hatten die Spanier nicht entdeckt. Sie suchten lange nach der letzten Unterkunft des letzten Inkas, weil sie dort weitere Schätze vermuteten. Doch diesmal waren sie nicht erfolgreich. Erst 1911 wurde diese Sehenswürdigkeit zufällig von einem Flieger gesichtet. Ich hatte schon lange den Wunsch, das geheimnisumwobene Machu Picchu zu erleben.

◎◆◎

Der Zug nach Machu Picchu verläßt Cuzco um sechs Uhr morgens. Nach kurzer Fahrt bleibt er plötzlich stehen und fährt rückwärts. Sehr ungewohnt für einen Zug, aber das ist die Spezialität der Andenbahn, die im Zick-Zack den Berg hinauffährt. Manchmal bleibt sie auch stehen, weil Steine auf den Schienen liegen, die natürlich vor der Weiterfahrt weggeräumt werden müssen. Es sind oft riesige Steinbrocken darunter, die gar nicht so leicht entfernt werden können. All das nimmt ziemlich viel Zeit in Anspruch und verzögerte unsere Ankunft in Machu Picchu.

Der Zug fährt durch das heilige Tal der Inkas, einer Schlucht, die an beiden Seiten von mächtigen Bergriesen umgeben ist. Der Fluß, der im Tal fließt, hat ungefähr die Breite der Donau, nur ist er wild und aufgewühlt.

An den verschiedenen Stationen stehen Indios, die ihre üblichen Waren anbieten: Ponchos, Mützen etc. Ich war allerdings so beeindruckt von der majestätischen Schöhnheit des Tales, daß meine sonstige Kauflust nicht zum Ausbruch kam. Nach der Bahnfahrt geht es mit dem Autobus weiter. Die schmale Straße windet sich steil den Berghang hinauf. Sie ist so schmal, daß der Bus manchmal, um eine Kurve zu schaffen, ranchieren muß. Was geschieht, wenn ein Bus entgegenkommt, dachte ich. Kaum gedacht, und schon befanden wir uns in dieser Situation. Unser Bus fuhr ein Stückchen verkehrt zurück, um Platz zu machen. Vom Fenster sah ich in den Abgrund. Der hintere Teil des Busses ragte bereits über den befestigten Teil der Straße hinaus, und das in gut 4.000 Meter Höhe. Schnell machte ich die Augen zu, drückte beide Daumen und überkreuzte Mittel und Zeigefinger. Mit dieser Methode hatte ich einmal einen Flugzeugabsturz überlebt – vielleicht nützt es auch heute. San Martin, du erster heiliggesprochener Schwarzer hilf ... geschafft. Ich aber leider auch.

◆◎◆◎◆◎◆◎◆

Bei leichtem Regen und Nebel erscheint der geheimnisvoll wirkende Machu Picchu noch beeindruckender. Es gibt nichts Vergleichbares. Angeblich hat der letzte Inka hier mit 4.000 Indigenas seine Tempel, Befestigungen und Paläste angelegt. Ob es nun wirklich Vilcapampa, die letzte Stadt war, konnte auch ihr Entdecker, der Engländer Bingham, nicht klären. Deshalb gab er ihr einen neuen Namen: Machu Picchu oder „alte Bergspitze". Die Lage ist optimal gewählt. Vom Tal ist sie nicht zu sehen, während Späher auf den Bergen einen weiten Ausblick hatten. Früher gab es nur einen einzigen Zugang. Bingham brauchte aber die Hilfe eines elfjährigen Jungen, der ihn über eine alte Stiege, die gänzlich vom Dschungel überwachsen war, zur verlassenen Stadt führte. Heute ist sie gesäubert und für Besuche gerichtet. Doch trotzdem hat sie nichts von ihrem Reiz verloren. Die Stadt war in verschiedene Bezirke unterteilt, vom Königsbezirk und der sogenannten Akropolis zum Handwerkerviertel. Im Zentrum der Stadt gab es 16 Brunnen, und zu jedem Stadtteil führten Kanäle. Möglicherweise haben 50.000 Menschen hier gelebt. Machu Picchu ist nicht die einzige Siedlung im Urubamba-Tal. Doch noch viele sind vom Dschungel überwachsen und nicht entdeckt. Die schwer zugänglichen Berge und Plateaus hüten ihre Geheimnisse.

◎◆◎

In Lima wollte ich „El puente del Almeda" – die Brücke, die in dem wunderschönen Walzer von Chabuca Granda „La Flor de la Canela", die Zimtblüte, so romantisch besungen wird, besichtigen. Die winzige, unscheinbare Brücke über dem ausgetrockneten Rimac-Fluß ist nicht das, was ich mir vorgestellt hatte. Keine Seufzerbrücke, wie man sie in Venedig findet, sondern ein Relikt aus einer vergangenen Zeit, als Lima Sitz der spanischen Vizekönige war. Im heutigen Lima ist wenig Raum für Romantik geblieben. Am Tag vor meinem Besuch hatte die maoistische Guerillabewegung „Sendero Luminoso", Leuchtender Pfad, wieder einmal einen ganzen Stadtteil lahm gelegt. Sie legten Lichtmaste um und ließen ganze Viertel ohne Strom. Eine ihrer Spezialitäten.

Lima, von dem Konquistador und Abenteurer Francisko Pizarro gegründet, war ehedem eine Stadt der Könige, was auch in ihrem früheren Beinamen, Ciudad de los Reyes, zum Ausdruck kam. Lima, der Sitz des Vizekönigs, war Mittelpunkt eines ungeheuren Reiches, das Chile, den Norden Argentiniens, Bolivien, Ecuador und Neu-Granada umfaßte.

Im Jahre 1551 wurde hier die erste Universität auf amerikanischem Boden errichtet. Der Küstenstreifen, auf dem Lima liegt, war, da die einheimische Bevölkerung sich auf die Städte des Hochlandes verteilte, schon bald ein brodelnder, kosmopolitischer Flecken, dessen Reichtum täglich durch die Erträge der Minen in Potosí und Pasco vermehrt wurde. Schiffe brachten Seidenwaren und Gewürze. Der Hof des Vizekönigs galt als der verrufenste und verworfenste des ganzen Kontinents. Auch kirchliche Würdenträger waren in großer Anzahl zu finden. Ein Drittel der Häuser war in kirchlichem Besitz.

Nach den königlichen Instruktionen des spanischen Hofes und des Indianerrates durfte keine Stadt ohne den vom Indianerrat bestätigten Priester gegründet werden. Das erste Gebäude mußte eine Kirche sein. Sie mußte auch im Mittelpunkt eines streng geometrischen Planes stehen, dessen Konstrukt die Spanier von den Römern übernommen hatten. Dadurch erklärt sich auch das häufige und bestimmende Schachbrettmuster aller alten kolonialen Städte.

Vom Vizekönig La Palata wird überliefert, daß ihm die Bevölkerung bei seiner Ankunft ein Pferd überreichte, in dessen Haare Perlen eingesponnen und dessen Hufe mit Gold beschlagen waren. Auf einem Pflaster aus Silberbarren ritt er in die Stadt. Diese illustre Geschichte wird allerdings auch über Potosí erzählt. Gleichzeitig war ein großer Teil der Einwohner sehr arm. Vor der Tür der Kirche San Lorenzo wurden jeden Tag unbekannte Tote abgelegt, die man in den Straßen gefunden hatte. Dort blieben sie für einen Tag liegen, um vielleicht doch noch von jemandem abgeholt zu werden.

Georg Squier, ein Reisender, der Lima Ende des letzten Jahrhunderts besuchte, schreibt: „Die anscheinend massiven Türme und Strebepfeiler der Kirchen sind nur große Weiderutenkörbe, täuschende Zusammensetzungen von zusammengebundenen Pfählen und Rohrstäben (vermittels Lederriemen untereinander befestigt), deren Außenseite sodann mit Stuck überzogen und angestrichen ist." Lima war noch im 17. Jahrhundert eine der reichsten Städte der Welt, der nur die Erdbeben etwas anhaben konnten. „Bei den Kirchen haben es die alten und neueren Bewohner Limas unternommen, die ungünstigen physischen Umstände ihrer Stadtlage zu überwinden. Sie haben versucht, trotz der Erdbeben imposante Gotteshäuser zu bauen, und haben das auch mit einem gewissen Erfolge zustande gebracht."

Trotz politischer Veränderungen in den letzten Jahrzehnten hat sich in Peru nicht viel geändert. Die Bürokratie ist verfilzt wie eh und je, vielleicht noch stärker, und die Kosten der Lebenshaltung sind explodiert. 52 Prozent der Bevölkerung leben unter der Armutsgrenze. Daneben gibt es aber die Geldaristokratie, die Industriellen, Bankiers, Spekulanten oder jene, die im Drogenhandel das große Geld machen. Sie verdienen Geld, das nicht im Lande investiert wird, sondern auf Konten im Ausland, auch in der Schweiz, gehortet wird. Gerüchten zufolge sollen rund 20 Milliarden Dollar angesammelt worden sein. Zwei Milliarden mehr, als die Auslandsverschuldung Perus beträgt.

Die anderen, jene, die im Schatten leben, schlagen sich mit Gelegenheitsjobs durch, als Straßenhändler, Handlanger, Wagenwäscher und Parkplatzbewacher. Die Barriadas in den Vorstädten wachsen an. Das einzige, was den Bewohnern bleibt, ist die Selbstinitiative, denn von der Regierung kommt kaum Unterstützung. Sie flüchten in die Stadt, wenn sie den Druck, unter anderem den Guerillakrieg, der schon seit über einem Jahrzehnt im Lande herrscht, nicht mehr aushalten. Angeführt von einem ehemaligen Philosophieprofessor namens Abimael Guzmán kontrolliert der Sendero Luminoso weite Teile des Landes. Besonders in ländlichen Gebieten kann er seine Macht entfalten. Die Campesinos sind die wahren Leidtragenden, denn sie sind vom Konflikt zwischen dem Leuchtenden Pfad und der Regierungsarmee betroffen. Kommen die einen ins Dorf, folgen die anderen bald nach. Beide suchen nach Überläufern und Kollaborateuren. 24.000 Menschen sind bisher gefallen.

Die eigentlichen Gründe für diese Situation sind in der Vergangenheit zu suchen. Trotz der politischen Unabhängigkeit Perus manifestierte sich der Einfluß ausländischer Investoren sehr stark. 1890 wurde unter britischer Führung die peruanische Korporation gebildet, die für die Schuldentilgung des Landes verantwortlich

◆❂◆❂◆❂◆❂◆

war, dafür aber eine 70-jährige Konzession für den Betrieb der Eisenbahnen und die Ausbeutung der Bodenschätze erhielt. In Peru wurde Salpeter gefunden, das damals ein unverzichtbares Mittel zur Herstellung von Patronen war. Dann kam es zu einem Kautschukboom, und der Panamakanal trug auch dazu bei, ausländische Devisen ins Land zu bringen. Die sozialen Probleme verstärkten sich aber zunehmend. 1924 wurde eine Linkspartei namens APRA (Alianza Popular Revolucionaria Americana) gegründet. Sie konnte einige Wahlen gewinnen, da sie die unzufriedenen Industriearbeiter, den neuen Mittelstand und die Indigenas hinter sich hatte. Trotz der Wahlerfolge gab es aber immer dann einen Militärputsch, und konservative Politiker oder Militärs lösten sich in der Regierung ab.

Erst 1968 konnte sich ein linker General names Juan Velasco Alvarado durchsetzen, der soziale Gerechtigkeit auf sein Banner geschrieben hatte. Eine umfassende Landreform, die Verstaatlichung zentraler Industriesektoren im Bereich Energie, Telefon und Fischfang sollten helfen, die Reformen durchzusetzen. Doch es kam anders. Die Agrarreform gab das Land, das früher in erster Linie für die Viehzucht genutzt wurde, in den Besitz von Genossenschaften. Einheimische Saaten wurden erforscht, in der Ebene ausgedehnte Feuchtgebiete trocken gelegt, der Ackerbau intensiviert, neue Viehsorten eingeführt. Die Vorstellungen einer besseren Zukunft, die von einem unbestimmten Fortschrittsglauben geprägt waren, entwickelten sich jedoch nicht in dem gewollten Sinn. Die Trockenlegung führte dazu, daß in einigen Dörfern die Brunnen ausdörrten. Teure Wasserleitungen mußten nun verlegt werden. Das aus Europa importierte Vieh war anfällig für Krankheiten. Durch eine Kreuzung mit einer einheimischen Rasse konnte zumindest die durchschnittliche Milchleistung gesteigert werden. Der Sprung von Ochsenkarren und viel persönlicher Arbeitsleistung in die High-Tech-Welt gelang nicht. Eine Form der angepaßten Technologie hätte mehr ausgerichtet. Es kam zu Bauernrevolten. Doch das war nur ein Grund des Scheiterns.

Die Revolution von oben scheiterte an der Kapitalflucht, der Schließung von Betrieben und an schlecht organisierten Bauernkooperativen. Eine große Wirtschaftskrise kündigte sich an. 1975 wurde Velasco durch einen konservativen General gestürzt. Ein großes Potential Unzufriedener war vorhanden, deren Hoffnungen enttäuscht worden waren. Und ein Teil davon bildeten die ersten Kader der Guerilla-

◆✪◆✪◆✪◆✪◆

organisation Leuchtender Pfad. Die Regierung versuchte, durch eine erneute Privatisierung und durch demokratische Wahlen einen neuen Weg zu beschreiten, doch weder ließ sich eine Preisbindung bei Waren und Lebensmitteln durchhalten, noch die Versorgungsengpäße beseitigen. Die Inflationsrate stieg in den 1.000er Bereich. Die Menschen, die sowieso schon wenig verdienten, konnten ihres Einkommens überhaupt nicht mehr sicher sein. Und über allem schwebte noch das Gespenst der Apartheid, das das Land nicht nur in arm und reich, sondern noch weiter entzweite, ein Land, das reich ist an Bodenschätzen, Baumwolle und Zuckerrohr anbaut sowie in der Fischindustrie eine führende Rolle einnimmt.

Fujimori, der jetzige gewählte Präsident kann genausowenig gegen die Guerilla an, auch nicht gegen die Inflation, die Drogen und Cholera, die das Land an den Rand des Ruins gebracht haben. Weit verbreitet ist in Peru die Kinderarbeit. Straßenkinder zwischen 10 und 14 werden mit Versprechungen von Arbeit und Essen von der Straße weg zur Minenarbeit geholt. Dort werden sie ausgenutzt und ausgelaugt, bis sie sterben. Sie leben unter elenden Bedingungen, Mädchen werden oftmals von anderen Arbeitern vergewaltigt. Sie werden kaum älter als 16 oder 17 Jahre.

Die genauen Einwohnerzahlen der Hauptstadt können nur grob geschätzt werden und bewegen sich zwischen 3 und 10 Millionen. 200.000 Zuwanderer gibt es pro Jahr. Am Stadtrand bauen sie ihre Hütten aus Pappe, Kisten und Plastikfolien. Hütten aus geflochtenen Rohrmatten gelten schon als sozialer Aufstieg. Stückweise werden dann von dem wenigen Geld, das verdient wird, Ziegel gekauft und Stein für Stein eine Wand aufgebaut.

✪◆✪

Ich war 1988 in Lima, noch vor dem Ausbruch der Cholera. Ich hatte soviel über das peruanische „seviche", roher Fisch mariniert mit Limetten, gehört, daß ich beschloß, in das Restaurant Rosa Náutica, das für Seviche bekannt ist, zu gehen. „La Rosa Náutica" liegt in Miraflores, am karstigen Strand von Lima, und ist über eine Holzbrücke erreichbar. Von außen sieht es nicht besonders einladend aus, ist aber ganz im Jugendstil eingerichtet und gilt als das sehenswerteste Restaurant Limas.

◆✪◆✪◆✪◆✪◆

Ich war etwas zu früh da, das Restaurant war noch nicht geöffnet, wie ich von dem livrierten Türsteher erfuhr. Also ging ich ein wenig am Strand spazieren, dabei fiel mir ein junger Mann in Shorts auf, der sich hin und her tänzelnd die Zeit vertrieb. Plötzlich lief er an mir vorbei und war mit einem Sprung auf dem Holzsteg, der zum Restaurant führt. Ein Schuß zerriß die Stille, ein Aufschrei. Blut tropfte aus dem Oberschenkel des jungen Mannes. Der Livrierte, der geschossen hatte, kam angelaufen. Polizeisirenen vermischten sich mit den Schreien des Verletzten. Ich lief auch hin und fragte den Livrierten, warum er geschossen hatte. Der sagte kühl: „Mejor así – besser so, wer weiß, was der wollte."

Ich verstand die Welt nicht mehr. Zählte nur mehr Gewalt? Auf den Schock brauchte ich einen Drink. Der Appetit war mir vergangen. Das „Rosa Náutica" werde ich wohl ein anderes Mal besuchen. Hier an der Küste war weit und breit nichts zu sehen. Ich hatte Glück. Ein Taxi brachte eben Gäste für das Lokal. Ich stieg in das freigewordene Taxi und sagte dem Chauffeur, daß ich ins Cafe Vivaldi, ebenfalls in Miraflores, wollte. Hier muß man nicht unbedingt essen, man kann auch bei einem Drink sitzen.

Der hübsche Vorgarten mit den vielen grünen Pflanzen strömte eine friedliche Atmosphäre aus, und ich erholte mich langsam wieder von dem eben Erlebten. Ich bestellte bei dem sehr freundlichen Ober einen „Pisco sour", ein Drink, ohne den eine Reise nach Peru nicht komplett wäre, wie es im Fremdenführer steht. Ich lehnte mich im bequemen Sessel zurück und ließ die positive Stimmung dieses Lokals auf mich einwirken.

Schaumgekrönt wurde mir der Pisco sour, dieses deliziöse Getränk aus Tresterbrand, ähnlich der italienischen Grappa, Limetten, geschlagenem Eiklar mit etwas Zucker und zerstoßenem Eis, serviert. Ich begann, die Notizen über das Interview, das ich mit dem Pressechef des zweiten TV Kanals, Ricardo Mueller, vor ein paar Tagen gemacht habe, durchzusehen.

„Der Indio, ich glaube, es gibt 6 bis 7 Millionen in Peru, wird noch immer als zweitrangig angesehen", hatte er auf meine Frage, wie es um die indianische Bevölkerung in Peru stehe, geantwortet und weiter: „Geschichtlich, wie wir wissen, begann die Unterdrückung der Urbevölkerung nach der Conquista. Es hat sich bis heute nicht allzuviel geändert. Der Criollo, ein in Peru von europäischen Eltern geborener Staatsbürger, der Weiße, diskriminiert den Mestizen, den Mulatten und vor allem den Indio, den ‚chollo'."

Ich begann zu verstehen, warum der Quechua sprechende Indio den Begriff Indio ablehnt und nur Quechua genannt werden will.

Der Gedanke des Zwei-Sprachensystems, ähnlich wie in Paraguay mit der Indiosprache Guaraní, sollte dem Indio die Möglichkeit geben, nicht nur eine fremde Kultur aufgepfropft zu bekommen, sondern auch die eigene zu behalten und mit den spanischsprachigen Peruanern zu teilen. Sicher eine Generationsfrage, aber in der Schweiz wird das Sprachenproblem schon seit Jahrhunderten so gelöst. Warum sollte es nicht auch in Peru funktionieren? Doch Peru hat viele Probleme. Und die Regierung weiß nicht, welches sie zuerst lösen soll.

Guatemala – Das Land der Mayas

Nach insgesamt 26 Stunden Reisezeit kam ich um 11.30 am Flughafen von Ciudad de Guatemala an. Den Tag zuvor war ich direkt vom Funkhaus zum Flughafen gefahren und über Madrid, Santo Domingo und Panama, unterbrochen von jeweils einigen Stunden Wartezeit, endlich in Guatemala gelandet.

Mit dem Taxi ließ ich mich zum Hotel Ritz Continental fahren. Trotz noblen Namens ist es ein einfaches, sehr bequemes und billiges Hotel im Zentrum.

Ich fuhr per Bus nach Antigua, der ersten alten Hauptstadt von Guatemala. Reisen mit dem Bus ist in diesem Land für die Bewältigung größerer Distanzen nicht unangenehm. Die Busse sind komfortabel, und man bekommt sogar einen Sitzplatz. Für geringere Distanzen sieht die Sache schon anders aus. Da verkehren die überfüllten Busse, bis übers Dach beladen mit einer Unmenge von Paketen, Körben, Taschen und Koffern, verlangen den Chauffeuren ein großes Einfühlungsvermögen bei der richtigen Gewichtseinteilung ab. Die Busse schlingern aber trotzig die schmalen Straßen entlang, und selbst die enormen Höhenunterschiede überwinden sie ohne Problem.

Antigua ist heute eine Stadt mittlerer Größe, die am Fuße mehrer Vulkane liegt. Etwa um 1650 war sie die drittgrößte Stadt Lateinamerikas; Metropole und kulturelles Zentrum mit einer Universität. Doch nach dem großen Erdbeben von 1773 verlegten die Spanier ihre Hauptstadt nach dem heutigen Guatemala City. Antigua ist seit 1930 unter Denkmalschutz und seit 1965 Kulturdenkmal Amerikas. 1976 gab es wieder ein großes Erdbeben, das eine Reihe von restaurierten Gebäuden in Schutt gelegt hat.

Die alte Hauptstadt ist aber noch immer hinreißend und strahlt einen unglaublichen Reiz aus. Sie liegt inmitten von Kaffeeplantagen, die wiederum von Seideneichen umgeben sind. Leider bin ich nicht im Frühsommer gekommen, denn dann wäre die ganze Umgebung mit den weißen Blüten der Kaffestauden übersät gewesen. Es gibt viele kolonialzeitliche Prachtbauten mit überladenen Fassaden, die oft ganze Straßenzüge einnehmen, und deren wahre Ausdehnung erst merkbar wird, wenn man auf den kleinen und engen Straßen mit ihrem alten Kopfsteinpflaster an

◆◎◆◎◆◎◆◎◆

ihnen vorbeispaziert. Kirchen- und Klosterruinen sind über die ganze Stadt verteilt. Es soll damals rund 45 dieser Bauten gegeben haben. Ich nahm mir einen Führer namens Lito Morales. Einer seiner Schneidezähne hat eine Goldeinrahmung, um seine Position zur Geltung zu bringen, denn das bedeutet für hiesige Verhältnisse, daß es ihm finanziell gut geht.

Morales und das Taxi, das wir nahmen, kosteten mich zusammen 15 Dollar. Auch in Guatemala gibt es einen Schwarzmarktkurs, offiziell lag der Quetzal, die Landeswährung, bei 5,05 Dollar, im inoffiziellen Kurs bei 5,40. Der Quetzal, von dem die Währung ihren Namen hat, ist ein wunderschöner, bunter Vogel mit prachtvollen Federn, die zum Schmuck der Häuptlinge, der Caciques – Herrscher, Götter –, verwendet wurden und mehr Wert als das Gold hatten. Im Wiener Völkerkunde Museum gibt es noch einen prächtigen Kopfschmuck, eine Art Krone aus Quetzalfedern, möglicherweise ist sie sogar eine Krone des Herrschers Montezuma.

Die berühmteste Kirche Antiguas ist der Wallfahrtsort San Francisco. Hier war ein Hospital für die Armen eingerichtet. Im Museum für Reliquien können noch vier alte Altäre besichtigt werden, die nicht nach Guatemala City abtransportiert worden sind, denn bei der Verlegung der Hauptstadt sind sehr viele Wert- und Kunstgegenstände in die neue Metropole übersiedelt worden. Einige wenige Gebäude aus dem 17. Jahrhundert sind auch heute noch vollständig erhalten. Das Präsentierobjekt ist die Casa Popenoe, die mit Balken, Fenstern, Türen und schmiedeeisernen Verzierungen anderer Häuser komplett restauriert wurde. Es ist das ehemalige Wohnhaus eines spanischen Richters. Die Räume sind mit den kostbaren Möbel aus der Kolonialzeit ausgestattet.

Im nahegelegenen Ort San Juan steht eine Weberei mit traumhaft schönen Arbeiten. Die Frauen weben knieend. Der Preis für ein „Huipil", wie die indianische Oberbekleidung genannt wird, die im Schnitt ähnlich einem T-Shirt ist, ist nicht niedrig – 1.600 bis 6.000 Quetzales –, aber sie sind wunderbar gearbeitet. In San Juan findet man die Rekonstruktion des Palastes von Francisco Marroquín, dem ersten Bischof von Guatemala. Die Zimmer sind noch mit alten Möbeln, Balkendecken und kunstvoll verzierten Bogentüren versehen.

◎◆◎

◆✪◆✪◆✪◆✪◆

Gemeinsam mit Klaus Brogner, Lehrer an der österreichischen Schule in Guatemala, fuhr ich am nächsten Tag ins Landesinnere. Wir hielten kurz in Potzun, um Federia Telequario Suquem, eine ehemalige Schönheitskönigin des Ortes, zu besuchen, die ich am Tag vorher bei Fermín Gómez, dem Generalsekretär und Abgeordneten des indianischen Parlaments (Deputado y Secretario General del Parlamento Indígena), kennengelernt hatte. Federia ist seine Sekretärin. Nach einem kurzen Aufenthalt in dem kleinen Dorf, wo uns alle mit großer Neugierde, aber auch mit einem gewissen Mißtrauen beobachteten, fuhren wir weiter nach Quetzaltenango, der zweitgrößten Stadt des Landes, besuchten die Entwicklungshelferin Heidi aus Innsbruck, und dann ging es weiter nach Momostenango, einem kleinen Ort, der in 2.250 Meter Höhe auf der Spitze eines Berges liegt. Dort oben gibt es eine Indioschule, die von Indios und einer Gruppe Österreicher gebaut wurde, und sie war unser Ziel. Es war bereits Abend, der Nebel zog auf und tauchte die Landschaft in ein gespenstisches Licht.

In der Schule in Momostenango wurden wir bereits erwartet. Es war auch schon relativ spät abends, als wir ankamen, die Gäste waren bereits hungrig, und die Schülerinnen und Schüler hatten Lampenfieber, denn es war der große Tag des Jahres. Sie bekamen das erste Mal ihre Zeugnisse. Ein Harfinist sorgte für Stimmung, und die sehr einfachen und kahlen Räume der Schule waren mit Girlanden aus Kreppapier in bunten Farben geschmückt. Der Innenhof war der Schauplatz des Geschehens. Eine kleine Bühne war aufgebaut worden, und auf den einfachen Holzbänken saßen sie alle: Erwachsene, Kinder und Lehrer – erwartungsvoll. Die Kleinsten nahmen die über den Boden verstreuten Zweige auf und begannen sofort, aus den schmalen, langen Blättern kleine Kunstwerke zu flechten. Ihre fleißigen kleinen Finger waren so geschickt, daß sie gar nicht hinsehen mußten und trotzdem stets ein wunderbares, geflochtenes Gebilde entstand. Ich mußte in der ersten Reihe Platz nehmen, und Klaus wurde sofort ans Mikro geholt. Die Veranstaltung, besser gesagt die Zeugnisverteilung, begann. Eine kleine Radiostation hatte sich auch angeschlossen, und der Kommentator war ganz vertieft in seine Arbeit.

Die Schule in Momostenango ist von Indios für Indios errichtet worden. Klaus Brogner und eine Gruppe Österreicher haben mitgeholfen, ideell und finanziell. In der Schule findet der Unterricht in Quiché statt. Die Indigenas lernen zuerst ihr Kulturgut kennen und ihre Sprache zu kultivieren. Spanisch wird erst später gelehrt und gleichwertig behandelt, doch die Basis der eigenen Kultur geht nicht verloren. Zuerst bekommen die Schüler der 1. Klasse ihre Zeugnisse und dann die berufstätigen Jugendlichen um 20, die hier ihre Schulbildung nachholen.

Cesar Augusto Zul, den Koordinator des „Programmes der Zweisprachigen Erziehung" für den südöstlichen Raum in Guatemala, vor allem für das Sprachgebiet der Mayasprachen Quiché und Mam, lernte ich später in Wien kennen. Er selbst ist Quiché Indio. „Von den 23 Mayasprachen lehren wir im Südosten Quiché und Mam. Dieses nationale Zweisprachenprogramm, für das ich arbeite, erstreckt sich auf 13 Mayasprachen in Guatemala und ebenso viele Departamientos. Wir haben sicher viele Anfangsprobleme gehabt, wie in anderen Ländern auch, aber besonders in Guatemala fördert man in letzter Zeit die indianischen Sprachen und die indianischen Kulturen."

Jetzt gibt es im Parlament einen Abgeordneten der Indigenas. Diese Geste kann man als Zugeständnis zum neu erstarkten Selbstbewußtsein der Indigenas auffassen. Die Zweisprachigkeit bringt für die Bevölkerung einige Vorteile, erklärt Zul weiter: „Es gibt mehr Schüler als in den einsprachigen Schulen. Man muß sich das so vorstellen, daß Kinder in Guatemala normalerweise, wenn sie in die Schule kommen, kein Spanisch sprechen. Nach ein bis zwei Monaten bleiben sie dann meist weg, weil sie nichts verstehen. Für sie ist Spanisch eine Fremdsprache, sie sprechen eine Mayasprache. Wir versuchen, sie mit unserer Methode anzuspornen, in dem wir ihre Sprache sprechen, sie animieren, ihre Ideen zu verwirklichen, sie auch weiterzugeben, Gedanken zu entwickeln, logische Denkmuster aufzustellen. Das Ziel dieser Doppelsprachigkeit ist schließlich, daß das Kind und später der Erwachsene in beiden Kulturkreisen zu Hause ist."

Die Frage, die sich hier stellt, ist, ob es dadurch zu einer verstärkten Integration kommt oder über den Umweg einer liberalen Handhabung zu einer Ausmerzung der ursprünglichen Kultur. Doch Zul versuchte, mich hier zu beruhigen: „Es gibt verschiedene Methoden der zweisprachigen Erziehung. Eine, die die Integration in den Mittelpunkt stellt, dann die, die die Anpassung fördert. Wir wollen weder das eine noch das andere. Das nationale Zweisprachenprogramm in Guatemala wird vor allem von indianischen Lehrkräften bestritten, und das hat seine Vorteile, denn der indianische Lehrer will zwar die Indigenas lehren, aber er ist sich der Kultur des Volkes bewußt, ist er doch einer von ihnen. Deswegen wird er keineswegs auf eine Integration hinarbeiten. Wir wollen", betont Cesar, „eine pluralistische Bewegung erreichen, in der die verschiedenen Kulturen, die es in Guatemala gibt, anerkannt werden. Wobei keine Kultur über der anderen steht. Wir wollen ein friedliches Nebeneinander aller Kulturkreise erzielen und erreichen, daß die Rechte der Indigenas respektiert werden: politisch, wirtschaftlich und kulturell."

Für Klaus Brogner war damals schon klar, daß es in einem Land wie Guatemala wichtig ist, sich auch für die Situation außerhalb der Schule zu interessieren. „Daher kommt mein Engagement für die Quiché Völker. Ich versuche nur, meine Hilfe und Zusammenarbeit anzubieten, für jene, die versuchen, ihre Kultur hochzuhalten. Ich gehöre zu jenen, die von sich sagen, daß wir hier sind, um zu lernen. Ich bin froh und glücklich, ein wenig mitgehen zu können."

Die Maya-Quiché-Völker sind, obwohl sie in diesem Land die Mehrheit bilden, ökonomisch und politisch an den Rand gedrängt worden. Sie sind von allen Möglichkeiten der Macht ausgeschlossen. Viele arbeiten daran, diesen Zustand zu verändern, durch Bildung die Indigenas zu einem besseren Selbstbewußtsein zu führen.

„Wir versuchen", erzählte mir der Leiter der Schule von Momostenango, „mit Hilfe dieser kleinen Versuchsschule ein Anliegen der Maya-Kultur zu unterstützen, die Bildung in die eigene Hand zu nehmen. Das Schulsystem im Land ist darauf ausgerichtet, die Indigenas möglichst zu assimilieren. Offiziell werden sie als rückständig eingestuft. Die Indigenas wollen aber an ihrer Kultur festhalten. Unsere Versuchsschule läuft seit einem Jahr und firmiert unter dem Stichwort Bikulturelle Erziehung. Die Kinder werden in ihrer Kultur bestärkt und gefördert, aber auch auf die Realität, die spanisch ist, vorbereitet. Die Schule ist auf vier Prinzipien aufgebaut: Erwachsenenbildung, Finanzen, Linguistik und Koordination. Wir wollen auch, daß die Eltern daran teilnehmen und daß die Schüler sich selbst organisieren. Die Schulverwaltung soll in den Händen der Gemeinde bleiben."

Eigentlich kann sich das Dorf keine Schule leisten, doch die Einsicht in die Notwendigkeit gab ihnen den entsprechenden Auftrieb. Christina ist eine der Lehrerinnen und für die Erwachsenenbildung zuständig. Sie erzählte: „Es gab große Schwierigkeiten, da die Leute alle arbeiten und nur am Abend unterrichtet werden

◆❂◆❂◆❂◆❂◆

können. Es kommen junge Leute zu mir, so um die 20, die gut Quiché und schlecht Spanisch sprechen, oder umgekehrt. Ich muß hier vermitteln und einen Ausgleich schaffen."

❂◆❂

Die Bevölkerung Guatemalas, vor allem außerhalb der Hauptstadt, bildet ein sehr buntes Bild, denn die Indigenas tragen ihre traditionelle Tracht noch immer – vor allem die Frauen und Kinder, die Männer nur mehr hin und wieder, und überhaupt nicht mehr, wenn sie in der Stadt arbeiten. Die Frauen halten die Tradition viel stärker hoch. Sie geben auch die Sprache, die Sitten und die Bräuche an die Kinder weiter. Die Frau ist in gewissem Sinne die Trägerin des Kulturgutes. Jede Region hat ihre bestimmte Tracht, wundervoll gewobene und bestickte Huipils und natürlich auch handgewobene Wickelröcke, wobei die Huipils in einem Webrahmen kniend von den Frauen gemacht werden und die Wickelröcke, in einer Art Webstuhl, bei dem von den Männern die Pedale betätigt werden.

Ganz bunt geht es natürlich am Markt zu, nicht nur die Indigenas sind hier in ihrer Nationaltracht, es hängen auch bei vielen Ständen herrliche Stücke dieser Kunsthandwerke zum Verkauf. Der Markt in Chichicastenango ist dafür berühmt. Chichicastenango ist eine ehemalige Cakchiquel-Residenz und heute der kulturelle und kommerzielle Mittelpunkt der Maya-Quiché, die zweimal die Woche den Markt der Stadt besuchen.

Am Ende des Marktes ist die berühmte Kirche von Chichicastenango mit ihrer einladenden Treppe, die bis zu den Verkaufsbuden reicht. Die Sto. Tomás-Kirche steht auf einem ehemaligen Maya-Tempel. Auf ihren Stufen stehen Indigenas und bringen ihren Göttern Opfer dar, in Form duftender Räuchergaben. Die Stufen genießen hohe Verehrung und stammen zum Teil noch aus präkolumbianischer Zeit. Mit dem Rauch des Kopal-Harzes senden die Indigenas ihre Gedanken und Wünsche zu den Göttern. Die Ränder der Stufen sind übersät von Asche und Kerzenresten. Das Portal der Kirche wird durch den Rauch fast eingenebelt. Es gibt auch Weihrauchkessel vor der Kirche, die häufig benutzt werden. Im Kirchenraum hocken Indigenas auf dem Fußboden mit ihren Opferkerzen. Blütenblätter sind auf

◆✪◆✪◆✪◆✪◆

dem Boden verstreut. Rosen und Gladiolenblätter werden regelmäßig mit Weihwasser besprengt. Die Kirche selbst ist eher schlicht, die Altäre mit Silberbeschlägen verziert und die Podeste sind mit Federn und Spiegeln geschmückt.

✪◆✪

Klaus Brogner hatte eine Begleitung für mich besorgt. Der Quiché Manuel Xiloj ist relativ hochgewachsen. Die guatemaltekischen Indigenas sind im Durchschnitt eher klein. Manuel studierte an der Universität in der Hauptstadt, an der zweisprachig, Quiché und Spanisch, unterrichtet wird. Seine Heimatstadt ist Chichicastenango, und mir fiel auf, mit welcher Hochachtung ihn die anderen Indigenas grüßen oder mit ihm sprechen.

Guatemala hat den höchsten Anteil Indigenas aller mittelamerikanischen Staaten. Fast die Hälfte der Bevölkerung zählt dazu. Allein in der Nähe von Chichicastenango leben 30.000.

Am Nachmittag fuhren wir mit einem Bus nach Panajachel. Endlich kam ich aus der kalten, nassen Regenzone heraus und sah wieder einmal die Sonne. Da Panajachel am Atitlán-See, der als der schönste See Zentralamerikas gilt, liegt, herrschte viel Treiben am Strand, und auch wir zogen uns sofort um, heuerten ein Schnellboot um 200 Quetzales und fuhren auf den See hinaus. Der für die Öffentlichkeit zugängliche Strand ist nicht sehr groß, nur rund einen Kilometer lang. Der Rest ist Privatbesitz. Der Atitlán-See hat die Dimensionen eines großen Binnenmeeres. Er mißt immerhin 150 km^2 und hat einen hohen Wellengang. Sobald man weiter vom Ufer weg ist, klatscht das Boot mit brutaler Härte auf. 18 kleine und kleinste Inseln gibt es auf dem See, der von drei Vulkanen begrenzt wird. Er hat eine beständige Temperatur von 20 Grad, und seine Farbe wechselt mit dem Sonnenstand von Grün bis Tiefblau. Mitten auf dem See stiegen wir in ein anderes Boot, denn der Wellengang wurde immer stärker und die Fahrt mit dem Schnellboot war bereits unerträglich schmerzhaft.

Wir steuerten das Dorf San Pedro an, eine Indiosiedlung, die nur vom Wasser aus erreichbar ist. In dem kleinen Dorf mit circa 4.000 bis 5.000 Einwohnern, fiel mir auf, daß in jeder Gasse oder Straße die verschiedensten Sekten ihre Tempel errich-

◆○◆○◆○◆○◆

tet haben. Eine katholische Kirche gibt es auch, sie ist die größte und vom Bau die mächtigste. Die Sekten sind zum Teil auch in gewöhnlichen Wohnhäusern zu finden. Sie sind nordamerikanischer Import und eine wahre Landplage.

Nicht nur, daß diese Sekten den Indigenas ihr eigenes Kulturgut wegnehmen, zerstören, ihnen ihren Glauben an die Maya-Mythen nehmen, drohen sie den Indigenas auch manchmal mit einer Anzeige wegen Diebstahls, sollten sie der Sekte nicht beitreten. Die Anlässe für diese Art von Anzeigen sind meist frei erfunden, trotzdem fürchten die Indios, daß man den Weißen eher glauben wird als ihnen, und tun deshalb, was man von ihnen verlangt.

Serrano Elias heißt der neue Präsident Guatemalas. Er ist wie auch Ríos Montt, einer seiner Vorgänger, Mitglied der protestantischen Sekte „El Shaddai". Serrano ist somit der zweite Staatspräsident Guatemalas, der im katholischen Lateinamerika einer protestantischen Sekte angehört. Die Anzahl der Sekten geht in die Hunderte, und 30 Prozent der Guatemalteken gehören ihnen bereits an. Meist werden sie von den USA aus finanziert.

Pater Mitterhöfer von den päpstlichen Missionswerken erklärte mir: „War früher nur die katholische Kirche für dieses Gebiet bestimmend, sind mittlerweile die missionierenden Unternehmen auf über 300 emporgeschnellt. Religiöse Sender und Fernsehstationen werden täglich mehr." Unter der Präsidentschaft Ríos Montts war die Situation noch nicht so evident. „Wir haben damals nicht so richtig wahrgenommen, was im Namen der Religion geschah. In diese Zeit fiel der Genozid an den Indios. Weit über 100.000 Menschen starben. 50.000 sind vermißt, doch das sind nur die offiziellen Zahlen. Die Dunkelziffer kann nur grob geschätzt werden. Seitens der USA wurde in Guatemala dasselbe Mittel empfohlen, das in Vietnam versucht wurde. Die Taktik der verbrannten Erde. Man wollte die Indigenas in den Boden hineinbomben. Die Hälfte von ihnen mußte flüchten, wenn sie nicht umgebracht werden wollten. Man hat gesagt, er bringt nicht Menschen um, sondern er trägt dazu bei, daß Kommunisten und solche, die vom Teufel besessen sind, ausgerottet werden. Diese Bewegungen bergen eine ungemeine Gefahr, wenn sie politisch aufgeheizt werden." Serrano Elias, der jetzige Präsident, war damals auch schon Minister und gehört derselben Bewegung an wie auch Ríos Montt. „Das Schlimmste ist, wenn so etwas im Namen einer Religion geschieht. Unbegreiflich ist auch die Argumentati-

◆✪◆✪◆✪◆✪◆

on, man wolle den Kommunismus ausrotten. Überall verkündet man sein Ende, doch wo man ihn braucht, läßt man ihn leben, um ihn neuerdings töten zu können."

Die Sonne verschwand schnell, und die Rückfahrt auf dem Boot war ein Alptraum – eisigkalt, die Wellen durchnäßten uns total, und so kamen wir völlig erschöpft in Panajachel an. Ich fiel schließlich todmüde ins Bett, und versank sofort in Tiefschlaf.

✪◆✪

Der nächste Morgen war wieder strahlend schön, nur ein kleines Wölkchen zwischen den beiden mächtigen Vulkanen, die ich vom Balkon meines Hotelzimmers sehen konnte. Postkartengerecht über dem Atitlánsee ragten sie gegen Himmel. Der 300 Meter tiefe See war spiegelglatt.

Im Hotel del Lago gab es ein typisch guatemaltekisches Frühstück: Tee, Kaffee oder Schokolade, Eier, Käse (Ziegen- oder Schafkäse), warme schwarze Bohnen und gebratene Kochbananen. Fruchtsäfte und alle möglichen Früchte sowie Joghurt und Honig rundeten das Ganze ab.

Nach Mittag fuhren wir mit dem Bus nach Quetzaltenango. Die Busfahrt war wunderschön, der Himmel klar, die Sicht phantastisch, und wir waren einfach guter Stimmung. Plötzlich bremste der Busfahrer auf offener Strecke. Ich sah weit und breit kein Haus – die Tür des Busses wurde geöffnet, und ein Uniformierter mit Gewehr stieg ein, blickte in die Runde und kommandierte: „Alles aussteigen!" Als wir aus dem Bus stiegen, sah ich, daß mehrere Soldaten um den Bus standen. Die Frauen wurden von den Männern getrennt. Die Männer mußten ihr Gepäck abstellen, an den Bus gehen, wo sie mit erhobenen Händen und gegrätschten Beinen, mit dem Gesicht zum Bus, Aufstellung nahmen. Die Soldaten tasteten sie von oben nach unten ab – wir Frauen standen etwas abseits und sahen zu. Danach hieß es wieder einsteigen. „Manchmal hat der Machismo auch seine guten Seiten", dachte ich. Wäre ich eine Guerillera, hätte ich eine ganze Tragtasche voll Handgranaten oder Munition bei mir haben können, aber das traute man offensichtlich einer Frau nicht zu.

◆✪◆✪◆✪◆✪◆

Seit 30 Jahren schwelt der Konflikt zwischen Regierung und Guerilla. Sie hat in Guatemala nicht den Rückhalt in der Bevölkerung wie in El Salvador oder Nicaragua, und vor entscheidenen Reformen haben sich alle Präsidenten bisher gedrückt. Es gibt nach wie vor oligarchisch-feudale Verhältnisse, die von Rassendiskriminierung geprägt sind. Der Krieg wird in den Bergen geführt, fernab von Großgrundbesitzern und Fabriken. Deshalb kümmern sich viele nicht darum. Eine Friedensregelung würde nur Gewinneinbußen bringen.

In Quetzaltenango angekommen, besuchten wir eine Cooperativa, eine Arbeitsgemeinschaft indianischer Frauen. Hier erzeugen die Indigenas ihre so schönen Handarbeiten, haben aber auch den Vertrieb in eigenen Händen. Ihr guter Engel ist Margarete Brogner, Klaus Brogners Frau. In der Cooperativa Santana in Quichicastenango spreche ich mit einer Frau, die dort arbeitet. Sie ist 35 und sehr glücklich, daß drei von ihren fünf Kinder auch mit ihr in dieser Cooperativa arbeiten.

✪◆✪

Die Thermalquellen von Albalonga sind nicht sehr weit weg von Quetzaltenango und mit einem Taxi zu erreichen. Diese Badeanstalten sind seit ewigen Zeiten in Betrieb, denn auch die Mayas kannten den gesundheitlichen Wert des Wassers. Manuel, eine Freundin und ich nahmen ein gemeinsames Bad. Links und rechts von einem Holzsteg sind die Badehütten. In ihnen gibt es einen kleinen Umkleideraum und daran anschließend das Bad. Es war auch schon sehr heißes Wasser eingelassen worden, und wir saßen rund um das dampfende Thermalwasser auf Holzplanken. Beim ersten Versuch hineinzusteigen waren meine Freundin und ich sofort wieder am Trockenen. Das Bein, mit dem ich den Versuch gestartet hatte, war bis zur Mitte der Wade krebsrot. Ich ersuchte Manuel, dem „Wasserzubereiter“ zu sagen, daß es zu heiß wäre und wir kaltes Wasser brauchten. Ich wiederholte meine Bitte, aber Manuel rührte sich nicht, zusammengekauert, die Arme um die Knie gelegt, verhielt er sich ganz still. Als er dann später in gebückter Haltung und uns den Rücken zudrehend hinausging, wurde mir das Ungewohnte unseres gemeinsamen Bades klar.

✪◆✪

Am 31. Oktober mußte ich in Ciudad Guatemala sein. Die Frau des damaligen guatemaltekischen Präsidenten Raquel Blandón de Cerezo gewährte mir ein Interview. Nachdem ich im Präsidentenpalast meine schriftliche Einladung vorgelegt hatte, wurde ich vorgelassen. Ich ging durch einen Patio mit wunderschönen Blumen und einem englischen Rasen, und unter einer Arkade erwartete mich die Schwester der Präsidentengattin, führte mich in ein hübsches Zimmer, bat mich Platz zu nehmen und versicherte mir, daß die „Primera Dama", die First Lady, gleich kommen werde. Als Raquel Blandón de Cerezo auf mich zukam, schön, gepflegt und selbstsicher, dachte ich verwundert an das Gespräch mit ihrer Schwester, bei dem es offensichtlich geworden war, daß all dies sie keineswegs vor der machistischen Einstellung ihres Mannes schützte. Die erste Dame Guatemalas ist eine ausgezeichnete Rednerin und weiß, wie man gezielt formuliert. Dazu ist sie aber auch noch herzlich und eine wirkliche Persönlichkeit.

Raquel Blandón de Cerezo will bei den nächsten Wahlen 1995 für die Christdemokraten als Präsidentschaftskandidatin kandidieren: „Ich hoffe, daß sich in den nächsten fünf Jahren eine Reihe von Bedingungen verbessert haben werden. Voraussetzungen, die sich vor allem positiv auf die Frau und deren Situation auswirken werden. Es wird mehr Wählerinnen als bisher geben. Man wird auch mehr Vertrauen in die Fähigkeit der Frauen setzen. Meine politische Tätigkeit hat schon zu meiner Universitätszeit begonnen: Damit will ich nicht sagen, daß wir Frauen bis jetzt von der Politik ausgeschlossen waren. Es war nur eine Art negativer Ausverkauf, bei dem wir Arbeiten verrichten durften, biologische Reproduktion erwünscht war, aber keine gleichwertige Position, keinen Anteil an den Entscheidungen. Daran müssen wir noch hart arbeiten. Ich werde auch in meiner Partei an einer weiteren Demokratisierung arbeiten und natürlich meine Wahlkampagne vorbereiten, um die Nominierung für die nächste Präsidentschaftswahl zu erreichen."

Auch in Guatemala grassiert die Cholera. Ähnlich wie in Peru ist sie Zeichen eines Versagens der Zivilisation und des Wirtschaftssystems. Die Mayas wie auch die Inkas hatten schon vor 500 Jahren ein ausgeklügeltes Bewässerungssystem und ein

◆✪◆✪◆✪◆✪◆

funktionierendes Sozial- und Gesundheitswesen. Heute ist die Trinkwasserversorgung zusammengebrochen. Wenn man überhaupt Wasser bekommt, muß es abgekocht werden. Eine neue Marktlücke wird von wohlhabenden Leuten gedeckt. Sie verkaufen Wasser an jene, die keines haben.

In einem armen Viertel von Guatemala Ciudad, in El Milagro, wird das Wasser des öffentlichen Brunnens aus einem verdreckten Fluß hochgepumpt. Die Kläranlage funktioniert nicht, obwohl sie leicht repariert werden könnte. Aus Tankwagen werden Viertelliter-Kanister zu zwei Quetzales verkauft. Die Menschen dort sind auf das Wasser angewiesen. Eine durchschnittliche Familie braucht mindestens zwei Kanister am Tag, mehr als 120 Quetzales im Monat müssen allein für das Wasser aufgebracht werden. Die meisten verdienen, wenn sie überhaupt Arbeit haben, 300 Quetzales im Monat. Das Wasser wird hier viel teurer verkauft als in den Vierteln der Reichen. Besitzerin der privaten Gesellschaft ist die frühere Bürgermeisterin von Guatemala Ciudad, deren Sohn ihre Nachfolge als Bürgermeister angetreten hat. Sie verdient hohe Summen an dem Leid und der Not der Armen. Ihr Monatsverdienst wird auf 400.000 Dollar oder 1,8 Millionen Quetzales geschätzt.

✪◆✪

Ich lernte noch Karin Maldonado kennen. Geboren in Deutschland, ist sie seit 30 Jahren mit einem Guatemalteken verheiratet und lebt seither im Land. Seit vier Jahren leitet sie ein zentralamerikanisches politisches Institut, das von der Konrad Adenauer Stiftung gefördert wird. Es ist einmalig in diesen Breiten, da hier politische Bildung für die gesamte Christdemokratische Bewegung in Zentralamerika betrieben wird. Ihr Mann ist auch im Vorstand der Christdemokratischen Partei. „Unter Vinicio Cerezo kam es zu einer Änderung der Außenpolitik. Er plädierte für eine ‚aktive Neutralität', und es ist unter anderem sicher ihm zu verdanken, daß es nicht zu einer militärischen Lösung des zentralamerikanischen Konfliktes kam, denn die USA sind oft anderer Meinung. Besonders im Hinblick auf Nicaragua."

Cerezos Vorschlag eines mittelamerikanischen Parlaments konnte sich aber nicht so recht durchsetzen. Auch das Konzept der aktiven Neutralität hat bisher noch nicht so recht gefruchtet. Karin Maldonado ist von ihrer Arbeit überzeugt. Sie ver-

◆✪◆✪◆✪◆✪◆

anstalten mehrere Seminare im Jahr, publizieren die Ergebnisse und versuchen, den Integrationsprozeß auf diesem Gebiet voranzutreiben. „Die Brüderlichkeit ist in diesen Zeiten kräftig vorangeschritten."

✪◆✪

Die Präsidentschaftswahlen standen 1990 vor der Tür, und ein Mann, der bereits einmal Präsident Guatemalas war, General Ríos Montt, versuchte, sich in den Wahlkampf einzuschalten, obwohl nach guatemaltekischem Recht ein Mann, der bereits einmal Präsident war, nicht mehr kandidieren darf. Ríos Montt hatte viele Anhänger, weil er versprach, für Ruhe und Ordnung zu sorgen, die Straßen der Städte wieder sicher zu machen, mit den Verbrechern aufzuräumen, kurzen Prozeß: Todesstrafe. International wurde Ríos Montt des Genozids an den Indios während seiner kurzen Amtsperiode angeklagt. Als Ana Francisca España, eine seiner Mitarbeiterinnen, mich dem General vorstellte, war das eine meiner ersten Fragen.

Ríos Montt sieht sich persönlich nicht als Caudillo. Er sagt über sich: „Ich bin nur ein Soldat, der das Gesetz liebt und respektiert, der mit dem Gesetz lebt und für das Gesetz einsteht." Auf meine Frage, warum er sich trotz der bestehenden Verfassung engagiert hatte, sagte er: „Erstens glaube ich, daß man als guatemaltekischer Staatsbürger die Pflicht hat, sich zu beteiligen, das ist Demokratie. Zweitens bin ich der Meinung, daß ein Rechtsstaat wiederhergestellt und errichtet werden soll. Und das bedeutet Einhalten und Respektieren des Gesetzes, sowohl seitens der Regierung als auch seitens des Volkes. Die jetzige Regierung hat sich über das Gesetz lustig gemacht. Und wir sind für das Gesetz, für einen Staat der Ordnung. Ein Rechtsstaat ist kein Geschenk der Regierung, sondern eine Errungenschaft des Volkes."

Die unter seiner Regierung begangenen Greueltaten hindern allerdings viele nicht daran, ihn wieder zu unterstützen. Er selbst wehrt diesen Vorwurf ab: „Ich sage, das war eine Pressemeldung, aber eine unbestätigte. Sie brauchen nur die Indios zu besuchen, und sie werden eine andere Meinung haben. Diese Indios wollen mich, weil ich sie respektiere und weil ich sie nicht nur unterstütze, sondern auch darauf achte, daß das Gesetz ihnen gegenüber eingehalten wird."

◆✪◆✪◆✪◆✪◆

Als ich mit Klaus Brogner über dieses Thema sprach, meinte er: „Der Genozid an der indianischen Bevölkerung ist vergessen. Die indianische Bevölkerung hat keinen politischen Einfluß, und die anderen waren davon nicht betroffen."

Der Wahlgang 1991 bot wenig Alternativen personeller Kultur. Bei den vorherigen Wahlen gab es wesentlich mehr Hoffnung. Der Weg in die Demokratie, nach der Militärdiktatur, konnte beschritten werden. Nach Einschätzung von Klaus Brogner hat die christdemokratische Regierung sehr viel für das Land insgesamt getan, nicht nur für die Stadt, sondern auch für die Landbevölkerung. Doch diese Regierung war in Mißkredit geraten. Die wirtschaftlich starke Schicht wollte von dieser Regierung nichts wissen, weil sie ihr zu links war, und die arme Bevölkerung fühlte sich von dieser Regierung betrogen, weil die Lebenshaltungskosten in diesen fünf Jahren enorm gestiegen waren und die Kaufkraft durch die Inflation nachgelassen hatte. Die einfache Bevölkerung sah auf ihre eigene ökonomische Situation, und die wurde der Regierung angelastet.

Keiner der 12 Kandidaten, die für die Präsidentschaft 1991 kandidierten, erzielte die absolute Mehrheit. Deshalb war eine Stichwahl notwendig. Der 58jährige Jorge Carpio, Vorsitzender der mitte-rechts stehenden „Nationalen Zentrumsunion", ist auch Eigentümer der zweitwichtigsten Zeitung Guatemalas, „El Gráfico". Jorge Serrano ist Vorsitzender der ebenfalls zur rechten Mitte zählenden „Bewegung der solidarischen Aktion" und war während der Amtszeit von Ríos Montt 1982/83 Präsident des Staatsrates. Ríos Montt selbst rief seine Anhängerschar auf, ungültige Stimmzettel abzugeben, weil er nicht kandidieren durfte.

Der österreichische Handelsdelegierte Mag. Freytag meinte dazu: „Die Verfassung läßt es nicht zu; wer einmal Staatspräsident war oder Führer einer Militärjunta, der darf nicht mehr kandidieren."

Nach Schätzungen von Menschenrechtsgruppen hat sich unter der neuen Regierung nichts geändert: 150.000 Tote, 50.000 Verschwundene, 500.000 Vertriebene und mindestens 50.000 Flüchtlinge.

General Efraín Ríos Montt ist nur einer der acht Militärs, die 30 Jahre lang die Geschicke des Landes geleitet haben. Nur ein ziviler Präsident konnte diese Phalanx durchbrechen. Die jeweiligen Präsidenten schieden immer mit einem großen Vermögen und einem ordentlichen Grundbesitz aus der Regierung. Ein eklatantes Bei-

◆◎◆◎◆◎◆◎◆

spiel ist das Gebiet der Franja Transversal del Norte. Hier sollten im Zuge einer Landreform landlose Campesinos angesiedelt werden. Man entdeckte aber reiche Vorkommen an Bodenschätzen wie Nickel, Zinn, Erdöl, Blei, Kupfer, Erdgas und Zink. Die Campesinos haben von dem Land nichts gesehen. Wohl aber die ehemaligen Präsidenten, die sich dort einkauften. Der Rest von Guatemalas Wirtschaft ist von Baumwolle, Zucker, Bananen und Kaffee abhängig. Alles landwirtschaftliche Produkte, die von Großgrundbesitzern angebaut und primär in die USA exportiert werden. Diese wirtschaftlichen Verflechtungen wirken sich auch auf die politische Lage aus. Eine der neuen Einnahmequellen ist der Tourismus. Die Wirtschaftsbilanz des Landes ist aber seit Jahren negativ. Einer der Gründe dafür ist die extreme Kapitalflucht. Zwar gibt es genug Devisen im Land, sie sind nur nicht im Umlauf. Dieser Widerspruch erklärt sich aus dem Drogenanbau.

Die Drogen unterliegen einer geregelten Nachfrage, der Absatz in den Industrieländern steigt, und deshalb ist es auch für die Bauern in Lateinamerika leichter, Preise zu erzielen, die ein Überleben gewährleisten. Solange für landwirtschaftliche Produkte Weltmarktpreise bezahlt werden, die ein Überleben nicht ermöglichen, solange wird Coca angebaut, denn damit kann man noch zumindest genug verdienen, um zu überleben. Die Drogenmafia verteilt die Anbaugebiete nun über den ganzen Kontinent, um Nachforschungen so schwierig wie möglich zu machen.

Das Land, und besonders die Hauptstadt, ist durch rege Bautätigkeit geprägt. Allerorten enstehen neue Bürokomplexe oder Einkaufszentren. Das Geld dafür kommt zu einem großen Teil aus dem Drogenhandel, denn Guatemala ist durch seine günstige Lage prädestiniert als Umschlagplatz. Es gibt auch keine Devisenprobleme. An manchen Orten wird der Dollar mit dem Quetzal eins zu eins gehandelt, und von anderen Ländern kommen Aufkäufer, die für den dortigen Schwarzmarkt ihre Dollars erstehen.

Die Bevölkerung hat von dieser Art des Geschäftslebens nichts. Rund 88 Prozent der Campesinos arbeiten nicht auf ihrem eigenen Boden, sondern für Großgrundbesitzer. 65 Prozent des fruchtbaren Bodens gehören zwei Prozent der Bevölkerung. Landreformen scheitern, auch der Christdemokrat Cerezo, dem eine Delegation des Europaparlaments im Hinblick auf die Menschenrechtssituation empfahl, eine Veränderung der Agrarstruktur durchzuführen, scheute sich, Maßnahmen zu setzen.

Während der Erntezeit arbeiten 600.000 Indigenas auf den Plantagen. Für drei oder vier Monate haben sie zumindest ein kleines Einkommen. Auf überfüllten Lastwagen werden sie von den Bergdörfern in die Ebene gekarrt. Mit 50 Dollar kehren sie dann heim. Die durchschnittliche Lebenserwartung der Indigenas wird mit 40 Jahren angesetzt, die der Latinos liegt um 20 Jahre höher. Das Gros der Campesinos muß sich mit einem kleinen Rest an Boden begnügen. Die Großgrundbesitzer lassen mehr Land brach liegen, als 300.000 Kleinbauern zusammen besitzen.

Zu Anfang dieses Jahrhunderts schloß der damalige Präsident Manuel Estrada Cabrera einen Vertrag mit der United Fruit Company, der er 69.000 Hektar überließ. Im Gegenzug dazu sollte die United Fruit Company eine Eisenbahnlinie bauen. Seither bestimmten Firmen oft die politischen Geschicke des Landes. Der Diktator Jorge Úbico Castañeda erließ ein Gesetz gegen die Landstreicherei. Bauern, die weniger als drei Hektar Land besaßen, wurden zur Arbeit auf den Latifundien zwangsverpflichtet. Je weniger Land man besaß, desto länger mußte man arbeiten. 1936 unterzeichnete Úbico einen Vertrag mit der United Fruit, die ihr alles benötigte Land steuerfrei und ohne Bezahlung garantierte.

Der erste demokratisch gewählte Präsident, Juan José Arévalo, setzte sich für die Gleichberechtigung der Ethnien, eine Verbesserung der Ausbildung und eine Agrarreform ein, die Kooperativen, Verpachtung von Staatsland und den Eigenerwerb von kleinen Feldern förderte. Sein Nachfolger Jacobo Arbenz Guzmán setzte ein gemäßigtes Landreformgesetz durch, doch damit verscherzte er es sich mit den Großgrundbesitzern. Er wollte brachliegende Latifundien beschlagnahmen und sie zusammen mit staatlichem Land an die Campesinos verteilen. Drei Viertel des Landes der United Fruit, die brach lagen, wurden verstaatlicht. Als Entschädigung erhielt sie eine Million Dollar. Das war genau die Summe, die sie in ihrer Steuererklärung angegeben hatte. Die United Fruit forderte jedoch 15 Millionen Dollar.

Guatemala wurde nun mitten im Kalten Krieg als kommunistisches Land angeprangert. Nur ein kleiner Anlaß genügte, und amerikanische Bomber flogen Guatemala Ciudad und Porto Barrios an. Seither wechselten sich die korrupten Regime ab, bis 1986 mit Cerezos ein Christdemokrat die Präsidentschaft übernommen hatte. Doch noch immer liegt die Hälfte des Bodens brach. Die Nachfolgerin der United Fruit, die US-Firma „del Monte", läßt 80 Prozent ihres Bodens unbebaut.

Der 1. November, der Tag der Toten, wird von den guatemaltekischen Indigenas auf ihre Art gefeiert. Alle Grabstätten werden geschmückt und mit Blumen dekoriert. Stunden werden mit der Arbeit verbracht. Neben dem Schmücken der Gräber werden noch immens große Drachen gebaut. Die steigenden Drachen sollen die Seelen der Verstorbenen, die sich verloren haben, wieder in ihre Gräber holen.

Am nächsten Tag flogen wir weiter nach Tikal. Die Kultstätten der Mayas gehören zu den großen Sehenswürdigkeiten, die unser Planet zu bieten hat. Ich freute mich schon sehr auf das geheimnisvolle Tikal und stand daher auch mit Leichtigkeit um 4.30 morgens auf. Die Reise ging per Flugzeug nach Florenzia und von dort per Auto nach Tikal. Ich hatte bei der Fluglinie Tapsa gebucht, telephonisch, aber keine Flugtickets ins Hotel geschickt bekommen. Am Flughafen bekam ich nach einigem Hin und Her schließlich ein Ticket für 7 Uhr. Es verging eine dreiviertel Stunde, und nichts passierte, auch keine Fluggäste tauchten auf. Endlich um 8 Uhr hieß es, jetzt fliegen wir. Als ich auf den Flugplatz hinausging, sah ich nur eine winzige Maschine dastehen – einen 6-Sitzer. Es gab noch zwei weitere Fluggäste. Als wir in Florenzia ankamen, war natürlich auch kein Platz im Bus reserviert, und ich mußte ein Taxi nehmen, 90 Quetzales bis Tikal.

Ich quartierte mich im Jungle Lodge ein und hatte das Glück, bei einer Gruppe mit Führer Anschluß zu bekommen. „Willy", wie sich der Guide vorstellt, war ein ausgezeichneter Führer. Es war bereits 10 Uhr vormittags, als wir den Marsch durch den Dschungel zu den Kultstätten der Mayas begannen. Ich trug, trotz der Hitze, ein Hemd mit langen Ärmeln, Leggins, Socken und feste Schuhe, wie man mir angeraten hatte.

Nach einem Marsch von circa einer Stunde kamen wir zur Plaza Major, dem Hauptplatz mit seinen Tempeln. Tikal war ein Kultur-, Verwaltungs- und Wohnzentrum der Mayas. Etwa 10.000 Bauten sind errichtet worden, in denen 60.000 Men-

◆○◆○◆○◆○◆

schen lebten. Bislang sind etwa 3.000 Bauten ausgegraben worden. Ihre Blütezeit hatte die Stadt im 4. Jahrhundert. Die ersten Häuser wurden jedoch schon 1.000 Jahre früher erbaut. Der große Platz von Tikal bildet das Zentrum. Er ist 9.000 m² groß und war ehemals gepflastert. Heute ist der Platz mit Gras bedeckt. Zwei Tempel und zwei Akropolen bilden seine Begrenzung. Die berühmten Pyramiden Tikals bestehen aus übereinandergebauten Plattformen, die sich nach oben hin immer mehr verjüngen. Im 9. Jahrhundert wurde Tikal aus unbekannten Gründen verlassen.

Um 14 Uhr wurden wir mit einem Bus abgeholt und zum Mittagessen ins Jungle Lodge zurück gebracht. Um 15.30 machte ich mich wieder auf den Weg zum „mundo perdido", der verlorenen Welt, um den Sonnenuntergang mitzuerleben. Ich kletterte die unzähligen Stufen des Tempels hinauf, machte es mir am obersten Plateau bequem und wartete auf das Ereignis. Der Blick von hier ist unwirklich schön. Aus dem Dschungel dröhnte ein Geschrei wie von tausenden Leoparden oder Löwen herauf. Hätte man mich nicht darauf aufmerksam gemacht, daß es das durchdringende Geschrei der Brüllaffen ist, hätte ich schon Angst bekommen. So aber blieb es bei der Gänsehaut, die diese Töne unweigerlich hervorrufen. Ich schaute über den Dschungel und die sich bildenden Nebel, die plötzlich aus dem grünen Dickicht majestätisch emporsteigen, hinweg auf andere Tempel. Der Himmel schien sich sekundenschnell zu verfärben – auch die Sonne wechselte ihre Farbe und sank, bis sie nur noch ein winziges Segment war, und schon begann die Dunkelheit einzubrechen.

Außer mir waren noch andere Touristen hier, und ich schloß mich drei jungen Amerikanerinnen an: Judy, Maya und Christie. Zu viert zogen wir los zur Plaza Major, um von dort den Mondaufgang zu beobachten. Wir kletterten den Templo II mit seinen steilen Stufen hinauf und kamen gerade noch zurecht, um die mystische Stimmung auf uns wirken zu lassen. Es war märchenhaft. Als wir hinunterkletterten, war es schon sehr dunkel. Im Dschungel dann totale Finsternis. Ich holte meine Taschenlampe heraus, klickte an – aber was nicht kam, war Licht. Offensichtlich war die Batterie leer. Wir hatten Glück: Ein Kanadier, der vor uns ging, hatte eine funktionierende Taschenlampe, und wir schlossen uns an. Um 20 Uhr waren wir wieder im Lodge. Wir aßen zu Abend und vereinbarten, uns um 4.30 zu treffen, um zum Tempel IV zu gehen und dort den Sonnenaufgang zu sehen. Da unsere Bungalows ne-

◆◎◆◎◆◎◆◎◆

beneinander lagen, vereinbarten wir, daß wer zuerst fertig wäre, sich um die anderen kümmern sollte.

Als mich mein Wecker um 4.30 weckte, war ich noch nahezu gelähmt von der Anstrengung des vergangenen Tages, und es kostete mich eine gewaltige Überwindung aufzustehen. Als ich vor die Tür des Bungalows trat, war es noch stockdunkle Nacht, und ich versuchte, sie ohne Taschenlampe mit meinen Blicken zu durchdringen. Zaghaft klopfte ich an die Tür des Nachbarbungalows und wartete. Die einzige der drei Mädchen, das wie ich Ausdauer zeigte, war Maya. Noch völlig in Trance begannen wir unseren Marsch. Als wir in den Dschungel kamen, schien die Natur eben zu erwachen. Es war ein wenig unheimlich, und ich war froh, nicht alleine zu sein. Es gelang uns, den richtigen Weg einzuschlagen.

Wir sahen einen Hirsch auf der Plaza Major, Brüllaffen erschreckten uns, es knisterte rechts und links von uns. Vogelrufe mehrten sich. Endlich waren wir beim Tempel IV angelangt. Der Aufstieg war beschwerlich. Hier gab es keine Stufen, wie bei den anderen Tempeln. Man hantelte sich von Wurzel zu Wurzel, dazwischen war wieder einmal ein kleines Stück einer Holzleiter, das weiterhalf, bis wir endlich auf der Plattform waren. Erschöpft setzten wir uns hin, genossen die Stille der aufsteigenden Nebel. Niemand außer uns war zu sehen – wir waren die ersten – dachten wir. Plötzlich erschienen zwei Burschen bei uns auf der Plattform, setzten sich aber nicht, sondern verschwanden um eine Ecke. Das machte uns natürlich neugierig. Wir riskierten einen Blick um die Ecke des Tempels und sahen eine Eisenleiter von circa 25 bis 30 Metern, die an einem kerzengeraden Steilstück angelehnt war, das zur obersten Plattform des Tempels führte. Maya machte sich sofort an den Aufstieg.

Ich blieb erst wie angewurzelt an dem kleinen Mauervorsprung stehen, auf dem die Leiter plaziert war, und dachte an den bevorstehenden Rückweg, der mir beschwerlicher schien als der Aufstieg. Ich kletterte zwei, drei Sprossen hinauf, dann verließ mich der Mut, und ich stieg wieder hinunter. Schweißgebadet starrte ich auf das Hindernis, das mich davon abhielt, die höchste Plattform von Tikal zu erklimmen. Ich nahm allen meinen Mut zusammen und sagte mir: „Du bist doch nicht so weit gefahren, um dann hier vielleicht das Schönste zu verpassen!" Ich überwand die Angst und kletterte die 25 oder 30 Meter Steigung von 90 Grad hinauf.

◆✪◆✪◆✪◆✪◆

Oben angekommen erwartete mich ein solch phantastisches Erlebnis, daß ich die Strapazen sofort vergaß. Die Sonne ging auf – mit ihr ein neuer Tag. Die eigentliche Bedeutung diese Ereignisses konnte man erst hier in der phantastischen Welt der Maya-Kultur richtig verstehen.

Hier fühlt man sich eins mit der Natur und saugt die Kraft auf, die vom Zentrum des Tempels auszugehen scheint. Ich fühlte mich unglaublich glücklich. Der Abstieg brachte mich wieder in die Realität zurück, er war mehr als beschwerlich. Um 7.45 waren Maya und ich zurück im Jungle Lodge, verschwitzt, erschöpft, aber glücklich. Es blieb keine Zeit zur Restaurierung, nur schnell ein Tee und ein paar Happen, denn die nächste Führung in den Teil des Dschungels, wo die Tempel noch nicht frei gelegt sind, begann um 8 Uhr. Die Führung dauerte bis 14 Uhr, und nun waren meine Füße bereits so geschwollen, daß ich wie auf Watte ging. Die Mosquitos hatten sich durch die Leggins nicht in ihrer blutigen Arbeit stören lassen, aber all das schmälerte kaum dieses eingreifende Erlebnis „Tikal – Vermächtnis der Mayas".

✪◆✪

Der Guatemalteke Irvin Cohen, ein Mann, der jegliche Verbindungen hat, ist mit seiner Frau Raquel – arabischen Ursprungs – ein ausgezeichnetes Beispiel einer möglichen Völkermischung. Selbst isralischen Ursprungs, fühlt er sich als hundertprozentiger Guatemalteke. Ein liebenswerter, hilfsbereiter Mensch, der den Künsten sehr zugetan ist. Er hatte die Liebenswürdigkeit, mich in sein Stadthaus einzuladen, aber auch ins Haus am See von Amatitlán.

Die Straße, die zu diesem See führt, ist jene berüchtigte Überlandstraße, wo die Leichen der aus politischen Motiven Ermordeten abgelegt werden. Wer einen Vermißten sucht, tut dies in den Straßengräben entlang dieser Straße. Ein erschreckender Gedanke, wenn man bequem in einer Limousine, sozusagen zum Vergnügen, diese Straße entlang fährt.

Der See ist landschaftlich sehr schön und, wie in Guatemala so häufig, mit Vulkanen eingesäumt. Baden kann man in ihm allerdings nicht mehr, erfuhr ich, und das bereits seit 10 Jahren. Die Verschmutzung durch Abwässer ist so arg, daß man

◆✪◆✪◆✪◆✪◆

nicht mehr daran denkt, ins Wasser zu steigen. Dafür gibt es viele Boote mit Outboardmotoren, die im See kreuzen. Auch Señor Cohen hatte ein solches Boot, und einer seiner Söhne fuhr mit uns auf eine Seerundfahrt. Das heißt, es war so geplant gewesen, aber wir kamen nicht sehr weit, denn der Motor starb ab, rauchte und verpestete die Luft. Wir waren relativ nahe am Ufer gestrandet und doch wurde Irina Darleé – Schriftstellerin und Kunstsachverständige des Goethe Instituts – recht nervös. Das Funkgerät des Bootes funktionierte, aber leider antwortete niemand. Wir warteten, funkten immer wieder, und Irina entwarf alle möglichen Pläne, wie wir an Land kommen könnten. Inzwischen war der Motor abgekühlt, und Pablo, Cohens jüngster Sohn, versuchte einen neuen Start. Er hatte Glück. Der Motor sprang an. Kaum waren wir ein Stück unterwegs, kam uns schon Alberto, der älteste Sohn Cohens, auf seinem Superboot entgegen. Aber nun schafften wir es auch ohne seine Hilfe.

Ein Mittagessen, guatemaltekische und arabische Spezialitäten, wartete bereits auf uns. Es gab Huhn vom Holzkohlengrill, Melanzani mit Faschiertem, Ei mit Spinat, Reis, schwarze Bohnen und Salate. Als Nachspeise: Baklawa und Flan-Pudding. Dazu wurde ein hervorragender chilenischer Weißwein serviert. Zum Dessert Kümmellikör. Nach all diesen Köstlichkeiten hieß es schnell zurück nach Ciudad Guatemala, denn abends gab es im Stadthaus der Cohens ein Konzert mit der guatemaltekischen Gruppe Guayacán, und es blieb wenig Zeit zum Frischmachen und Umziehen. Es war mein letzter Tag in Guatemala.

◆✪◆✪◆✪◆✪◆

Nicaragua – Das verlorene Symbol der Revolution

Montag, den 5. November 1990. Flug von Guatemala City nach Managua mit der „COPA". Abflug 7.30, Ankunft 9 Uhr mit einer Zwischenlandung in Costa Rica. In diesen schlichten Worten findet sich mein Abstecher nach Nicaragua in meinen Heften beschrieben, die ich immer mit mir führe und die meine Erinnerungsstützen sind, neben unzähligen Kassetten. In Nicaragua war nur ein Besuch der Hauptstadt Managua geplant, da ich eigentlich unterwegs nach Kuba war.

Beim Warten auf das Gepäck am Flughafen kamen viele Koffer auf dem Förderband, nur nicht meine. Ich fragte einen Angestellten des Flughafens, ob bereits das gesamte Gepäck ausgeladen sei. „Si, si, Señorita", war die gleichmütige Antwort. Doch da auch einer der Mitpassagiere auf sein Gepäck wartete, fühlte ich mich nicht ganz so allein und wartete eben. Etwas, das ich mir in diesen Breitengraden schon angewöhnt hatte. Endlich rutschten meine Koffer über das Förderband, etwas mitgenommen, aber halbwegs heil. Von meinem Koffer war der Henkel abgerissen und leider auch von meiner schönen handgearbeiteten Tasche, die ich in Guatemala gekauft hatte.

Nach der Paßkontrolle schaute ich suchend in die Menge, die mich draußen erwartete. Sissy, eine Österreicherin, die in Nicaragua lebt und arbeitet, wollte mich abholen. Wieder wartete ich. In Lateinamerika und eben auch in Nicaragua legt man wenig Wert auf Pünktlichkeit, und ich dachte schon daran, mir ein Hotelzimmer zu suchen. Plötzlich sprach mich eine Frau mit Pferdeschwanzfrisur, Nickelbrille, Jeansrock und kurzem luftigem T-Shirt an. Neben ihr hatte sich ein großer, kräftiger Mann aufgebaut. Sissy stellte ihn mir als ihren Freund Federico vor.

Sie schnappte sich meinen schweren Koffer und marschierte schnurstracks zum Auto. Federico mußte ich erst bitten, das restliche, kleinere und leichtere Gepäck zu nehmen.

Am Parkplatz erwartete uns die Karikatur eines Autos. Auf österreichischen Autofriedhöfen würde man sicher noch besser erhaltene Modelle finden. Die Schluß-

◆◎◆◎◆◎◆◎◆

lichter fehlten, die Stoßstange war eingedrückt, Dellen und Beulen bedeckten Kotflügel und Türen. Die Tür auf der Beifahrerseite ging nicht auf, und ich kletterte über den Fahrersitz in den Raum voll abgestandener Hitze. Bei meinem Versuch, ein Fenster herunterzukurbeln, scheiterte ich in Ermangelung einer Kurbel. „Aber du kannst sie mit den Händen herunterschieben", meinte Sissy hilfreich. Hustend, pfauchend und widerstrebend setzte sich der Wagen in Bewegung. Anfangs bockte er, da man ihn aus seiner wohlverdienten Ruhe des Lebensabends gerissen hatte, doch beruhigte er sich bald wieder.

Die Straße schien sich ihren Befahrern angepaßt zu haben. Sie war staubig und von Schlaglöchern übersät. Ich begann zu husten, als der braungraue Staub zum Fenster hereinflog, und versuchte vergeblich, es zu schließen. Die Kunstfertigkeit der Autofahrer, den Unebenheiten auszuweichen, lenkte mich etwas ab.

Links und rechts der nicht asphaltierten Straße stand Baracke an Baracke. So sollte eine Hauptstadt aussehen? Hin und wieder überfallen mich die Vorstellungen, die ich aus Europa mitgebracht habe. Immerhin leben ein Drittel aller Nicaraguaner in Managua, das 1852 als Kompromiß zwischen den alten Zentren León und Granada zum Regierungssitz ernannt wurde.

1950 wuchs Managua auf über 100.000 Einwohner, als Folge des Baumwollbooms. Die Stadtverwaltung bewältigte diesen Zustrom an Zuwanderern, indem sie ihnen Siedlungsland zuwies und die Strom- und Wasserversorgung gewährleistete. Einerseits sehen diese Viertel also bedeutend besser aus als in anderen lateinamerikanischen Ländern, andererseits führte diese Entwicklung zu einer teilweisen Überlastung der veralteten Anlagen. Die Stromversorgung funktioniert, genauso wie die Wasserzufuhr, aufgrund von Kapazitätsüberlastung manchmal überhaupt nicht. Die Kanalisation kann zur Regenzeit die Abwässer nicht mehr aufnehmen, und wegen des Wirtschaftsembargos der USA zur Zeit der Sandinisten war und ist die Ersatzteilbeschaffung schwierig.

Die Stadtstruktur besteht primär aus Vorstädten, erklärte mir Sissy. Es gibt Viertel mit Villen, mit einfachen Häusern und Hütten oder Bürokomplexen. Sie alle gruppieren sich im Halbkreis um den Lago de Managua. Zwischen dem See und den Vierteln gibt es allerdings eine Steppe, mit Stahlbetonskeletten, Ruinen und vereinzelten Häusern. „In Managua gibt es kein Zentrum mehr. Beim großen Erdbeben

◆❂◆❂◆❂◆❂◆

1972 wurde es, wie schon einmal 1931, zerstört. Nur wenige Gebäude überstanden das Beben, wie die Banco de América und der Nationalpalast."

Erst 1979, als die Sandinisten die Macht übernahmen, konnte der Schutt aus dem Zentrum entfernt und mit kleineren Restaurierungsarbeiten begonnen werden. Der Somoza-Clan hatte den Wiederaufbau verhindert. Sicherheitsgründe waren auch ausschlaggebend, aber ein Hauptgrund war sicher, daß die Somozas viele Grundstücke am Stadtrand besaßen. Der Wert der Grundstücke in den Außenbezirken, auf denen nun gebaut werden mußte, konnte so in die Höhe getrieben werden. Um die Opfer der Erdbeben zu unterstützen, wurden in aller Welt Spenden und Hilfsgüter gesammelt. Nicht nur, daß die Somoza-Familie sich an den Wiederaufbauarbeiten bereicherte, schaffte sie auch enorme Spendensummen auf Schweizer Bankkonten. Diese Bereicherung vor dem wirtschaftlichen Hintergrund des Landes war selbst dem Bürgertum zuviel, und sie rückten von Somoza ab.

Der Binnensee, der an das zerstörte Zentrum von Managua grenzt, war jahrhundertelang ein Naherholungsgebiet. Durch eine zügellose Industrialiserung unter dem Somoza-Regime konnten hier Firmen, gegen eine gewisse Beteiligung des Somoza-Clans, ohne jede Umweltauflage Fabriken errichten. Neben den Industrieabwässern fließen noch alle Haushaltsabwässer ungeklärt in den See. Tausende Tonnen von hochgiftigen Chemikalien werden jährlich in den See geleitet, dazu kommen Millionen Kubikmeter von Stadtabwässern.

Für eine Umstrukturierung auf umweltfreundliche Technologien fehlt es an Devisen. Paradox ist, daß einige der Betriebe, die zu diesem ökologischen Desaster beitragen, lebensnotwendig sind. Einer der gefährlichsten Verschmutzer stellt zum Beispiel Chlor her, ohne das die Trinkwasserversorgung des Landes zusammenbrechen würde. Für die Sanierung des Sees gibt es zwar Pläne, deren Realisierung würde allerdings eine Summe in der Höhe von zwei Drittel der heutigen Auslandsschulden beanspruchen.

❂◆❂

Wenn wir bei Rot halten mußten, sprangen sofort Kinder zwischen die stehengebliebenen Autos und versuchten „Chicles", Kaugummi, Bonbons und selbstge-

◆✪◆✪◆✪◆✪◆

machte Süßigkeiten aus Kokos oder Erdnüssen zu verkaufen. Auch Zigaretten, Feuerzeuge und aller möglicher Krimskrams wurden angeboten.
Wir bogen von der Hauptstraße ab und blieben nach kurzer Zeit vor einem winzigen, recht hübsch aussehenden Reihenhäuschen stehen. In einem kleinen Vorgarten wurde das Auto geparkt. Wenn es auch für meine Begriffe unzulänglich war, hätte es hier doch Abnehmer gefunden und mußte daher sicher geparkt werden.

Irgendwo spielte laut ein Radio. Als Sissy die Haustüre aufsperrte, merkte ich erst, daß das Getöse aus dem Inneren des Hauses kam. Erstaunt fragte ich nach dem Grund und bekam die Erklärung, daß sie das immer so machten, um Einbrecher abzuhalten. Wenn ein Radio spielt, ist jemand zu Hause. „Es wurde schon einmal eingebrochen“, sagte sie mir, „und seither lebe ich in ständiger Angst, es könnte wieder passieren.“ Die Angst übertrug sich sehr schnell, und ich schleppte, wann immer ich fortging, sämtliche Aufnahmegeräte und Fotoapparate mit und hoffte inbrünstig, daß mein Gepäck noch vorhanden war, wenn ich ins Haus zurückkam.

Die Einrichtung war eher spartanisch. Es gab einen Eßtisch mit ein paar Stühlen, einen kleinen Tisch und zwei Schaukelstühle. Radio und Fernseher waren der einzige Luxus, eine Landkarte von Nicaragua die einzige Zierde.

Die Einrichtung des Gästezimmers bestand aus zwei Eisengestellen mit Einsätzen und Matratzen. Ein ungebügeltes Leintuch und ein zweites als Decke vervollständigten die Schlafstatt. Ein Kasten ohne Türe und Kleiderbügel stand noch im Raum. Sissy breitete einige Zeitungsseiten auf die dick mit Staub bedeckten Fächer, damit ich meine Sachen darauf deponieren konnte. Ein kleiner Tisch und ein Stuhl ergänzten die Einrichtung.

Das Fenster des Zimmers sollte mir um fünf Uhr früh noch viel Ärger bereiten. Jeden Tag begann zu dieser Zeit ein Hahn zu krähen, dessen Rufen von einem weiter entfernten beantwortet wurde. Dann drehte sich das Spiel um, und eine rege Konversation mit kurzen Intervallen entspann sich. Außerdem war es heiß und schwül. Meine Gastgeber hatten mir liebenswürdigerweise ihren einzigen Ventilator zur Verfügung gestellt, um mir Erleichterung zu verschaffen.

✪◆✪

◆◎◆◎◆◎◆◎◆

Wir wollten zum Markt, auch um die beschädigten Gespäckstücke reparieren zu lassen. Dazu mußten wir Dollars wechseln. Die Regierung Chamorro war seit kurzem an der Macht, und der Dollar hatte einen offiziellen Kurs von 1.620.000 Córdobas, am Schwarzmarkt noch 1.700.000. Zu dieser Zeit gab es drei Währungen: den alten Córdoba, den US-Dollar und einen Córdoba Oro, der dem Dollar gleichgestellt war.

Am Markt gaben wir die Gepäckstücke zur Reparatur. Von Lebensmitteln bis zu Waffen konnte hier alles erstanden werden. Ich kaufte allerdings nur noch zwei Musikkassetten und sah mir die Ölbilder nicaraguanischer Künstler an, die auf der Straße ausstellten. Ernesto Cardenal hatte in seiner Amtszeit als Kultusminister viel dazu beigetragen, nicaraguanischen Künstlern Studienmöglichkeiten zu eröffnen und ihnen damit eine Chance zu bieten.

◎◆◎

Um endlich Frieden im Land zu haben und die Industrie, die 1990 vor dem Ruin stand, zu sanieren, wurde bei den letzten Wahlen das Mitte-Rechts-Bündnis UNO unter Violetta Chamorro als Spitzenkandidatin von der Mehrheit der Bevölkerung unterstützt. Die Sandinisten blieben zwar immer noch als Frente Sandinista, FSLN, stärkste Partei, doch mußten sie die Regierungsgewalt abgeben. Die erhoffte Finanzhilfe seitens der USA blieb aber trotzdem aus. Die Konsequenz war eine Inflationsrate in der unvorstellbaren Höhe von 13.000 Prozent. Chamorro, die Präsidentin, versuchte die Koalition zusammenzuhalten, doch sehr bald stellte sich heraus, daß die Ansichten zu unterschiedlich waren. Als das angestrebte Ziel, die Sandinisten aus der Regierung zu drängen, erreicht worden war, widmeten sich die Fraktionen wieder ihren eigenen Zielen. Deshalb ist Chamorros Mandat sehr schwach, und sie kann eigentlich nur mit Hilfe der Sandinisten regieren. Sie hat größere Angst vor den eigenen Leuten, die teilweise zu den Ex-Contras zählen, als vor der FSLN.

Die Sandinisten waren bestrebt, nach dem Sturz des Diktators Somoza die große Nachfrage nach staatlichen Sozialleistungen zu befriedigen. Die Gesundheitsversorgung war kostenlos, die Nahrungsmittel wurden subventioniert, und eine große Alphabetisierungskampagne wurde begonnen. Unter Somoza war doppelt soviel Geld für die Nationalgarde ausgegeben worden wie für das Erziehungswesen. Die Sandinisten erkannten Analphabetismus als entscheidenden Faktor für Unterdrückung und Ausbeutung, deshalb wurden 100.000 Jugendliche, die in Brigaden organisiert waren, aufs Land geschickt, um den Menschen dort lesen und schreiben beizubringen. Landesweit gab es zwei Sprachfibeln als Grundlage. Die Brigadisten lebten jeweils fünf Monate in den Dörfern und versuchten, auf Grundlage der Lebenswirklichkeit der Bewohner zu lehren. Die Kampagne war äußerst erfolgreich, denn innerhalb eines Jahres war die Analphabetenrate auf 12 Prozent gesunken. Diese Maßnahmen banden sehr große finanzielle Mittel.

Die Sandinisten entschieden sich für eine „economía mixta", staatlicher und privater Besitz sollten nebeneinander existieren können. Die Basis bildete das Imperium der Somozas, das nach der Flucht der Familie verstaatlicht wurde. 70 Prozent des volkswirtschaftlichen Vermögens befanden sich aber noch immer in Privatbesitz. Die Kooperationsbereitschaft der Unternehmer mit der Regierung war nicht sehr groß. Es kam zu Kapitalflucht und Investitionsboykott. Durch diese Faktoren und durch die auf Monokultur ausgerichtete Landwirtschaft, den US-Boykott und den Fall der Weltmarktpreise für Kaffee und Bananen wuchsen die Auslandsschulden immer mehr. Über die Hälfte des Exporterlöse mußte für Schuldentilgung und Erdölankauf ausgegeben werden. Nur auf dem Agrarsektor konnte durch die Verstaatlichung „nicht bebauten Bodens" über 100.000 Familien geholfen werden. Die Versorgung mit den Grundnahrungsmitteln Mais, Reis, Bohnen und Zucker funktionierte problemlos.

Chamorro setzt auf das nationale Unternehmertum und die Wirtschaftshilfe der USA, die aber sehr zögernd bis gar nicht gewährt wird. Die Ablehnung seitens der USA ist recht einfach zu erklären. Seit Mitte des letzten Jahrhunderts befand sich Nicaragua mehr oder weniger unter US-amerikanischer Kontrolle. Klassische Unternehmer wie die Vanderbilts kontrollierten alle Verkehrsverbindungen des Landes. Die wirtschaftliche Oberschicht, die ihren Reichtum den Plantagen verdankte, arrangierte sich immer mit der US-Regierung, die bei Aufständen gegen die proamerikanische Politik ihre Marineeinheiten entsendete. Rund achtzig Jahre funktionierte diese Politik klaglos. Erst der fünfeinhalbjährige Kampf einer kleinen Armee unter der Führung von Augusto César Sandino bewog die Regierung der USA, die dabei große Verluste hinnehmen mußte und auf großen Widerstand in den USA selbst stieß, ihr militärisches Engagement zu ändern und den offenen Kampf lieber den Nicaraguanern zu übertragen. Technische Berater der USA bildeten die Nationalgarde aus, die damit zu einem willfährigen Instrument wurde, das Land unter Kontrolle zu halten. Sandino hatte sich erst den Liberalen angeschlossen, die 1926 gegen die regierenden Konservativen kämpften, da er glaubte, es wäre ein Kampf zur Befreiung Nicaraguas von den USA. Nachdem sich allerdings Liberale und Konservative auf einen Friedensvertrag einigten, der von den USA diktiert wurde, erkannte er seinen Trugschluß und begann den ersten Guerillakrieg Zentralamerikas. 1933 versprachen die USA abzuziehen, wenn die Nationalgarde erhalten bliebe und sie ein Mitspracherecht bei der Ernennung des Kommandanten erhalten würden. Sandino schloß daraufhin einen Friedensvertrag, entwaffnete sein Heer und gründete eine landwirtschaftliche Kooperative. Der Konflikt zwischen der Nationalgarde und Sandino konnte aber nicht bereinigt werden. Nach einem Treffen mit dem Präsidenten Sacasa ließ der damalige Kommandeur der Nationalgarde, Anastasio Somoza, Sandino und zwei seiner Generäle verhaften und sofort erschießen. 1962 wurde die sandinistische Front FSLN, „Frente Sandinista de Liberación Nacional", gegründet.

Nach dem Tod Sandinos begann die fast 50jährige Diktatur der Familie Somoza. Ein Zeitraum, den der Clan benutzte, um ein immenses Vermögen anzuhäufen. Immer gedeckt von den USA, gelang es auch, einen Wahlbetrug ungefährdet zu überstehen. Dazu kam noch, daß die bürgerliche Opposition schwach und gespalten war. Erst der langjährige Kampf der FSLN brach diese Tradition. Der letzte Somoza floh mit seinem Vermögen nach Miami.

Ein weiterer Grund, war, Mitte der achtziger Jahre, die Klage vor dem internationalen Gerichtshof, die von der sandinistischen Regierung wegen der US-Finanzierung der Contra-Überfälle angestrengt wurde. Die USA finanzierten das Gros der Contras. Diese bestanden großteils aus ehemaligen Nationalgardisten, die für sich keine anderen Perspektiven sahen und die auch kein Vermögen hatten, mit dem sie sich zurückziehen konnten. Ziel der Aktionen war, die Regierung zu destabilisieren. Damit wurden oft äußerst brutale Mittel legitimiert. Besonders die Bevölkerung in grenznahen Gebieten war der Gewalt der Contras ausgeliefert. Um die Contras politisch aufzuwerten, wurde ihre Führung Zivilpersonen übertragen, die nicht mit Somoza in Verbindung gebracht werden konnten. Unter den Contras gab es aber verschiedene Strömungen. Ein markantes Beispiel sind die Aktivitäten von Eden Pastora, der während der Revolution mit den Sandinisten kämpfte, später allerdings deren Politik kritisierte und sich als Contra betätigte. Eine Finanzierung seitens der USA lehnte er ab.

Die USA, als die eigentlichen Betreiber dieser Sabotageakte und Gewalttaten, wurden vom internationalen Gerichtshof zu Schadenersatzzahlungen verurteilt. Die Höhe wurde damals nicht festgelegt, wird aber jetzt auf 17 Milliarden Dollar geschätzt. Eine unerhörte Summe, denn das Bruttonationalprodukt von Nicaragua beträgt nur eine Milliarde Dollar. Die USA drängten darauf, daß die neue Regierung diese Klage wieder zurückzieht, erst dann würde die ersehnte Wirtschaftshilfe folgen. Chamorro brachte daraufhin eine neue Gesetzesvorlage ein.

Violetta Chamorro, die Witwe des auf Befehl von Anastasio Tachito Somoza ermordeten Oppositionsführers Pedro Joaquín Chamorro, ist der US-Regierung immer noch zu fortschrittlich, denn die USA hofften, durch die neue Regierung die Sandinisten aus dem Leben des Landes vertreiben zu können.

Heute ist die Situation noch immer gespannt. Violetta Chamorro kämpft mit der Tatsache, daß sie keine Partei hinter sich hat, die die Regierung unterstützt, sondern eine Verbindung verschiedener Parteien, die sich zu einem bestimmten Zeitpunkt für sie entschieden haben. Chamorro versucht, in manchen Bereichen eine „Politik der Versöhnung" zu etablieren. Die ehemaligen Gegner sollten kompromißbereit für den Aufbau Nicaraguas eintreten, doch einflußreiche Politiker, mit guten Beziehungen in den USA, hintertrieben diese Vorgangsweise. Die USA ließ wieder ihre Wirtschaftshilfe in Höhe von 100 Millionen Dollar sperren, mit der Begründung, der Einfluß der Sandinisten wäre noch immer zu stark. Auch die Frente Sandinista, die Partei der Sandinisten, steckt in einer Krise, die nicht erst seit den letzten Wahlen besteht. Neben Diskussionen über die Gründe der Wahlniederlage wird noch die fehlende Mobilisierung der Bevölkerung kritisiert. Die Mehrzahl der Nicaraguaner verschreibt sich heute weder der UNO noch der Frente Sandinista. Es besteht eine große Desillusionierung. Apathie und kollektive Frustration greifen um sich.

◆❂◆❂◆❂◆❂◆

Als ich mit Federico wieder im Haus war und wir uns in den Schaukelstühlen gegenübersaßen, fragte ich ihn nach seiner Tätigkeit bei der Guerilla.

„Am Anfang habe ich Material gesammelt, aus dem Bomben gemacht wurden. Auch Häuser haben wir gestürmt, um Waffen und Munition zu beschlagnahmen. Ich war auch als Spion aktiv, habe Wachen beobachtet, Bewegungsverschiebungen notiert und anderes in dieser Richtung. Unser Name wurde geändert, wir bekamen einen Decknamen als Schutz. Die Compañeros haben untereinander die Identität des anderen nicht gekannt. So konnten sie auch in der ärgsten Folter niemanden verraten. 1978/79 kam ich zur Kampftruppe in die Berge, zum Endkampf und später in die Verteidigung der Revolution." Und was passierte danach? „Ich wurde Funktionär im Innenministerium der Geheimpolizei."

Ich betrachtete diesen 30jährigen Mann, strotzend vor Kraft saß er vor mir im Schaukelstuhl. Er bewegte ihn ständig, um ein bißchen Luftzug in der schwülen Hitze Managuas zu erzeugen. Als Exguerillero ist er arbeitslos, sitzt vor dem Fernseher, der ohne Unterbrechung eingeschaltet ist. „Ich habe zwei Kinder, bin aber nicht verheiratet", erzählte er mir weiter. „Ist das hier üblich, daß man Kinder hat, ohne verheiratet zu sein?" rutschte es mir heraus. „Ja, sicher ist das hier so üblich. Die Revolution hat ein Gesetz verabschiedet, demzufolge alle Kinder die gleichen Rechte haben, egal ob sie in einer Ehe geboren wurden oder unehelich sind. Die früheren bürgerlichen Gesetze zählen hier nicht mehr", sagte er stolz. Die neuen Scheidungs- und Alimentationsgesetze helfen nun zumindest, die ökonomische Situation von Frauen zu verbessern, denn viele Männer haben Kinder mit mehreren Frauen und überlassen den Frauen die Erziehung.

Für Federico ist es sehr schwierig, in der gegenwärtigen politischen Landschaft zu existieren. „Die Menschen hatten sich schon an die positiven Einrichtungen der Sandinisten gewöhnt, die diese nach dem Krieg einführten", beschreibt er die Lage. „Und nun stehen wir vor einer Situation der ökonomischen Krise, der Rückkehr zum kapitalistischen System, das wir bekämpft haben. Nun muß jeder wieder einen Überlebenskampf führen, und unsere Jugend ist nicht an ein Ausbeutersystem gewöhnt."

Federico hat keine Jugend gehabt, die hat er im Kampf zum Sieg der Revolution verloren. Ebenso seine Gesundheit. Er wurde sehr schwer verwundet und hat nur

◆❂◆❂◆❂◆❂◆

überlebt, weil ihn ein kubanischer Chirurg rettete. Sein Körper ist von einer riesigen Narbe gezeichnet. Sie beginnt an der rechten Achselhöhle, geht quer über die Brust, Lunge und Leber wurden verletzt, bis hin zum linken Bein.

Zumindest kann er Rechtswissenschaften in einem Abendkurs der Universidad Centroamericana, UCA, studieren. Arbeit zu finden, ist schwierig. „Ich war mit einem ehemaligen Kampfgefährten im Norden, um vielleicht etwas in der Holzindustrie zu bekommen. Aber es ist unmöglich, weil die Regierung Monopole zugunsten der Großunternehmer, die aus den USA zurückkehren, geschaffen hat." Seit den Wahlen sind rund 400.000 Menschen arbeitslos. Und die Lage scheint sich nur mehr zu verschlimmern, da auch internationale Krisen, wie der Golfkrieg, ihre Auswirkungen auf Nicaragua haben. Es gibt wenig Devisen, und die Ölpreise steigen.

❂◆❂

Sissy arbeitete an diesem Tag nicht, und wir besuchten eine Freundin von ihr, die wie Federico auch in der Guerilla war. „La Venezolana", wird sie noch immer genannt. Sie wohnte in einer Art Gemeindebau, der von der Frente Sandinista gebaut worden war. Anscheinend war der Bau vor der Regierungsübernahme der UNO nicht ganz fertig geworden. Er sah noch wie im Rohzustand aus. Unverputzt. Aber die Wohnungen sind bequem und luftig. Auch hier waren kaum Möbel, doch die unentbehrlichen Schaukelstühle. In dieser fast unerträglich drückenden Hitze Managuas bringt des Schaukeln die stehende Luft ein bißchen in Bewegung und schafft Erleichterung.

Es gab ein köstliches Mittagessen: knusprig gebratenen Fisch, serviert mit Tomaten und Zwiebeln, dazu Reis und in Streifen geschnittene Tapas, dünne, kleine, knackige Fladen. Dazu tranken wir wirklich gutes nicaraguanisches Bier. Während des Essens und auch danach kamen wir immer wieder auf die Lage der Sandinisten in der Opposition zu sprechen.

„Wir machen zur Zeit eine völlig neue Erfahrung durch, denn wie man weiß, war die Frente Sandinista eine politisch-militärische Organisation, die dazu geschaffen worden war, auf militärischem Weg die Diktatur Somozas zu stürzen. Heute sind wir im Begriff, neue Methoden und neue Formen des Kampfes zu lernen.

◆✪◆✪◆✪◆✪◆

Zwar passen sich nicht alle im selben Maß der neuen Situation an, doch glaube ich, man kann sehen, daß wir bereit sind, die Mittel des politischen Kampfes zu akzeptieren und diese Kämpfe auch erfolgreich zu beenden. Wir nützen einerseits Streiks und Arbeitsniederlegungen als notwendige Maßnahmen, andererseits auch den Dialog mit der Regierung und den anderen Parteien. Durch diese Art der Zusammenarbeit kommen wir unserem Ziel, dem Wohlergehen der Allgemeinheit, immer näher. Die Frente Sandinista wird immer an der Spitze stehen, um die Interessen der armen Schichten unseres Landes zu verteidigen."

Ein spezieller Fall ist allerdings der Umgang mit Frauen, sei es innerhalb der Frente oder in der Frauenbewegung insgesamt. „Die Frente hat es nicht geschafft, die Frauen, und hier wieder besonders die Frauen aus den ärmeren Schichten, davon zu überzeugen, daß die Revolution ihre Forderungen, in wirtschaftlicher Hinsicht und auch ihre Forderungen speziell als Frauen, erfüllen würde. Es gibt in diesem Bereich schon eine Selbstkritik der Frente, die allerdings zu wenig weit greift und die Frauenbewegung nicht richtig wahrnimmt. Es muß aber auch dazu gesagt werden, daß es den Frauen innerhalb der Frente, und auch der Frauenbewegung, nicht gelungen ist, die Frente davon zu überzeugen, die Ziele der nicaraguanischen Frauenbewegung in ihrer Gesamtheit zu übernehmen."

Viele Frauen haben sich bei den letzten Wahlen gegen die Frente und für Violetta Chamorro entschieden. Diese klare Absage muß erst verdaut werden. Ein Viertel der nicaraguanischen Frauen hat neben den Männern auch gegen Somoza gekämpft, doch an den tradierten Rollenbildern hat sich noch nicht viel geändert.

✪◆✪

Nach dem Essen besuchte ich Radio Primeríssima. Es ist eine kleine Radiostation, die ehemals staatlich war. Dann übergab Präsident Ortega den Sender an die Arbeiter der Organisation ABRANIC. Die Betreiber haben daraufhin die Entscheidung getroffen, sich nicht mehr für die Propaganda der Sandinisten einspannen zu lassen. „Das heißt nicht, daß wir keine Sandinisten sind und nicht an den Sandinismus glauben, aber wir wollen keine politische Information nachempfinden, sondern uns unsere eigene Meinung darüber bilden, was sich in Nicaragua abspielt. Wir sind

◆❂◆❂◆❂◆❂◆

nicht immer derselben Meinung wie die Führer der Frente Sandinista und versuchen insgesamt, ein kritisches Programm zu machen", erläuterte mir William Grigsby, der Direktor von Radio Primeríssima. „Wir sind auch mit der ökonomischen Politik der jetzigen Regierung nicht einverstanden oder damit, daß es genügt, Sandinist zu sein, um von der jetzigen Regierung abgeschoben und seiner Rechte beraubt zu werden."

In den ersten acht Monaten, die sie alleine gearbeitet haben, ist es ihnen gelungen, finanziell unabhängig zu werden. Sie haben Werbezeiten verkauft und sind kommerzieller geworden. Ihr Programmschema basierte auf drei Informationsblöcken. In der Nacht wurde das Magazin „Sin fronteras", ohne Grenzen, gesendet. Bei einer Umfrage schnitten sie auch gut ab, doch der Höhenflug wurde gestoppt, die Radiostation niedergebrannt. Nach einem neuen Gesetz verfallen nichtgenutzte Frequenzen innerhalb von drei Monaten.

❂◆❂

Die Verschlechterung der heutigen Lebenssituation zeigt sich auch im Gesundheitswesen. In einem Gesundheitszentrum, das für ein Viertel der Stadt eingerichtet wurde, um die bessere und direktere Versorgung der Bevölkerung zu gewährleisten und in Ballungsräumen mehr zu dezentralisieren, traf ich den praktischen Arzt Dr. Segovia Gutierrez. Seine Haupttätigkeiten sind die Mutter-Kind-Betreuung und die Präventivmedizin wie Impfkampagnen und Aufklärung in Hygienefragen sowie später die Beobachtung der Kinder.

Die nicaraguanische Familie ist kinderreich. Der Zeitraum zwischen zwei Geburten beträgt oft aufgrund der ungenügenden Kenntnisse von Empfängnisverhütung nur eineinhalb Jahre. „Deshalb haben wir auch ein Programm gestartet, um dieses Problem in den Griff zu bekommen. Es gibt die Möglichkeit, Verhütungsmittel einzusetzen oder sich sterilisieren zu lassen. Es gibt zwei Kliniken, die diese Eingriffe durchführen. Auch unterste soziale Schichten können so von diesen Maßnahmen Gebrauch machen", schilderte mir Gutierrez die Situation. Die Möglichkeit der Abtreibung, außer aus medizinischen Gründen, gibt es nicht. Drei Ärzte müssen unabhängig voneinander eine Gefahr für die Schwangere konstatieren. Auch unter den

◆✪◆✪◆✪◆✪◆

Sandinisten fanden sich keine Befürworter. Die Ehemänner sind oft nicht mit Empfängnisverhütung einverstanden, doch sehen sie aufgrund der wirtschaftlichen Situation und der Arbeitslosigkeit doch die Notwendigkeit ein.

Die Versorgung mit Arzneien und Medikamenten liegt allerdings ziemlich im argen. „Das ist eine Krise. Alle wissen es, auch auf internationaler Ebene. Es gibt noch eine Resolution der Sandinisten, das Hauptaugenmerk auf die Behandlung von Kindern, von schwangeren Frauen und die Behandlung bestimmter Krankheiten, wie der Tuberkulose, zu legen. Dieses Programm besteht noch immer, doch nur mehr auf dem Papier, denn die dafür nötigen Medikamente fehlen. Die alte Regierung hat sich mehr darum gekümmert, daß es genügend Medikamente in Apotheken und Spitälern gibt. Die heutige Regierung interessiert das wenig, und das spiegelt sich in der Bevölkerung wider."

Es hat sich alles verschlechtert. Angefangen von den Löhnen, über die Ernährungslage bis zur Kindersterblichkeit. Der Analphabetismus nimmt wieder zu, da die Kinder wieder früher zu arbeiten beginnen müssen. Dazu kommen die neuen Studiengebühren an den Universitäten, die beträchtlich erhöht worden sind. Früher betrugen sie einen Centavo, und heute müssen 70 bis 80 Dollar gezahlt werden.

Auch das Zentrum, in dem ich mich umsehen konnte, kann seine Arbeit bei weitem nicht optimal erfüllen. Alleine die Grundvoraussetzungen, wie Personal und technische medizinische Geräte, fehlen. „Im Prinzip haben wir nur einen Rezeptblock und einen Schreibtisch", meinte Gutierrez resignierend.

✪◆✪

Sissy hatte in der Zeitung eine kleine Annonce entdeckt, die uns alle interessierte. Es wurde eine Diskussion mit jugendlichen Sandinisten und der Frau von Daniel Ortega, dem ehemaligen Präsidenten, angekündigt.

Als wir zu dem Lokal kamen, in dem die Diskussion stattfinden sollte, waren wir sehr überrascht, denn es war ein eher teures und elegantes Restaurant. Für den Zweck einer Diskussion erschien es nicht gerade zweckmäßig. Und wie zu erwarten, waren die angesprochenen Jugendlichen auch nicht da, weil sie es sich finan-

◆✪◆✪◆✪◆✪◆

ziell nun einmal nicht leisten können. Doch leer war das Lokal nicht. Einige Tische waren augenscheinlich mit Touristen aus anderen lateinamerikanischen Ländern besetzt, die zufällig hier zu Abend aßen.

Die ehemalige First Lady Nicaraguas hatte sich für den Anlaß herausgeputzt. Ungeachtet der Temperatur stand sie in Sakko, Leggins und Stiefletten vor dem Mikro und begann ihre Ansprache.

Als das Publikum aufgefordert wurde, Fragen zu stellen, setzte sofort nachhaltige, peinliche Stille ein. Wir verließen enttäuscht die Veranstaltung.

✪◆✪

Abends saß ich mit Sissy zusammen, und unter anderem konnte ich mir die Frage nicht verkneifen, warum sie bei meiner Ankunft den schweren Koffer getragen hatte und nicht Federico. Sissy sah mich einen Moment verständnislos an und meinte dann: „Das ist mir gar nicht aufgefallen."

Der Machismo in Nicaragua ist noch sehr stark und hat die Tendenz, eher stärker zu werden. Viele Dinge, die erreicht wurden, sind wieder im Verschwinden. Die Frente hat zumindest gewisse Forderungen der Frauenbewegung noch in ihrem Programm, doch die neue Regierung hat andere Interessen und folgt einer anderen Ideologie. Diese Vorstellungen werden auch über das Erziehungssystem verbreitet. Die Frau wird in den Schulbüchern wieder auf ihre häusliche, reproduktive Rolle reduziert, auf ihre Rolle der Unterordnung gegenüber dem Mann. Unter den Sandinisten waren diese Texte zum Großteil schon geändert worden.

Die Übermittlung tradierter Vorstellungen im Rahmen der Erziehung nimmt beständig zu. Gewalt innerhalb der Familie wird als Privatangelegenheit gesehen, in die sich Behörden nicht einzumischen hätten. Und die verbreitete Armut trägt dazu bei, daß für die Ausbildung der Mädchen kein Geld da ist, sie erlernen keinen Beruf.

✪◆✪

Am nächsten Tag sollte meine Reise nach Kuba weitergehen. Dieses Mal nahm Federico auf meine Anweisung hin den großen Koffer, ich die guatemaltekische Ta-

◆✪◆✪◆✪◆✪◆

sche mit allen Geräten. Kaum hing ich mir die Tasche um, riß auch schon der reparierte Bügel. Auch Federico ging es mit meinem Koffer nicht anders. Der Henkel riß durch die Belastung sofort wieder ab, und er mußte den Koffer auf den Schultern tragen.

Als wir den Flughafen betraten, war ich erstaunt, keine Mitreisenden zu sehen. Beim Schalter der kubanischen Fluglinie stand auch niemand. Doch dann tauchte ein Uniformierter auf, den ich fragen konnte, was mit der Maschine nach Kuba los sei. Eher unbeteiligt antwortete er mir: „Die Cubana ist heute nach Lima geflogen, aber vielleicht fliegt sie morgen nach Havanna." Ein wenig perplex suchte ich noch nach dem Informationsschalter, erhielt aber dort die gleiche Auskunft, ohne eine Zusage für einen Flug am nächsten Tag zu bekommen.

Wir wanderten zum Auto zurück, und weil Sissy bald von der Arbeit kommen sollte, beschlossen wir, sie abzuholen und zum „Lago de Jiloá", der rund 15 Kilometer von Managua entfernt ist, zu fahren. Sissy war überrascht, mich noch immer in Managua vorzufinden.

Am See angekommen, fuhren wir zu einer Anlage, die von den Sandinisten für das Volk errichtet worden war. Die Anlage ist großzügig angelegt, zweckgerecht gebaut und sehr sauber. Es war ein beliebtes Ausflugsziel, und „es hat hier immer von Familien und Kindern gewimmelt", schilderte Sissy. Heute ist es fast leer. Der Eintritt von 100.000 Córdobas ist für den Durchschnittsbürger einfach zu hoch. Denn mit einem Durchschnittseinkommen von 200 Dollar im Monat und einem Preisniveau, das den USA angepaßt wurde, ist das Leben für die Nicaraguaner zur Zeit nicht sehr einfach. Schon die Miete für das Häuschen von Sissy kostet 500 Dollar im Monat.

✪◆✪

Sissy war zur Post gegangen, um wegen meines Fluges zu telefonieren, denn im Haus gab es kein Telefon. Eine Stunde später war sie noch nicht zurück. Federico ging, um sie zu suchen. Er kam zurück, ohne etwas erfahren zu haben, außer daß er in einer halben Stunde wieder anrufen sollte. Nach einer halben Stunde – wieder dieselbe Geschichte.

Ich wollte nun einfach zum Flughafen fahren, denn dort konnte ich auch warten. Bei unserer Ankunft herrschte heilloses Durcheinander. Mit zwei Spaniern, die schon seit einigen Stunden hier warteten, stand ich bei dem Schalter, der uns angegeben worden war. Nach einigem Nachfragen wurden wir zum Schalter für „Guatemala" geschickt, denn dort checkten die Fluggäste für Costa Rica und Havanna ein. Die Fluggäste mit gültigen Tickets vom Vortag waren alle schon abgefertigt, und es gab bereits freien Verkauf. Schnell verabschiedete ich mich von Federico und passierte die Kontrolle. Nun konnte fast nichts mehr passieren.

Kuba – Das Land zwischen Embargo und Tourismus

Unser Flugzeug kam pünktlich in Havanna an. Es war mein erster Besuch in Kuba, der aber nicht mein letzter bleiben sollte. Ich sah sofort ein Schild mit meinem Namen, das ein gepflegter, junger Mann, der Chauffeur der Österreichischen Botschaft, in Händen hielt. Er bat mich zu warten und fuhr dann mit einem weißen Mercedes vor. In den weichen Polstern der Limousine fühlte ich mich ganz anders als in Federicos klapprigem Wagen. Der herzliche Empfang, in der Residenz der österreichischen Botschafterin Dr. Heide Keller, steigerte noch das Gefühl, nun gut aufgehoben zu sein.

Um zu telefonieren, mußte man übrigens von der Residenz in die Botschaft fahren. Telefon und Transport stellen im Land ein gewisses Problem dar. Für meinen Presseausweis mußte ich insgesamt 10 Fragebögen ausfüllen und 10 Dollar bezahlen.

Ich war erfreut, in Havanna, oder La Habana, eine ungeheuer saubere Stadt kennenzulernen. Weder Kinder noch Behinderte, die betteln oder Schuhe putzen wollen oder einfach ein paar Nüsse verkaufen. Die Menschen auf der Straße sind schlicht, aber sauber angezogen. Hin und wieder sah ich kleine Gruppen von Schülern und Schülerinnen in ihren Uniformen, die sie alle vom Staat zur Verfügung gestellt bekommen haben. Auch die Kindergärten sind vorbildlich, und die Spitäler haben sich internationalen Standards angepaßt. Doch das sollte ich noch kennenlernen.

Am Abend gingen wir zum Ballett ins Gran Teatro Sala Mella. Der argentinische Tänzer Boca riß das Publikum zu frenetischem Applaus hin, besonders mit seinen Tango- und Melongadarbietungen. Zum Abschluß des Ballet-Festivals, im Gran Teatro García Lorca, wurde die kubanische Primaballerina, Direktorin und Organisatorin

◆❂◆❂◆❂◆❂◆

des Festivals, Alicia Alonso, geehrt. Mit 72 Jahren ist sie eine der meistgefeierten Persönlichkeiten des Landes. Sie mußte zu Beginn ihrer Karriere, wie viele Tänzer, ins Ausland gehen, um arbeiten zu können. Damals engagierte sie sich gegen die Batista-Diktatur. 1956 wurde ihre Truppe, die sie zu internationalem Ansehen gebracht hatte, verboten. Sie emigrierte endgültig. Nach der Revolution wurde sie zurückgeholt und setzte ihre Arbeit fort. Noch mit 70 Jahren trat sie in Rom auf und wird als eine „Priesterin des Balletts" gefeiert.

❂◆❂

Am nächsten Tag trafen wir uns mit Señor Freguls, der uns ins staatliche Museum in der Altstadt führte.

Die Museen sind in den Palästen der ehemaligen Zuckerbarone untergebracht. Sie haben alle reich verzierte Innenhöfe, und insgesamt sind die Anlagen großzügig. Die Vorstellung von jenem einstigen Reichtum fällt hier nicht schwer. Die Museen sind zum großen Teil in den letzten 30 Jahren entstanden. Weit über 200 gibt es im ganzen Land. Im Garten des Revolutionsmuseums in Havanna, in dem auf vielen Photos der Aufstand gezeigt wird, ist auch die Granma, jene kleine Jacht, mit der Fidel Castro und Che Guevara nach Kuba übersetzten und ihre Revolution begannen, zu sehen. Im archäologischen Museum in Trinidad sind neben indianischen Gebrauchsgegenständen auch Utensilien aus der Zeit der Conquista ausgestellt, unter anderem die schon ein wenig derangierte Zahnbürste von Hernán Cortés.

Die Regierung ist an der Museumskultur interessiert und fördert sie entsprechend. Immerhin sind fast zehn Millionen Besucher im Jahr zu verzeichnen, das entspricht der Einwohnerzahl von ganz Kuba.

❂◆❂

Die österreichische Botschafterin in Kuba, Dr. Heide Keller, brachte von einer Botschafter-Konferenz in Brasilien ein für sie positives Ergebnis mit: „Die Konferenz war zwar nicht so interessant, doch mir ist klar geworden, daß es mir im Vergleich zu

◆✪◆✪◆✪◆✪◆

den Botschaftern in anderen Ländern Südamerikas in Kuba noch am besten geht. Das Land ist sicher, es gibt keine Guerilla und keine Cholera."

Wenn sich die Kubaner von der fixen Idee lösen könnten, daß Nordamerika das Paradies wäre, hätten sie auch für sich einen gewaltigen Schritt getan. Es gibt heute eine Liberalisierung für Auslandsreisen. Bisher durften Männer ab 55 und Frauen ab 50 ins Ausland reisen. Nun wurde die Altersbegrenzung auf 20 Jahre gesenkt. Da es allerdings keine Devisen dafür gibt, müssen Kubaner vor Reiseantritt eine persönliche Einladung aus dem betreffenden Land nachweisen.

✪◆✪

Mich faszinierte die Musikszene in Kuba. Kuba hat einen eigenen Musikstil. Er ist anders, es ist eine ungeheure musikalische Potenz vorhanden, geballt auf dieser kleinen Insel. Die Musikalität dieser Menschen und ihr Tanz sind unglaublich. Ich finde, die Mädchen tanzen noch erotischer als die Brasilianerinnen.

Salsa ist eine kubanische Kreation. Heute ist sie weltweit ein Begriff geworden. Durch die nordamerikanische Wirtschaftsblockade konnten die Schallplatten aus Kuba nicht in die USA geliefert werden. Aber in New York hatten die emigrierten Kubaner Sehnsucht nach ihrer Musik und begannen, zusammen mit den Puertoricanern zu spielen. Ein cleverer Produzent entdeckte die Marktlücke, gab Jazz-Elemente dazu und nannte die so entstandene Musik Salsa. Im Grunde ist es Son.

Kuba hat durch die Wirtschftsblockade nicht nur die Möglichkeit verloren, wirtschaftlich mit anderen Ländern zusammenzuarbeiten, auch künstlerisch wurde es blockiert. Es ist ganz klar, daß diese Leute heute unbedingt wissen wollen, wie die Amerikaner tanzen, wie sie singen, was sie machen. Im kubanischen Sender gibt es natürlich auch amerikanische Musik, wie auf der ganzen Welt, aber die Kubaner sind interessiert, auch ihre Musik in die Welt zu tragen, um zu zeigen, was sie können.

Sábado de Rumba ist eine Veranstaltung, die samstags, ein- bis zweimal im Monat, stattfindet. Sie wird vom Ballett Nacional organisiert und hat mit unserer Rumba nichts zu tun. Es werden alte Tänze vorgeführt, die von den Sklaven nach Kuba gebracht worden sind, und dazu werden Erklärungen gegeben. Die Tänze und Ge-

◆❂◆❂◆❂◆❂◆

sänge wirken sehr afrikanisch, ebenso die Kostüme. Die Veranstaltungen werden vor allem von Kubanern besucht sowie von vereinzelten Touristen.

Trotz des relativ geringen Gehaltes eines Kubaners, sie zahlen auch keine Steuern, können sie derartige Veranstaltungen besuchen. Sämtliche Veranstaltungen, ob Fußball, Konzert und Theater, sind für sie kostenlos.

❂◆❂

Die Versorgungslage in Kuba war und ist angespannt. Eine Möglichkeit, die Versorgung der Bevölkerung zu garantieren, bieten die Libretas, gewissermaßen Lebensmittelkarten, über die allerdings auch Kleidung und Tabak bezogen werden konnten. Für Kranke, Kinder und Schwangere gibt es noch „dieta", Sonderzuteilungen. Auch werden verbilligte Mahlzeiten in Kantinen und Schulen angeboten, und so können alle Kubaner mit den nötigen Proteinen und Kalorien in der Höhe, die die Weltgesundheitsorganisation fordert, versorgt werden. Ein Huhn zum Beispiel kostet 2 Pesos. Kubaner bekommen zwar nur eines im Monat, aber ich zahle im Diplomercado als Ausländerin dafür 100 Pesos.

Überall wo Mangel herrscht, gibt es einen Schwarzmarkt. Der freie Markt war vor einigen Jahren legal, wurde aber dann geschlossen. Früher gingen die Leute manchmal mit ihren offiziellen Rationen auf den Markt und verkauften sie dort zu höheren Preisen. Vor einem Jahr war noch genug da, jetzt haben sie so wenig, daß gar nicht daran zu denken ist, etwas davon zu verkaufen. Am Schwarzmarkt bekommt man verschiedenste Dinge, allerdings sehr teuer. Wenn man von der Polizei erwischt wird, hat man ärgste Schwierigkeiten. Die Polizei ist ständig unterwegs. Wenn man die Leute beobachtet, sieht man oft, daß Kubaner Dokumente herzeigen müssen, daß ihnen in die Taschen geschaut, Päckchen geöffnet und sie in Handschellen abgeführt werden.

Ein Kubaner kann seinen Lohn durch diverse Prämien aufbessern. Der Durchschnittsverdienst liegt bei 200 Pesos im Monat. Kuba hat den höchsten Anteil an arbeitenden Frauen in ganz Südamerika. Rund 37 Prozent der Frauen arbeiten. Eine Familie hat dadurch die Möglichkeit, ihr Einkommen zu verdoppeln. Da die lebensnotwendigen Dinge des Alltags, wie Miete, Strom, Gas und Telefon, extrem preiswert sind, bleibt noch immer Geld übrig. Nur sechs Prozent aller Haushalte haben weder Radio, noch Fernseher, Kühlschrank oder Waschmaschine. Immerhin verfügen 83 Prozent aller Haushalte über Elektrizität und Gas, 70 Prozent haben fließendes Wasser, das auch antibakteriell behandelt wird und Trinkwasserqualität hat. Eine Rarität in Lateinamerika.

In Kuba gibt es keine große Landflucht, deshalb sind auch die größeren Städte frei von wilden Siedlungen und Slumvororten. Schon frühzeitig begann man, die Arbeit auf dem Land zu schätzen und die Landbevölkerung zu fördern.

Nachdem für die USA feststand, daß die Revolution in Kuba nicht ihren Intentionen entsprach, wurde ein Wirtschaftsembargo verhängt, dem sich die anderen zentralamerikanischen Länder, die unter einem starken Einfluß der USA stehen, anschlossen. Kuba war isoliert. Für die damalige Sowjetunion eröffnete sich damit eine Möglichkeit, gleich in der Nähe der gegnerischen Großmacht einen Verbündeten zu gewinnen. Gezwungenermaßen mußte Castro mit der Sowjetunion kooperieren. Dieses Faktum bestärkte die Regierung der USA noch mehr in ihrer Überzeugung, eine kommunistische Regierung in ihrem „Hinterhof" zu haben.

Seit 1959 muß Kuba mit der Wirtschaftsblockade durch die USA leben. Diese Situation hat sich durch den Zerfall der UdSSR noch gewaltig verschlimmert, da von dieser Seite keine Unterstützung mehr zu erwarten ist.

Die Blockade war so hart, daß Importe sofort abgesetzt wurden, wenn nur Elemente, wie zum Beispiel Zinn, eines der großen Exportgüter Kubas, in einem Produkt waren. Kurz nach der Revolution war Castro in New York mit einem Konfettiregen empfangen worden, die Regierung hatte sich alllerdings abweisend verhalten. Präsident Eisenhower war nicht verfügbar, denn er spielte Golf, und so übernahm Richard Nixon die Abtastversuche bei dem jungen Revolutionär. Und seine Entscheidung, Castro keine Wirtschaftshilfe zu gewähren, war schnell getroffen. Denn immerhin war Kuba seit dem Spanisch-Amerikanischen Krieg gewissermaßen indirekt Hoheitsgebiet der USA. Formal souverän, konnten die jeweiligen Präsidenten nur mit der Unterstützung der USA regieren.

Die einzigen Staaten, die Kuba in der damaligen Situation helfen konnten, waren die UdSSR und die anderen Länder des Ostens. Ich lernte Kubaner kennen, die in Rußland studiert hatten, die perfekt russisch sprachen. Es gibt auch einige, die in Ostdeutschland gearbeitet oder studiert haben und daher deutsch können. Das war der einzige Austausch, den sie hatten. Heute fliegen Musikgruppen, meistens staatliche, wie das Ballett Nacional, zum

◆❂◆❂◆❂◆❂◆

Beispiel nach Japan. Brasilien, Chile, Venezuela, Kolumbien, Panama und vor allem Mexiko beginnen, wirtschaftliches Interesse an Kuba zu zeigen. Nach Brasilien werden Vaccine exportiert. Fast alle in Brasilien erhältlichen Vaccine kommen aus Kuba.

Es gibt so viele, die aus dem ungeheuren Elend in Lateinamerika Profit schlagen. Das passiert aber in Kuba nicht. Kuba repräsentiert eine Möglichkeit, könnte Vorbild für ein anderes Amerika sein. Nicht durch die kommunistische Ideologie, sondern durch die Struktur des Lebens in Kuba. Sicher, der Kubaner hat bei der Kleidung keine große Auswahl, er hat relativ wenig zu essen, aber im Vergleich geht es ihm gut, er hat alles Lebensnotwendige. Auch der Analphabetismus konnte drastisch reduziert werden. Im Hinblick auf Lebenserwartung, ärztliche Versorgung oder Säuglingssterblichkeit kann sich Kuba mit den westlichen Ländern messen.

❂◆❂

Zoila Benitez de Mendoza konnte mir einiges über den neuen politischen Kurs im Land berichten. Sie ist Vizepräsidentin der „Asamblea Nacional del Poder Popular", der kubanischen Nationalversammlung, der Poder Popular. Für sie war der vierte Volks-Kongreß der wichtigste. Der Kongreß fand in Santiago de Cuba statt und bot mehr Möglichkeiten für die Bevölkerung, mitzuarbeiten und am Kongreß aktiv teilzunehmen. „Es ist sicher, daß wir in einer schwierigen Phase sind, und dementsprechend waren auch die Fragen ernst. Wir befinden uns in einer Situation, wie es sie noch nie in unserem Staat gab. Die Resultate des Kongresses waren, kurz formuliert, eine Verfassungsänderung, eine Modifikation des Wahlsystems, neue Bestimmungen für die Nationalversammlung und als letztes ein Gesetz zur verbesserten Organisation der lokalen Organe der Poder Popular."

Bei diesem Kongreß wurde auch über den Bauernmarkt diskutiert. Dieser offene Markt wurde abgeschafft, da nicht die Bauern, sondern Zwischenhändler die Produkte vermarktet haben und dadurch auch Versorgungsengpässe entstanden.

Einer der wichtigen politischen Kernpunkte ist aber die Diskussion um eine Änderung der Verfassung. „Wir arbeiten daran, die Verfassung zu verbessern. Wir glauben, daß nach 15 Jahren eine Veränderung notwendig ist. Es gibt sicherlich noch Dinge, die heute auch richtig sind, doch die Veränderungen der Weltlage, zum Beispiel in Osteuropa, müssen berücksichtigt werden." Die Delegierten zu den Volkskongressen werden von der Bevölkerung gewählt. Es gibt keine Wahlpflicht, trotzdem nehmen 90 Prozent der Menschen daran teil, und mit einfacher Mehrheit werden die Delegierten gewählt. Sie können, wenn sie ihre Aufgaben nicht zur Zufriedenheit gelöst haben, auch wieder abgewählt werden. Kuba befindet sich auf dem Weg zur Demokratie.

Die Deputierten der Nationalversammlung erfüllten bisher ihr Amt neben ihrem Beruf. „Wir müssen diese Arbeit perfektionieren. Die Deputierten sollen diese Arbeit nicht nebenbei machen, sondern als Hauptberuf. Der Deputierte soll keiner anderen Beschäftigung nachgehen. Wir erwarten dadurch, daß wir vielmehr für das Land arbeiten können", blickt Zoila Benitez de Mendoza hoffnungsfroh in die Zukunft. Auf dem Kongreß wurde auch beschlossen, die Struktur des Zentralsekretariats zu verändern und dafür Strukturen aus Gruppen zu bilden, Kommissionen der Partei, die an einem neuen Stil der Verwaltung arbeiten sollen.

Es gibt einen neuen Verfassungsentwurf, in dem einige Änderungen dezidiert festgeschrieben wurden. Das Prinzip des Volkseigentums wird nicht mehr als unumkehrbar angesehen. Die Kommunistische Partei definiert sich nicht mehr als in erster Linie marxistisch-leninistisch, sondern in der Tradition des kubanischen Freiheitshelden José Marti stehend, und die neue Verfassung schreibt direkte Wahlen zum Kongreß vor. Auch wird erstmals seit 1959 die Religionsfreiheit garantiert. Die Hälfte der 141 Artikel der Verfassung wurden geändert. Offizielle Stellen betonen, daß sie versuchen wollen, ihre Probleme allein zu regeln.

Eine der wichtigsten Veränderungen nach der Revolution durch Castro war es, die Frau zu rehabilitieren und zu befreien. Esther Veliz ist Präsidentin der Federación de Mujeres Cubanas. Die Präsidentin der Frauenorganisation hat mit ziemlichen Schwierigkeiten zu kämpfen. Durch die Aufhebung der Unterstützung der ehemaligen UdSSR entstand gewissermaßen eine doppelte Blockade. Die Industrie ist paralysiert, und diese Situation hat natürlich auf die Frauen auch Auswirkungen, die keineswegs zu vernachlässigen sind. „Die Frau braucht, vor allem, um die notwendige Verpflegung für die Familie sicherzustellen, viel mehr Zeit als früher. Doch zumindest gab es keine Entlassungen aufgrund der veränderten Situation. Auch wenn Fabriken oder Arbeitsstätten geschlossen werden müssen, gehen die Arbeiterinnen mit demselben Lohn nach Hause, wie wenn sie arbeiteten." Der Staat sorgte dafür, daß die sozialen Einrichtungen wie Kindergärten und Schulen nicht davon betroffen wurden. Auch im Gesundheitswesen gab es keine Kürzungen. „Wir wissen aber nicht, wie das im nächsten Jahr sein wird. Aber wir versuchen alles. Teilweise wurden die Kantinen in den Fabriken geschlossen, doch auch hier versuchen wir unser möglichstes. Die Situation ist wirklich sehr ernst und betrifft die Frau am stärksten, weil sie sich darum kümmern muß, daß die Arbeitskraft erhalten bleibt. Sie muß sich um das Essen kümmern und um das Einkaufen."

Im Vergleich zu anderen Ländern der Dritten Welt geht es den Frauen in Kuba nicht schlecht. Bisher ist es gelungen, einen gewissen Standard zu halten. Die Schwierigkeiten betreffen Mann und Frau gleichermaßen, und die Frauen werden hier nicht wie in anderen Ländern als erste entlassen. Frauen haben sehr viel für den Aufbau in Kuba geleistet. Unvergessen ist die tatkräftige Unterstützung bei der Alphabetisierungskampagne nach dem Batista-Regime.

Trotzdem gibt es in Kuba noch immer den Machismo. Für Veliz existiert er als eine Antwort auf die Form der Kultur, die nicht nur die Männer, sondern auch die Frauen betrifft. „Der Machismo wird von Generation zu Generation vererbt, und daran sind auch die Frauen selbst schuld, weil sie Söhne und Töchter unterschiedlich erziehen. Sie selbst glauben nicht daran, daß das anders sein könnte. Wir haben begonnen, mit einigen Methoden den Machismo zu bekämpfen. Ich glaube schon, daß die heutige Generation anders denkt als die meinige oder die vor mir." Kleine Jungen werden oft als „barón" bezeichnet, und als solche fühlen sie sich auch bald.

Eine Reihe von Änderungen wurde durch die Revolution eingeführt. Frauen und Männer machen die gleiche Arbeit, am Land und in der Stadt. Die Arbeit in einer Autowerkstätte beispielsweise ist keineswegs eine Männerdomäne. Die kubanische Frau ist breit im politischen Leben vertreten, auch in der Nationalversammlung und im Parlament. Trotzdem kann man nicht sagen, daß alle Probleme gelöst wären, und Veliz meint, „daß es noch viel Arbeit für Männer wie für Frauen gibt. Man könnte nicht sagen, daß der Mann die Frau diskriminiert, sondern die Frau diskriminiert sich selbst."

Auf eine Reihe Erfolge kann sie zurückblicken. Im juristischen Bereich wurden die Rechte der Frauen verankert. Auch im Familienrecht konnten Änderungen erreicht werden. Es gibt Frauenhäuser, in denen sich Frauen juristischen und psychologischen Rat und Unterstützung holen können. Ihr Ziel ist es, daß die Frauen ihre Rechte kennen und sie auch nützen.

Ab 16 Jahren darf man heiraten, doch das Mindestalter kann unter Umständen auf 14 Jahre reduziert werden. „Wir versuchen, das Heiratsalter hinaufzusetzen. Mädchen sollen nicht so früh heiraten und nicht so früh Kinder bekommen, ein generelles Problem der lateinamerikanischen Frauen. Das Alter für das erste Kind, wie auch für die Eheschließung, ist in der Praxis gestiegen. Kuba hat eine relativ hohe Scheidungsrate."

Heirat ist eine einfache Sache. Es gibt entweder ein „bufé colectivo" oder die Möglichkeit, einen Heiratspalast zu benützen. Generell bekommt nach einer Scheidung die Mutter das Kind, doch im Prozeß kann auch manchmal anders entschieden werden. Es gibt Kinderhorte, in denen Kinder von Montag bis Freitag untergebracht und versorgt werden können. Wenn feststeht, daß Kinder verwahrlost oder verlassen sind und alleine ihr Leben fristen, werden sie staatlicherseits versorgt. Sie können allerdings nicht adoptiert werden.

Die Prostitution in Kuba war in der Zeit Batistas weitverbreitet. Nordamerikaner flogen über verlängerte Wochenenden nach Havanna, um ins Casino und ins Bordell zu gehen. Ein bekannter Witz lautet: „Ein Amerikaner kommt in Havanna an, nimmt sich ein Taxi und sagt: ‚Fahren Sie mich zum ersten Bordell!' Der Taxifahrer fragt ihn, wieviel er denn zahlen wolle. ‚Mindestens fünf Dollar.' ‚Da können Sie an jede Tür klopfen!' war die Antwort." Das war leider traurige Tatsache.

„Einer der wichtigsten Punkte der Revolution war die Befreiung der Frauen, deswegen sind wir sehr bestürzt, wenn es jetzt durch den Tourismus wieder zur Prostitution kommt. Die heutige Situation kann man aber nicht mit der Zeit vor der Revolution vergleichen. Die Frau, die sich heute prostitutiert, macht es nicht mehr, um Nahrungsmittel für ihr Kind zu bekommen. Wir arbeiten daran, daß sich die Frauen ihres Wertes bewußt werden, denn Prostitution ist eine Entwertung des

Menschseins. Die Frau verwandelt sich in eine Ware, oder sie verkauft ihr Recht auf Liebe und Sexualität."

Nun sehen die Mädchen und Burschen, daß sie sich mit dem Dollar Dinge leisten können, die sie unbedingt haben wollen. Diese neue Prostitution entsteht, weil sie sich Dinge kaufen wollen, die sie sonst nicht bekommen können.

In Kuba gibt es eine Aids-Politik, die wahrlich zwei Seiten hat, und die auch nur in einem derart von der Welt abgeschlossenen Staat möglich ist. HIV-Positive werden in einer Klinik festgehalten. Dadurch ist die Ausbreitung sehr gering. Aids-Infizierte werden sofort bei Erkennen der Krankheit in diese Klinik eingeliefert. Erklärt wird diese Vorgangsweise mit dem Schutzbedürfnis, doch ist es eine eklatante Einschränkung der persönlichen Freiheit. Durch die neue Prostitution steigt die Aids-Gefahr natürlich an, und die Kontrolle ist schwierig, da es keine registrierten Prostituierten gibt.

Der Tourismus ist eine der wenigen Möglichkeiten zur Deviseneinnahme.

Für Kubaner ist es verboten, Dollars zu besitzen. Daher ist die Polizei übertrieben vorsichtig, wenn Touristen mit Kubanern sprechen. Einerseits fungiert diese Maßnahme als Schutz für die Touristen, andererseits ist sie aber diskriminierend für die kubanische Bevölkerung.

Die meisten Touristen in Kuba sind Gruppenreisende. Die Einzeltouristen sind Leute, die mit Kuba Geschäftsverbindungen haben, oder einige Verrückte wie ich. Man muß die Sprache können, um durchzukommen. Touristen fahren zum Badeurlaub nach Kuba, was eigentlich schade ist, denn Kuba ist ein schönes, spannendes Land und die Hauptstadt Havanna ein einmaliges kulturelles Denkmal.

Mit den Ergebnissen der Agrarpolitik gibt es in Kuba Schwierigkeiten. Jeden Tag kommt ein bestimmtes Produkt zum Verkauf. Das Angebot richtet sich danach, was von den Farmen kommt. Ich habe einmal mittags in einem kubanischen Haushalt gegessen. Es gab gerade Kochbananen, was nicht immer der Fall ist, und die Frau des Hauses zerdrückte sie, dazu gab es ein bißchen geschnittenen Kohl, in Schweinefett angebraten, nur wenig, denn der Kohl muß lange vorhalten. Das war

◆❂◆❂◆❂◆❂◆

das Essen. Reis ist eine der wichtigsten Speisen. Selbst die beliebten Bohnen sind rationiert.

Es gibt eigene Geschäfte, in denen man nur mit Dollar bezahlen kann. Für Kubaner sind sie ausschließlich in Begleitung von Touristen zugänglich. Das sind die einzigen Geschäfte, die voll sind mit Waren. Wenn man Kubaner mitnimmt, sind sie immer ganz verwirrt von dem Warenangebot, denn ihre Geschäfte sind leer. Nur Eis ist in Kuba ohne Lebensmittelkarten zu kaufen. Auch hier stehen sie Schlange.

Zu der Zeit, als der Handel mit der Sowjetunion noch intensiver war, wurde sehr viel importiert. Unter Batista wurde auf reine Monokultur gesetzt und der Lebensmittelanbau gänzlich vernachlässigt. Nur Exportgüter wie Zuckerrohr und Tabak wurden in riesigen Plantagen angebaut. Castro versuchte, die Eigenversorgung zu forcieren, doch der Zucker blieb die Hauptdeviseneinnahmequelle. 80 Prozent des Gesamtexports macht der Zucker aus. Die gesamte Wirtschaft ist von Mißernten durch Naturkatastrophen und Schädlingsbefall betroffen. Fidel Castro meinte dazu: „Wir müssen immer wieder zum Zucker zurück, des Geldes wegen. Wir sind nicht gern abhängig vom Zucker, aber dies ist die Realität."

Beim Zerfall der UdSSR wurden diese Anstrengungen verstärkt, und man hat begonnen, die Selbstverpflegung, den Ackerbau, noch mehr auszuweiten. Es gibt jetzt riesige Gemüsefelder, es wird nur einige Zeit dauern, bis sich dieser Anbau durchgesetzt haben wird. In Havanna ist die Versorgungslage mit frischem Gemüse und anderen landwirtschaftlichen Produkten am schlechtesten. Auf dem Land ist es leichter. Außerdem halten die Leute auf dem Land Hühner, von denen sie Eier bekommen. Eigenartigerweise essen Kubaner eher selten Fisch. Fisch steht noch immer im Geruch der „Arme-Leute-Speise", und unter dem katholischen Batista-Regime war Fisch die traditionelle Freitagsspeise. Es gibt nur wenige Fische, die gerne gegessen werden: der Burgo (Seebarsch), das ist ein großer Fisch, mit weißem Fleisch, und der Marlin, der in den karibischen Gewässern gejagt werden kann. Eine Languste würde auch nicht verachtet werden, doch die gibt es nur in den ganz teuren Lokalen der größeren Städte. Sie werden exportiert. Kuba ist neben Australien der Hauptexporteur für Langusten.

Lieblingsessen der Kubaner sind Schweinefleisch, Reis, Schwarze Bohnen und Plátanos, grüne Bananen, die fritiert werden. Die Vorliebe für diese Speise – trotz

◆✪◆✪◆✪◆✪◆

der Hitze – dürfte ein Überbleibsel aus der Zeit sein, wo Fleisch unerschwinglich war und es sich nur die Reichen leisten konnten. Heute ist Fleisch sehr streng rationiert und wird oft, zum Beispiel bei Faschiertem, mit Soja gestreckt.

In den Universitäten und Akademien bekommen die Studenten mittags eine Schale Reis oder eine Gemüsesuppe, und am Abend wieder. Nur am Wochenende gibt es manchmal eine Banane dazu oder ein kleines Stück Fleisch oder Fisch. Man rechnet damit, daß die Studenten Verwandte haben, die ihnen Nahrungsmittel zukommenlassen. Von dem bißchen Essen kann man kaum leben. Die Universitäten außerhalb von Havanna haben es diesbezüglich besser.

Wir wurden zum Mittagessen auf eine Farm eingeladen, da gibt es Riesenportionen und viel mehr Variationen.

Jeder Kubaner geht freiwillig zwei Monate aufs Feld arbeiten. Das wird sehr gut bezahlt, und sie bekommen gutes Essen. Das ist ein Anreiz hinzugehen. Es gibt auch Leute, die das jahrelang machen. Es ist ein harter Job, zum Teil haben sie Fahrzeuge, aber sehr viel wird mit Ochsen gearbeitet, um Benzin zu sparen. Benzin ist ein kostbares Gut. Es ist gar nicht so leicht, mit Ochsen zu arbeiten, das muß man lernen. Wenn man als Stadtmensch hinkommt, ist die Umstellung nicht so einfach. Die Arbeitenden leben dort in Baracken, Männer und Frauen getrennt, wobei die Anzahl der Männer überwiegt. Einer von ihnen hatte einen kleinen Sender und begrüßte die Companeros am Morgen, machte Musik für sie und abends Tanzmusik. An manchen Abenden trug er Gedichte vor. Meistens Liebesgedichte. Es wird auch gerne getanzt, und als ich einmal jemanden fragte: „Mit wem tanzt ihr denn?", bekam ich zur Antwort: „Manchmal mit dem eigenen Schatten." „Wieso geht ihr nicht in die Ortschaft und tanzt mit Mädchen?" „Das ist nicht so einfach, wir haben es schon probiert, aber wir bleiben meistens unter uns und tanzen hier." Die verheirateten Männer bekommen am Wochenende manchmal Besuch von ihren Frauen oder können nach Hause fahren. Es gibt auch junge Ehepaare, die am Land arbeiten. Für sie hat man kleine Häuschen errichtet, damit sie sich wohler fühlen. Es ist ein sehr wichtiger Punkt des Überlebens in Kuba, daß die Versorgung besser funktioniert.

✪◆✪

Der Vizeminister für amerikanische Beziehungen, Ramón Sanchez Parodi, lebte 30 Jahre in den USA und war dort im kubanischen Büro in New York für die UNO tätig. Er hat kubanische, italienische und spanische Vorfahren. Aufgrund seiner Tätigkeit kann er am besten die großen Umbrüche in der Sowjetunion beurteilen. „Das Erste und Wichtigste ist der Zwang zur Reorientierung unserer ökonomischen Beziehungen. Der größte Teil der Beziehungen war bisher in eine sozialistische Weltökonomie unter der Aufsicht des Comecon integriert. Das ist nicht mehr gültig, da der Sozialismus nicht mehr existiert. Wir müssen uns neu orientieren. Die Handelsverbindungen und die Verpflichtungen müssen geändert werden. Wir können und müssen uns anderen Teilen der Welt widmen, denn wir haben den Handel mit der Sowjetunion verloren. Mit dieser negativen Auswirkung müssen wir fertig werden."

Es gab sozusagen „equitable terms of trade" mit der ehemaligen UdSSR. Das sind Preise gewesen, die den entsprechenden Differenzen Rechnung getragen haben, um die sozialen Anstrengungen, die nötig sind, um Zucker zu produzieren, abzugelten. „Wir müssen uns heute am Weltmarktpreis für Zucker orientieren. Doch diese Preise sind nur scheinbar frei. Es war für die UdSSR viel billiger, den Zucker bei uns zu kaufen, als ihn selbst zu produzieren", erzählt Parodi. Der Unterschied zum Handel mit Weizen und Rohöl ist, daß der Zuckermarkt ein Randmarkt ist. Nur ein sehr kleiner Anteil wird zu Weltmarktpreisen abgewickelt. Der weitaus größere Teil unterliegt separaten Vereinbarungen bestimmter Ländergruppen.

„Unter Reorientierung verstehen wir, nicht zurück, sondern in eine andere Richtung zu gehen. Auf der ganzen Welt hat sich alles geändert. Es gibt neue Bedingungen. Was wir wollen, ist die Möglichkeit, eine Integration in eine sozialistische Weltökonomie zu erreichen, doch diese ist am Verschwinden, deshalb müssen wir uns neu umsehen. In Lateinamerika gibt es Trends zur Integration, die wir unterstützen. Wir nehmen an diesen Bemühungen teil, der Herausforderung einer neuen Beziehung mit dem Norden. Der kalte Krieg ist vorbei. Es gibt die Kluft zwischen Ost und West nicht mehr. Die Konfrontation hat sich zu Nord und Süd verschoben. Nun wäre der Zusammenschluß der Lateinamerikanischen Länder eine große Herausforderung. Sozialismus ist hier nicht die Alternative."

◆✪◆✪◆✪◆✪◆

Einige Busse fahren nicht mehr. Im Land wird an allen Ecken und Enden mit Öl und Benzin gespart. Kuba muß fast die Hälfte der Menge einsparen, die es noch vor zwei Jahren verbraucht hat. Es ist die Achillesferse des Landes, denn alles basiert auf dem Öl: Strom, das Transportwesen und die Landwirtschaft.

Vor 30 Jahren konnte Kuba mit zwei Millionen Tonnen Zucker seinen Jahresbedarf an Öl kaufen. Heute müßten sie ihre gesamte Zuckermenge dafür hergeben. Es gibt zwar Handelsbeziehungen zu über 100 Ländern der Welt. Öl kommt heute auch aus Venezuela und aus Ecuador. Das Handelsembargo der USA wird des öfteren umgangen, ist aber noch immer bestimmend für die Wirtschaft der größten Insel in der Karibik. Die Handelsbeziehungen zu Mexiko, Brasilien, Venezuela, Kolumbien und Argentinien sollen genauso ausgebaut und verstärkt werden wie zu den europäischen Staaten Frankreich, Spanien und Italien. Kanada und Japan stehen auch auf der Liste. Dieser wirtschaftliche Austausch soll sich aber nicht auf die politische Situation des Landes auswirken.

Zumindest Parodi meint: „Wir haben bewiesen, daß wir in der Lage sind, mit nichtsozialistischen Ländern Handel zu treiben und gute Handelsbeziehungen zu entwickeln, ohne unser System zu verändern. Ich glaube, daß wir auf diesem Weg weitermachen können wie bisher, da diese Entscheidungen von der Mehrheit der Bevölkerung getragen werden.“

✪◆✪

Zwei Produkte prägen Kubas Wirtschaft: das Zuckerrohr und der Tabak. Kuba, der größte Zuckerexporteur der Welt, muß aber gegen den europäischen Rübenzucker bestehen. Die letzte Hochblüte des Zuckerexportes war in der Zeit nach dem Ersten Weltkrieg, als die euopäische Zuckerproduktion die Nachfrage nicht befriedigen konnte. Der Einbruch kam dann 1920 und führte zu einer Wirtschaftskrise. Die große Zeit der Zuckerbarone reicht weit in das letzte Jahrhundert hinein. Tausende von Sklaven arbeiteten auf den Plantagen. Nach der relativ späten Abschaffung der Sklaverei wurden Chinesen, die dann unter ähnlich schlechten Bedingungen mit den freigelassenen Sklaven und verarmten Kleinbauern arbeiten mußten, ins Land geholt. Das Zuckerrohr wurde nur bis Mitte Mai geschnitten, dann waren sie wieder arbeitslos. Heute arbeiten die Brigaden bis zu 13 Stunden am Tag, zum Teil noch immer mit der Hand, denn die großen Maschinen können die bis zu drei Meter hohe Pflanze im unwegsamen Gelände nicht schneiden. Die Zahl der Macheteros hat sich seit 1959 auf ein Fünftel verringert, aber dafür arbeiten sie nun das ganze Jahr über. Ihr sozialer Status ist immens gestiegen, denn sie erhalten relativ hohe Löhne.

Die Zuckerrohrpflanze dient nicht nur der Zuckerherstellung. Die ausgepreßten Faserrückstände werden zu Preßspannplatten verarbeitet, zu Papier und Briketts. Die Melasse, eine zähe, braune Masse, ist auch Grundlage für Medikamente, Viehfutter, Düngematerial und Wachs. Natürlich wird ein Teil auch für die Rumherstellung verwendet. Früher produzierte die Familie Baccardi ihren Rum auf Kuba. Nach der Revolution wanderte sie nach Jamaika aus und ließ den Namen weltweit schützen. Seither gibt es in Kuba die Marke „Habana Club", die sich auf dem internationalen Markt durchsetzen konnte.

Eines der Markenzeichen Castros ist seine Zigarre. Die kubanischen Zigarren haben Weltruhm erreicht, unter anderem auch durch die Vermarktung des Schweizers Davidoff, der ein sehr exklusives Produkt lancierte. Die drei kubanischen Typen von Tabakblättern gelten als die besten der Welt. Für das Deckblatt einer Zigarre dürfen nur beste Qualitäten verwendet werden. Aufgrund einer alten Sitte gehörten die Tabaqueros zu den aufgeklärtesten Arbeitern. 1863 wurde die „lectura" eingeführt. Ein Vorleser saß und sitzt auch heute noch den Arbeitern gegenüber und liest ihnen die verschiedensten Texte vor. Obwohl sie großteils Analphabeten waren, konnten sie auf diese Art Bildung erwerben.

Kuba ist auch der drittgrößte Nickelproduzent der Erde und hat hohe Summen in alternative Technologien investiert. Sie versuchen, auf dem Bio-High-Tech-Markt Fuß zu fassen. Ein Problem auf dem Weg zur wirtschaftlichen Integration ist sicherlich noch die Währung. Das Land braucht dringend Devisen, und die Einführung einer frei konvertiblen Währung wird noch einige Zeit auf sich warten lassen.

Bei einem meiner weiteren Besuche reiste ich fünf Wochen quer durch Kuba. Es waren noch nie soviele Journalisten in Kuba wie damals. Alle wollten sehen, wie

◆✪◆✪◆✪◆✪◆

denn das letzte Bollwerk kommunistischer Machart mit den neuen Bedingungen zurecht kommt oder wann es endlich zerfällt, wie die Staaten in Osteuropa oder die ehemalige Sowjetunion. Man kann den kubanischen Sozialismus aber keinesfalls mit dem Kommunismus der Oststaaten vergleichen. In Kuba hat das Volk den Weg bestimmt, den es gehen wollte. Die Lage in Kuba ist sicher außergewöhnlich, durch den Ausfall der Erdöllieferungen und den Mangel an Lebensmitteln. 32 Jahre Wirtschaftsblockade, die die Vereinigten Staaten über Kuba verhängt haben, sind schwierig zu überleben. Heute ist Kuba ganz auf sich selbst gestellt. Das Atomkraftwerk, das bis zu 60 Prozent der Energieversorgung erzeugen hätte sollen, ist noch lange nicht fertig. Heute weiß man noch nicht, woher die Brennstäbe kommen sollen. Argentinien oder Brasilien bieten sich an. Doch vielleicht wirkt sich dieser mißliche Umstand positiv aus, wenn andere Energieformen in Betracht gezogen werden müssen.

Die Handelsbeziehungen mit anderen Ländern werden von den USA meist vereitelt. Wenn sie trotzdem gelingen, so muß Kuba alle Weltmarktpreise unterbieten. In dieser angespannten Situation gibt es natürlich nicht nur Leute, die für den beschrittenen Weg sind. Auch in Kuba rührt sich eine Opposition. Bekannt wurde die Verhaftung der Dissidentin Maria Elena Cruz, über die ich später mehr erfahren sollte, als ich mit Mitgliedern der Opposition sprach.

✪◆✪

Havanna hat für mich ein ganz eigenartiges Flair. Ich finde es ungeheuer romantisch. Die Stadt ist insgesamt sehr weitläufig angelegt, vereint alle möglichen Stile und ergibt trotzdem ein harmonisches Bild. Oft haben die Häuser Säulenfassaden, ähnlich den Gutsvillen der Südstaaten. Viele von ihnen sind renovierungsbedürftig, doch die Straßen sind sauber und die Grünanlagen gepflegt. Die UNESCO hat einen Teil der Altstadt als besonders schützenswert erkannt und leistet ein wenig finanzielle Hilfe.

Ab und zu sieht man Polizisten. Einen fragten wir nach der Bodeguita del Medio, kurz La B del M genannt. In diesem Lokal ist Ernest Hemingway gesessen und hat seine Cocktails getrunken, bis er später am Abend ins El Floridita wechselte, wo noch eine Büste an dem Platz steht, wo er gesessen hat. Hemingway wird in Kuba sehr hochgehalten. Er lebte lange Jahre auf der Insel und stand der Revolution positiv gegenüber. Sein Engagement war zwar nicht mehr so groß wie im Spanischen Bürgerkrieg, doch in den Jahren nach der Revolution zählte jede Stimme, noch dazu diejenige, eines berühmten Schriftstellers.

In der „Habana Vieja", der Altstadt, konnten wir das Auto einfach abstellen, ohne ein Kind mit der Überwachung zu beauftragen, wie es ansonsten überall in Südamerika üblich ist. Wir spazierten den Paseo de Prado, eine Straße, die nicht so elegant wie die Quinta ist, aber das alte historische Havanna besser widerspiegelt, entlang. Es ist eine breite Chaussee, mit einer Rampe für Fußgänger in der Mitte, die höher liegt als die breiten Straßenbahnen links und rechts, die für je zwei Fahrbahnen gebaut sind. Eine kleine Steinmauer begrenzt sie, und in ihr sind Sitzbänke eingebaut. Große Straßenkandelaber aus Gußeisen mit fünf Leuchtern stehen auf einem Steinsockel und strahlen warmes Licht auf die Passanten. Löwen, in Stein gemeißelt, begrenzen die Rampen. Wir betrachteten die Häuser mit den schönen Fassaden, die, wenn auch renovierungsbedürftig, ein einmaliges Dokument einer Epoche sind. Nicht, daß sie zur Zeit unbewohnt wären, doch scheinen sie zu verfallen.

Das Inglaterra ist das älteste Hotel der Insel. Das Foyer ist im maurischen Stil gehalten, während die Fassade neoklassizistisch ist. In der Bar schmücken Azulejos die hohen Mauern. Es gibt Arkaden und schmiedeeiserne Fenster mit grellbunten Scheiben, die typisch für Havanna, Ende des vorigen Jahrhunderts, sind. An der Tür zum Speisesaal hatte sich eine Liveband von acht Mann eingerichtet. Die Musiker waren zum Teil weißhaarig und spielten nostalgische Melodien. Wir bestellten zwei Mojitos, bestehend aus weißem Rum, einem Löffel Zucker, Zitrone, Sodawasser und als wichtigste Ingredienz „yerbabuena", eine Art Minze, und Eis. Fast das Nationalgetränk der Kubaner. Ein Kubaner erklärte mir, ich müßte die Minze gut zerstoßen, damit das Getränk den Geschmack annimmt.

Der Schriftsteller Alejo Carpentier nennt Havanna die Stadt der Säulen und hat ein sehr bekanntes Essay darüber geschrieben. Fast jedes Haus hat Säulen, und doch

◆❂◆❂◆❂◆❂◆

sieht jedes anders aus. Der Jammer ist, daß viele zu verfallen drohen, weil es für die Reparaturen kein Material zu kaufen gibt. Es gibt nicht einmal Farbe. Außerdem werden oft Zwischendecken eingezogen, um mehr Leute unterzubringen, was für die Häuser natürlich schlecht ist. Manchmal stürzen sie dadurch ein. In Havanna gibt es viel zu wenig Wohnungen, die Bevölkerungszahl ist stark angestiegen. Wenn junge Leute heiraten, müssen sie mit der Familie leben. Ich habe gesehen, wie eingezogene Zwischendecken aussehen. Ein Zimmer mit einem riesigen Bett, das fast den ganzen Raum einnimmt, in dem ein Ehepaar mit Kind schläft. Eine weitere Holzdecke wurde knapp über ihren Köpfen über den ganzen Plafond gezogen, für eine zweite Familie. Sie ist offen, damit man zum Schlafen mit einer Leiter hinaufsteigen kann. Und das mit nur einer Toilette und einer Dusche.

Auf der einen Seite ist es schön, daß die Familien zusammenhalten, aber es ist natürlich nicht leicht, mit so vielen Menschen unter einem Dach zu leben. Meistens ist die Toilette im Bad, was die Sache noch erschwert. Es bleibt kein Raum für Privatsphäre.

❂◆❂

Es gibt Kathedralen und Plätze, die so schön sind, daß ich stundenlang sitzen konnte, um sie mir anzusehen. Am 16. November, meinem Geburtstag, wollte ich mir noch einige angenehme Dinge gönnen. Die Kathedrale von Havanna ist eine ehemalige Jesuitenkirche, die bei weitem nicht so überladen ist wie die gewohnten barocken Kirchen. Am 16. November, dem Tag der Grundsteinlegung, gibt es den Brauch, an den Toren der Kathedrale den riesigen Türklopfer heftig zu schlagen, und dann hat jeder hat drei Wünsche frei. Die berühmte Ceiba, einen heiligen Baum, muß man drei Mal umkreisen und betasten, um Energie zu bekommen. Eine riesige Menschenmenge wartete schon und drehte sich um den Baum.

Es gibt einen kleine Pavillon, der eine gewisse Ähnlichkeit mit dem Lusthaus im Wiener Prater hat, eine Bar eigentlich, wo ich sehr gern gegen fünf Uhr hinfuhr. Dieser Pavillon gehört zum Restaurant Divina Pastora und liegt am Moro, der ehemaligen Festung, das ist vis-à-vis von der Altstadt auf einer Halbinsel. Von dort sieht man direkt auf den Malecón, die berühmte Uferstraße. Sie sollte eigentlich eine monumentale Uferchaussee werden, dafür fehlte das Geld, doch seit 1901 wurde immer ein Stück hinzugebaut. Die Promenade ist deshalb sehr abwechslungsreich und ein beliebter Treffpunkt. Wie hier der Himmel in einer Stunde die Farbe wechselt, ist unbeschreiblich schön.

Havanna ist eine der wenigen Städte der lateinamerikanischen Welt, in der man abends ausgehen kann. In ganz Kuba kann man abends auf der Straße flanieren, in Restaurants, Bars, in Discotheken, ins Theater gehen. Es gibt sehr viele Ausstellungen und Kinopremieren. Beim Festival de Cinema werden die neuesten Filme aus ganz Lateinamerika gezeigt. Ein anderes Mal gibt es eine Bilderausstellung. Sie haben unzählige künstlerische Aktivitäten, zu denen die Studenten von der Hochschule für Musik und darstellende Kunst die Karten umsonst bekommen. Daher sieht man dort auch sehr viel Jugend. Es ist keine Überalterung in der Stadt zu bemerken, und die alten Menschen sind viel fröhlicher als bei uns.

Es gibt einen Park in der Nähe der Quinta, der 5. Avenue, die die Prachtstraße Havannas ist, wo sich die älteren Menschen am Morgen treffen und Gymnastik machen. Dort machen sie sich ihre Rendezvous aus, sie treffen sich nachmittags oder abends wieder, und oft heiraten sie in hohem Alter noch einmal. Spricht man in Kuba über ältere Menschen ab 60, verwendet man den Terminus „Menschen im dritten Alter".

In der Geriatrie geht es ganz anders zu als bei uns. Dort ist es lustig, da ist Leben, ständig kommt Besuch. Viele, die keine Pflege haben, sind am Tag dort, werden abends mit dem Bus nach Hause gebracht und morgens wieder abgeholt. Nur die wirklich schwer Kranken bleiben über Nacht in der Klinik. Man versucht, für die Alten alles zu tun.

Bei uns sind die alten Menschen in der Geriatrie oft bedauernswert, werden fast wie Gefangene behandelt. In Kuba hatte ich oft das Gefühl, in einem Kaffeehaus zu sein. Da sitzen die Leute und spielen Domino oder andere Spiele. Lärm ist kein Problem, es geht laut zu, und viele Verwandte sind da. Ob es nun Tag oder Nacht ist, macht keinen Unterschied. Man hat nie das Gefühl eines Krankenhauses, eines abgeschlossenen Ghettos. Da die älteren Menschen stärker als bei uns in der Familie eingebunden sind, gibt es erst 60 Altersheime auf der Insel. Sie sind kostenlos. Die Bewohner erhalten Taschengeld. Durch die gute medizinische Versorgung im Land,

◆◎◆◎◆◎◆◎◆

das im Vergleich zu anderen lateinamerikanischen Ländern verlangsamte Bevölkerungswachstum und die gute Altersversorgung erhöht sich der Anteil der älteren Menschen ständig.

Besonders fiel mir auch die Herzlichkeit der Krankenschwestern und Ärzte auf. Für jeden Kranken wird optimal gesorgt, eine Krankenschwester kümmert sich um vier Leute. Es ist eine wirklich gute Betreuung. Es wäre wichtig, daß die Kubaner selbst Vergleiche anstellen könnten, doch die Fahrt ins Ausland ist mangels Devisen schwierig. Zwei Möglichkeiten boten sich zumindest früher an: entweder in sogenannte sozialistische Länder zu fahren, das hat sich jetzt allerdings auch aufgehört, oder als „internacionalista", als eine Art Entwicklungshelfer, ins Ausland zu gehen.

In Schule oder Gesundheitswesen gibt es trotz der Blockade und des Ausfalls der UdSSR keine Kürzungen. Das sind Errungenschaften, die einmalig für ganz Lateinamerika sind. Die Kliniken und Krankenhäuser stehen für jeden offen, ob Ausländer oder nicht. Man wird sofort behandelt. Die Inländer zahlen dafür natürlich nichts. Selbst Schönheitsoperationen werden gemacht, wenn ein Zustand deprimierend ist. Doch am auffallendsten ist der menschliche Umgang. Es gibt nicht unsere Art von technokratischem Krankenhausalltag. Kranke können Tag und Nacht Besuch haben. Ich war in der Herztransplantations-Station, und um einen frischoperierten Kranken saßen fünf Leute. Schaukelstühle stehen bereit für Familienmitglieder, die den Kranken nachts betreuen wollen. Die Familienmitglieder oder Gäste können auch im Krankenhaus essen und zahlen dafür umgerechnet rund fünf Schilling. Man kann nicht nur den Körper, sondern muß auch die Seele berücksichtigen und erzielt dadurch ein eindeutig positives Ergebnis: Die Leute werden viel schneller gesund.

Seit einiger Zeit gibt es eine Art Gesundheitstourismus. Kuba verschickt in ganz Lateinamerika Broschüren. Man kann Urlaube mit Spitalsaufenthalt oder auch Operationen buchen. Man kann aber auch im Hotel wohnen und nur die Behandlungen im Spital machen oder nach der Operation ins Hotel umziehen. Es gibt eine Auswahl von fünf Menüs, es wird für den Touristen alles getan, weil diese Einnahmequelle ungeheuer wichtig ist.

Man weiß, daß Kuba Ärzte in die ganze Welt exportiert. Ich habe viele Spitäler besucht und Operationen über den Monitor gesehen. Sie machen sogar Herz-Lun-

◆◎◆◎◆◎◆◎◆

gen-Transplantationen. Am Moro, in meiner Bar, traf ich einen Argentinier, der mir erzählte, er sei so glücklich und dankbar. Er hatte sich schon in vielen Ländern der Welt operieren lassen, aber erst den kubanischen Ärzten gelang die Operation. Es wurde eine medizinische Elite gebildet, denn die Medizin war und ist ein Steckenpferd von Fidel. Dafür wird auch viel Geld ausgegeben.

Wenn Castro gestürzt oder sterben würde, wären in kürzester Zeit diese Errungenschaften Vergangenheit. Das wissen die Kubaner, und davor haben sie Angst, ebenso davor, daß die ausgewanderten Kubaner aus Miami wieder zurückkommen könnten.

Die in Miami lebenden Kubaner sind amerikanischer als die Amerikaner. Sie sind mit ihrem ganzen Vermögen nach Miami gezogen, da Castro ihnen keine Beschränkungen auferlegt hat. Kämen sie zurück, würden sie ihre Besitzungen beanspruchen, wodurch sofort sehr viele Menschen obdachlos würden, die Arbeitslosigkeit würde wieder beginnen, es gäbe kein soziales Netz und somit keinen Unterschied zu den anderen lateinamerikanischen Ländern mehr.

◎◆◎

Zoila Benitez de Mendoza hat eine bestimmte Vorstellung von der politischen Lage ihres Landes. „Der Kapitalismus konnte die großen Probleme in Lateinamerika wie Gesundheitswesen, Erziehung oder soziale Absicherung nicht lösen. Der Sozialismus hat diese Probleme gelöst. Aber vielleicht ist der Begriff Sozialismus zur Zeit durch die Ereignisse in Osteuropa und der Sowjetunion in Mißkredit geraten. Nach meiner persönlichen Meinung ist der Sozialismus nicht gescheitert. Gescheitert ist das kommunistische Modell Osteuropas."

Auch viele andere erklären mir, daß Sozialismus und Sozialismus nicht das gleiche ist. „Weder ist der Kapitalismus Europas der der USA, noch ist das Modell sozialistischer Länder Osteuropas unser Modell. In unserer Vorstellung hat das Führungskader, vor allem der Oberbefehlshaber Fidel Castro, eine sehr enge Verbindung mit dem Volk. Bemerkenswert ist weiter, daß das Volk an der Lösung der Probleme beteiligt ist. Die kubanische Revolution wurde nicht von ausländischen Panzern gemacht, sondern von den Kubanern selbst."

Trotzdem müssen sie sich heute auch umstellen. Es gibt die „Endurecimiento de la Línea", die Linientreuen, und daneben einen Trend zur Demokratisierung, zu Reformen. Zoila, die Vizepräsidentin der kubanischen Nationalversammlung, ist sich aber sicher. Sie hätten schon viel früher angefangen, sich mit Problemen auseinanderzusetzen, als es noch keine Perestrojka gab, über die die Welt redete. Sie beharrt auf ihrem eigenen Weg der Änderungen, die das kubanische Volk beschließt, und will keine Änderungen, die von außen kommen. „Ich sage vielen Parlamentariern, die uns besuchen und sich für den Pluralismus aussprechen, daß sie ruhig diese Ideen in der Welt verteidigen könnten, daß doch ein einziges Gesellschaftsmodell nicht die letzte Wahrheit sein kann. Ich bitte sie darum, uns zu respektieren. Wir sind ein lebendiges, historisches Beispiel für eine bestimmte Entwicklung. Wir haben Fehler, und wir haben Verdienste. Aber noch etwas: Ich habe so manche Gelegenheit gehabt, mit Parlamentariern aus anderen lateinamerikanischen Ländern zu sprechen, und ich bin zu dem Schluß gekommen, daß unsere Demokratie trotz aller Probleme, die sie hat, noch immer besser ist als jede andere Demokratie Lateinamerikas." Doch sie gibt zu, daß sich nicht alle Menschen für das Nationalprogramm aussprechen. Die bekannten Dissidenten der Opposition, wie Maria Elena Cruz Valera, Rafael Gutierrez oder Elizario Sanchez, sind aber außerhalb des Landes bekannter als im Land selbst.

„Wir streiten nicht ab, daß es kleine Gruppen gibt, die sich als organisiert bezeichnen, aber das sind Vereine, die nicht mehr als 10 oder 12 Mitglieder haben. Es sind kleine Gruppen, die noch nicht definiert haben, was sie möchten. Das kubanische Volk ist ein sehr einfaches und bescheidenes Volk. Aber es lehnt jeglichen Zwang vom Ausland ab. Es lehnt auch den Rassismus ab. Es ist diesen Gruppen nie gelungen, eine Schicht unserer Bevölkerung tatsächlich zu vertreten. Es sind isolierte kleine Gruppen, unbekannt und ohne Führerfiguren. Ich glaube nicht, daß sie einen wichtigen Teil unserer Bevölkerung repräsentieren."

Diese Entschiedenheit in ihrer Aussage machte mich aber erst recht neugierig, und kurze Zeit später sollte ich wirklich mit einem der Oppositionsführer sprechen können. Mit Elizardo Sanchez Santa Cruz, Präsident der Menschenrechtsvereinigung CDHRN, der „Comisión de los Derechos Humanos Cubanos y de la Reconciliación Nacional". Er weihte mich in die Oppositionsbewegung ein.

◆✪◆✪◆✪◆✪◆

„Zur Zeit besteht die Opposition in Kuba aus humanitären Projekten, wie dem unsrigen. Wir haben kein Programm, das alternativ zum Programm der Regierung wäre. Aber es gibt auch Gruppierungen mit politischen Aspekten. Es ist sehr schwierig, eine Trennung zwischen rein humanitären Projekten, wie dem unseren, der Verteidigung der Menschenrechte und den politischen Projekten zu treffen."

Bis jetzt hat es in der Opposition nur kleine Splittergruppen gegeben. Gruppen von Freunden, die sich jahrelang kennen und Vertrauen zu einander haben, ähnlich wie es in Osteuropa mit der gleichen Logik geschah. Jetzt haben sich diese Gruppen zusammengetan und zwei größere Pole gebildet. Eine dieser Polarisierungen ist sehr pluralistisch. Zu ihr zählen Christdemokraten, Sozialdemokraten und Leute aus dem Zentrum. Dann gibt es eine andere Formation, die sich demokratisch-kubanische Koalition nennt, mit Gruppen, die eine viel radikalere Sicht gegenüber der aktuellen kubanischen Regierung vertreten. Ein Pol, der zweifellos mehr rechtsgerichtet ist und mit der rechtsgerichteten „Organisación Nacional Cubana-Americana" zusammenarbeitet, die ihren Sitz in Miami hat.

„Das Ziel der gesamten Opposition ist, das derzeitige Regierungsmodell durch ein rechtsgerichtetes, demokratisches System zu ersetzen. Dazu gibt es verschiedene Ansätze. Die Organisation der Verteidigung der Menschenrechte hat kein eigenes Programm, weil sie keine politische Gruppierung ist. Sie verteidigt nur das Recht derer, die ein politisches Programm haben, das sie als Alternative zum Programm der Regierung präsentieren können."

Sanchez lebt sehr gemütlich in einem großen Haus, fährt mit dem Fahrrad durch die Gegend und empfängt Journalisten. Er erklärte mir die Hintergründe der Verhaftung von Maria Elena Cruz Varela, der bekannten Dissidentin.

„Für mich war das – soweit ich mich erinnern kann – einer der grausamsten und barbarischten Akte der Regierung gegen eine Dissidentin. Varela ist Dichterin und hat einen Staatspreis für Poesie bekommen. Sie ist die Vorsitzende einer Gruppe, die sich als liberale Opposition bezeichnet, „Grupo Oposición Liberal Criterio Alternativa". Eine Formation, die mir im Kern rechtsgerichtet erscheint. Diese Gruppe ist in letzter Zeit sehr gewachsen. Sie hat Einfluß auf mehr als 1.000 Menschen bekommen. Vielleicht war das der Grund, warum man sie derart brutal bestraft hat."

Maria Elena Cruz wurde zu zwei Jahren Gefängnis verurteilt. Der Generalstaatsanwalt Dr. Ramón de la Cruz Ochoa meinte zur Verurteilung von Maria Elena Cruz und zur Opposition insgesamt: „Sicher gibt es einige kleine Oppositionsgruppen in Kuba. Wenn diese Gruppen gegen das Gesetz verstoßen, Delikte begehen, die im Strafgesetz verankert sind, werden sie vor Gericht gebracht. Niemals werden diese Menschen wegen ihrer individuellen politischen Einstellung verfolgt. Wir wissen natürlich, daß es Menschen gibt, die ihre eigenen politischen Vorstellungen haben, und wir werden niemanden wegen dieser politischen Ideen verfolgen, außer er hat eine strafbare Handlung begangen."

Die offizielle Begründung für ihre Verurteilung lautete: Schädigung öffentlicher Behörden und verbotene Vereinsbildung. Ein Verstoß gegen letzteres besteht, wenn eine Gruppe gebildet wird, ohne die legalen Schritte zu unternehmen. Um einen Verein zu gründen, muß ein Antrag beim Justizministerium gestellt werden. Dann erteilt das Ministerium die Genehmigung zur Gründung. Maria Elena Cruz hatte, ohne diese Auflagen zu erfüllen, einen Verein gegründet. Der zweite Tatbestand war das Verteilen von Flugblättern. Auf diesen Flugblättern wurde der Vorwurf erhoben, die Delegierten der Assemblea Nacional, der Nationalversammlung, die am Vierten Parteikongreß teilgenommen haben, wären Marionetten und dieser Kongreß ein Staatsstreich gegen die Revolutionsmacht gewesen. Weiters verleumdete und beleidigte sie die obersten Staatsführer.

Nicht nur Havanna besticht durch seine Attraktionen. Trinidad ist berühmt für seine Kolonialbauten, ebenso Santiago de Cuba, das gegenüber Havanna eher Kleinstadtcharakter hat. Die zweitgrößte Stadt der Insel ist sehr hügelig. Um sich vor der feuchten Hitze und den Insektenschwärmen ein wenig zu schützen, wurde die Stadt auf den Hügeln erbaut. Daraus entwickelte sich ein eigener Baustil. Es gibt überdachte Gänge vor den Häusern, die durch hohe Mauern gestützt sind. Die Niveauunterschiede werden durch Treppen ausgeglichen. In den Patios wurde das knappe Wasser aufgefangen und in die Zisternen geleitet. Die Häuser haben die charakteristischen hohen Fenster mit Gittern aus Holz oder Eisen.

◆❂◆❂◆❂◆❂◆

In Santiago kamen auch die Freimaurer nach Kuba. Ich war einigermaßen überrascht, daß es in Kuba Freimaurer gibt. Anläßlich des 100. Todestages von Wolfgang Amadeus Mozart wurde ihm zu Ehren eine öffentliche Veranstaltung organisiert. Die Ansprache und das darauffolgende Konzert fanden im Salón Gótico, im gotischen Salon „Ramón Cabrera Torres", des großen Tempels der nationalen Freimaurer, statt. Der Großmeister der „Gran Logia de Cuba", der Großloge Kubas, Raciel Martinez Andreu, erklärte mir auf die Frage, ob es in Kuba viele Logen gäbe: „Ja, die Freimaurer sind überall. Es gibt sie in der ganzen Welt und in Kuba quer durch alle Altersklassen. Wir haben 314 Logen, die über das ganze Land verteilt sind, mit mehr als 20.000 Mitgliedern."

Ob sie nie verboten waren, wollte ich wissen. „Sie waren nie verboten. Seit 1898. Ausgenommen in der Zeit der Unabhängigkeitskämpfe, da wurden sie zu einer Untergrundbewegung.

Zuerst kamen sie mit den Engländern, als diese Havanna besetzten. Während der Unabhängigkeitskämpfe in Haiti, einer damals französischen Kolonie, kamen französische Freimaurer nach Kuba. Sie haben die Freimaurerei neuerlich nach Kuba gebracht.

Wir haben viel bedeutende Leute in unseren Reihen gehabt. Angefangen von Carlos Manuel de Sespedes, José Marti, Gomez Agramonte, alles Persönlichkeiten, die die kubanische Nation formten."

Ob Fidel Castro auch Freimaurer ist? „So viel ich weiß, nein. In einer kubanischen Loge wurde er nicht initiiert."

In dem Buch „Nachtgespräche" des brasilianischen Dominikanermönches Frei Betto erzählt Castro, daß er bei den Jesuiten in die Schule gegangen ist. Er erklärt, daß der Glaube in einem Kleid zu ihm kam, das ihm überhaupt nicht gepaßt hat, doch wenn er jetzt die Theologen der Befreiung sieht, dann kann er sich schon vorstellen, daß der Glaube voller Geschmack sein kann. Von den Anfängen seiner Revolution weiß man, daß sich, als er eingesperrt worden war und zum Tode verurteilt werden sollte, der Bischof von Santiago für ihn eingesetzt hat. Es gab auch Priester in Castros Reihen. Erst später hat sich das gewandelt.

In Santiago begannen alle Revolten der Insel, vom ersten Sklavenaufstand bis zu den Unabhängigkeitskriegen. Die Moncadakaserne, heute eine Schule und ein Mu-

◆◎◆◎◆◎◆◎◆

seum, war früher ein Symbol der Unterdrückung, gilt aber jetzt als Inbegriff der Freiheit. Castro griff als erstes die zweitgrößte Kaserne der Insel an, wurde damals aber noch zurückgeschlagen.

◎◆◎

Beliebte Orte des Badetourismus sind Varadero und Holguin. Die Leihwagen, die man mieten kann, sind meist Nissans. Ladas werden von den Kubanern gefahren, Überbleibsel der ehemaligen Geschäftsbeziehungen. Man erhält als Ausländer Benzincoupons, und es gibt auch genügend Tankstellen, aber sie haben nicht immer Benzin. Mit Taxis quer durchs Land zu fahren, wäre zu teuer. Die Busse sind, genauso wie in anderen südamerikanischen Ländern, vollbelegt. Vor allem verkehren sie nicht regelmäßig, teils aus Mangel an Benzin, teils weil die russischen Ersatzteile fehlen und daher nicht genügend Fahrzeuge zur Verfügung stehen. Die Kubaner sind zwar geschickt im Basteln, sie reparieren bei den Autos alles selbst, aber es gibt eben keine eigene Autoindustrie. „No es fácil", es ist nicht leicht, wie die Kubaner oft sagen, ein geflügeltes Wort, das die Mentalität des Kubaners charakterisiert.

Wenn man im Auto durch Kuba fährt, stehen Massen von Menschen auf den Straßen, weil die Busse nicht regelmäßig verkehren. Jeder nimmt jemanden mit, sogar Fahrradfahrer nehmen Leute auf dem Rücksitz mit. Das ist eine Selbstverständlichkeit. In Holguin nahm ich einen jungen, sehr intelligent aussehenden Medizinstudenten mit. Er sagte, er fahre in seine Kaserne, um den Militärdienst anzutreten. Wir sprachen über Politik, und er sagte, er könnte sich eine Veränderung in dem Land vorstellen, die zu einer besseren Weiterentwicklung führen würde. Das Gespräch kam auch auf Castro. Wie er zu ihm stehe? „Etwas Besseres gibt es gar nicht. Es gibt kein Äquivalent zu Castro." Er ist 63. Er wird wahrscheinlich mit 80 Jahren nicht mehr regieren. Der Bruder Raoul ist als Nachfolger gedacht, aber das Volk liebt Castro unglaublich, er hat Charisma. Man sagt Kuba steht und fällt mit Castro. „Wie stellst du dir einen Kapitalismus in Kuba vor?" „Kapitalismus mit Fidel Castro!"

Dieses Gespräch ist so bezeichnend. Die Kubaner wissen wenig über die politische Situation anderer Länder. Er wußte nicht, daß es in anderen Ländern Studiengebühren gibt. Fidel ist für sie das wichtigste überhaupt. Ein Kubaner fragte mich,

◆✿◆✿◆✿◆✿◆

woher das Wort „fidelidad" komme. Fidelidad bedeutet Treue. Ich scherzte und sagte: „Von Fidel." Er sagte zu einem anderen: „Siehst du, ich sagte doch, daß das stimmt!" So weit geht die personifizierte Treue zu Fidel. Die Leute haben einen ungeheuren Respekt und eine ungeheure Liebe zu diesem Menschen. Wenn irgendetwas schiefgeht, sagen sie: „Er kann ja nicht alles wissen." Es sind Leute um ihn, die korrupt sind, aber er ist nie schuld. Er ist der Vater der Nation, der manchmal auch sehr streng sein kann, aber das macht ihnen nichts aus. Er ist ihr Idol.

Bei meinem letzten Aufenthalt in Kuba hörte ich eine Rede von ihm. Es ist faszinierend, wie der Mann redet, wie er sofort auf alles eingeht. Er hat einen sehr guten Adjudanten, der immer die richtigen Informationen bereithält. Er ist berühmt für seine stundenlangen Reden.

✿◆✿

Rosemarie Liekfeld lebt seit 10 Jahren in Kuba, ist mit einem Kubaner verheiratet und unterrichtet an der Universität von Havanna Deutsch. „Ich bin keine Kommunistin, ich bin es nie gewesen", postulierte sie erst einmal. „Ich weiß aber sehr wohl, daß die Castro-Variante die bessere ist, und ich habe gemerkt, daß selbst Menschen, die Castro nicht mögen, mit ihm einverstanden sind, Angst davor haben, daß die US-Amerikaner kommen und vielleicht noch vorher die Exilkubaner, die 90 Meilen entfernt auf ihren gepackten Koffern sitzen und nur darauf warten, wieder über das Land herzufallen, da es keine Perspektive gibt. Die Zukunft würde in Straßenkindern bestehen, was heute hinter uns liegt. Wenn jemand etwas anderes machen möchte, dann möchte er sich verbessern, doch nicht verschlechtern. Kuba ist nicht die DDR."

Rosemarie Liekfeld gehört zu jenen, die zwar Mängel bemerken, die aber trotzdem keine Alternative sehen, wie der kubanische Dissident René Vázquez Diaz: „Die Osteuropäer rebellierten nicht, bevor sie nicht überzeugt waren, ein brutales System abschütteln zu können, ohne daß ihnen ein ausländischer Stiefel ein anderes aufzwingen würde – genauso sehen die Kubaner noch nicht, was sie angesichts der nordamerikanischen Brutalität, die sie vor der Nase haben, durch eine Rebellion gegen Castro gewinnen sollten."

◆✪◆✪◆✪◆✪◆

„Castros Beliebtheitsgrad ist noch immer sehr hoch", meinte Rosemarie Liekfeld, „obwohl er in den letzten Jahren doch etwas nachgelassen hat. In Kuba gibt es eher einen Fidelismus. Castro ist schon aufgrund seiner physischen Erscheinung eine Persönlichkeit, die man nicht übersehen kann. Er ist ein sehr guter Rhetoriker, der mit allen Bevölkerungsschichten reden kann. Sicher wird er im Stillen belächelt, auch von Politikern anderer lateinamerikanischer Staaten. Doch im Grunde wird er akzeptiert. Weil Kuba ein Fakt ist."

✪◆✪

Ich fuhr mit Kubanern in einem Wagen nach Playa del Este. Der Besitzer des Wagens war ein älterer Herr. Wir hatten einen Reifenplatzer, und der Reservereifen war so schlecht, daß er den anderen flicken lassen mußte. In Havanna gingen wir zu drei verschiedenen Reifenflickern, aber alle waren überlastet. Endlich fanden wir einen Reifenschuster. Wir warteten drei Stunden. Wir saßen auf dem Gehsteig vor den Häusern, tranken eine Flasche Rum und sangen. Das kann man sich in Europa gar nicht vorstellen, drei Stunden zu warten. Aber auch das geht. Man lernt, Geduld zu haben. Da hilft der Rum schon.

Geduld ist eine grundsätzliche Sache in Südamerika. Wenn man merkt, wie alle sich bemühen, etwas für einen zu tun, mit welchem Einsatz alles passiert, wenn man sich ein bißchen in die Menschen hinein versetzt und merkt, wie lieb sie sind, und wie sie alles schön machen wollen und es eben nicht geht, dann kann man nicht böse sein. Da muß man das mit der gleichen Ruhe, Gelassenheit und Fröhlichkeit nehmen wie sie.

Musik aus Lateinamerika

Zum Wesen der lateinamerikanischen Musik gehören verschiedene Elemente wie Brauchtum, Religion, Geschichte und politisches Geschehen. Bestimmte Tanzformen oder Melodien, die ihren spezifischen sozialen Kontext haben, werden davon gesäubert, geglättet und zu gängigen Melodien, die dann europäische Hitparaden bestücken, verarbeitet.

Die sportlichen Tanzveranstaltungen der Profi-Tänzer in großen Turnhallen haben mit den lebendigen Rhythmen, die auf den Straßen oder am Strand getanzt werden, nicht mehr viel gemein. In dieser geklärten Form schaffen es Ursprünglichkeit und Dynamik der südamerikanischen Musikstile noch immer, Anstoß zu erregen. Auch der Tango wurde damals mit dem wohligen Nimbus der Verruchtheit belegt.

Der Tango ist dem europäischen Musikverständnis von allen Musikstilen des Kontinents noch am nächsten. Die Art, die in Europa in Mode kam, hat allerdings wenig mit dem Tanz und dem in seinen Texten erfindungsreichen, argentinisch-uruguayanischen Tango zu tun. Der Tango in Europa, soweit er als Schlager und Gesellschaftstanz industrialisiert und vermarktet wurde, ist nur ein Zerrbild des Originals.

Der Tango erwuchs aus dem Milieu der europäischen Einwanderer, die, angelockt durch ein neues Land, ihre Träume und Hoffnungen in der Zukunft zu erfüllen gedachten, sich jedoch mit der Realität überfüllter Elendsquartiere konfrontiert sahen. Fast fünf Millionen Einwanderer kamen von 1857 bis zum Ersten Weltkrieg nach Argentinien. Da sie kein Land erwerben konnten, blieb ihnen nur das Ghetto in den Städten als Heimstatt. Der Tango wurde zum Ausdrucksmittel und zum Spiegelbild ihres Milieus. Aus dem Zusammentreffen spanischer, italienischer, kreolischer und schwarzafrikanischer Einflüsse, gespielt auf dem deutschstämmigen Bandoneon, entsteht um 1890 der Tango. Die Verschmelzung all dieser Einflüsse dürfte ein Grund für seine Popularität gewesen sein.

Als in Europa kurz vor dem Ersten Weltkrieg der Tango in Mode kam, führte er in seinen Herkunftsländern Uruguay und Argentinien noch ein außerbürgerliches Schattendasein. Er war ausschließlich ein Tanz, der in den üblichen schlechtbeleumdeten Häusern und Tavernen seine Heimat hatte: in dem am Rio de la Plata gelegenen Stadtteil La Boca, in Buenos Aires, wo es Tanz-Cafés gab, heimliche und zugelassene Bordelle, auch eine Opiumhöhle, in denen sich Seeleute, Spieler, Ganoven und Tangomusiker die Nächte um die Ohren schlugen, oder am Matadero del Sur, dem Süd-Schlachthof, wo einige Dichter die Wiege des Tango vermuten. Dieses düstere Hafenviertel von Buenos Aires, wo Armut, Elend, Enttäuschung, Alkohol, Prostitution, Gefängnis und Einsamkeit die Menschen prägten, könnte sehr wohl die Geburtsstätte des Tangos gewesen sein.

Der argentinische Schriftsteller Jorge Luis Borges erzählt in seiner kleinen „Geschichte des Tango“ vom Ursprung des Tango in den Bordellen. Ein kleines Orchester stand dafür zur Verfügung, Klavier, Geige, Flöte und später das Bandoneon. Als verrufene Musikrichtung konnte er sich erst über den Umweg von Paris in Argentinien etablieren. Von seiner ursprünglichen Frische hatte er aber schon viel verloren. Der Tanz stand damals noch mehr im Vordergrund als das Lied.

„Denn als Kind waren Tangos meine Wiege,
das mütterliche Lied, das den Schlaf bringen sollte,
und ich hörte das Brummen des Bandoneóns
unter dem Laubendach meines alten Innenhofes.

Denn ich sah mit weinenden und geöffneten Augen,
wie die Unwetter heraufzogen
und in dem elenden Zimmer meiner guten Alten
die Armut ihr winterliches Lied sang.

Und ich wuchs auf in Tangos,
wurde aus Hass und Traurigkeit geformt,
aus der Erbitterung, die die Armut lehrt,
aus den Tränen der Mütter,

◆❂◆❂◆❂◆❂◆

aus der Empörung dessen, der stark ist,
aber untätig den Hunger ertragen muss.
Und ich wuchs auf in Tangos,
denn der Tango macht kämpferisch und stark,
er riecht nach Leben und schmeckt nach Tod.

Denn ich liebte sehr und wurde hintergangen
und reihte mein ganzes Leben Träume auf.
Denn ich bin ein Baum, der niemals Blüten trug;
denn ich bin ein Hund, der keinen Herren hat,
denn ich habe Hassgefühle, die ich niemals ausspreche,
denn wenn ich liebe, verblute ich in Küssen.
Denn ich liebte sehr, und man hat mich nicht geliebt.
Deswegen ist es, dass ich so traurig singe."

Celedonio Flores, einer der vielen Tangodichter, schrieb diese Zeilen unter dem Titel: „Warum ich so singe".

Die damals stark sozialkritischen Texte im Tango hatten auch ihre eigene Sprache, nämlich die Vermischung der Gaucho-Sprache mit dem Lunfardo, einer Sprechweise, die sich in den Städten am Rio de la Plata entwickelte. Beeinflußt wurde das Lunfardo vom sogenannten Ganovenjargon, dem Argot oder Bribia, und durch die Vermischung der Sprachen der Einwanderer mit dem Spanischen.

Die Brüder Hector und Luis Bates schrieben über die Texte der zwanziger Jahre: „Die Texte machen nichts anderes, als jenes Ambiente, das ihnen Leben gab, widerzuspiegeln. Obszön, unverschämt, unaussprechbar in einer Umgebung, wir sagen nicht einmal von Kultur und Familienheim, sondern selbst im Mund von einigermaßen gebildeten Personen. Uns liegen einige Fragmente jener Texte vor. Bei der Unmöglichkeit, sie so wiederzugeben, obliegt uns die zwingende Notwendigkeit, einige Wörter bis hin zu ganzen Sätzen auszulassen oder zu verändern, um ihren Sinn zu verheimlichen. Dann folgen ein paar Vierzeiler, bei denen im wesentlichen die Popularbezeichnungen für Geschlechtsorgane und -krankheiten ausgelassen sind." Sehr schnell kann diese puritanische Ansicht verworfen werden, wenn man verschiedene Texte der Tangos vergleicht. Es lassen sich sicher auch relativ ordinäre Lieder finden, doch diese Passage dokumentiert sehr deutlich, wie die verschiedenen Phänomene der Lebenswirklichkeit, und dazu gehören Sexualität, die Attacke sozialer Mißstände oder auch kleine Moritaten, pauschal abgewehrt werden.

Einer der bedeutendsten Pianisten dieser Zeit war Rosedo Mendizabal. Tagsüber verdiente er seinen Unterhalt als Klavierlehrer höherer Töchter, und nachts spielte er in berüchtigten Lokalen wie „Laura" oder „Maria la Vasca", wo für exklusive Veranstaltungen eine entsprechende Tänzerinnenschar zur Verfügung stand. Bei Kompositionen verwendete Mendizabal das Pseudonym A. Rosende, um seine gutbürgerliche Klientel nicht zu verschrecken.

Das Bandoneon, das von dem Deutschen Band in Krefeld 1892 erfunden wurde, eine Art Knopfharmonika, wurde zum Markenzeichen. Wie der Wiener Walzer ohne Geigen nicht denkbar ist, so ist das Bandoneon die Seele des Tangos. Bei Druck beziehungsweise Zug produziert das Bandoneon auf einer Taste zwei Töne, die den typisch hämmernden Rhythmus im langsamen 2/4 Takt ermöglichen.

Das Ende der Epoche der „Alten Garde" wird allgemein mit 1917 datiert. Ein gesellschaftlicher Funktionswandel des Tangos trat ein, der im Zusammenhang mit der Veränderung der Gesellschaftsstruktur Argentiniens stand. Unzüchtig anmutende Körperbewegungen oder der in früheren Texten zum Ausdruck gebrachte Verstoß gegen Sitte und Anstand entsprachen nicht mehr den bestehenden Machtverhältnissen. Außerdem konnten sich durch das Entstehen der Schallplattenindustrie neue Sänger etablieren.

Der Sänger, der im Tangoorchester der zwanziger Jahre eine untergeordnete Rolle spielte, wird in den dreißiger Jahren zum Publikumsliebling. Die Liedfunktion wird zunehmend wichtiger als die des Tanzes. Neben einigen anderen wird Carlos Gardel, der zum Mythos hochstilisierte Sänger, der Rudolfo Valentino Lateinamerikas, zum Superstar. Oft nur als die „Stimme" bezeichnet, ist sein Leben wie ein Tango-Text. Er wurde am 11. Dezember 1890 in Toulouse in Südfrankreich geboren, bezeichnete sich selbst jedoch immer als „Rioplatensen", als jemanden, der irgendwo am Rio de la Plata geboren wäre. Mit seiner Mutter kam er in Argentinien an, und er übernahm verschiedene Gelegenheitsjobs. Bei Familienfesten im Viertel sang er zu seiner Gitarre. Bei einer Auseinandersetzung wurde er durch eine Kugel verletzt, die er sein ganzes Leben im Körper trug. 1911 sang er mit dem uruguayanischen Sänger Razzano um die Wette. Daraus entwickelten sich eine Freundschaft und eine gemeinsame Karriere, die bis 1925 andauerte. Da Razzano seine Stimme verloren hatte, mußte Gardel die erste Übersee-Tournee allein absolvieren. In Paris schaffte er den internationalen Durchbruch. Es gibt keine genauen Daten über die Anzahl seiner Plattenaufnahmen. Rund 900 sollen existieren. Als Filmschauspieler war Gardel bereits 1917 tätig. 1930 drehte er eine Reihe von Kurzfilmen, die die ersten in Argentinien hergestellten Tonfilme waren. Damals konnte Argentinien mit seinen Gaucho-Filmen die südamerikanische Filmindustrie dominieren. Selbst in den USA fanden diese Filme einen Markt. Nichts lag näher, als daß Hollywoods Produzenten Gardel verpflichteten. Seine bemerkenswerte internationale Filmarbeit begann 1931 bei der Paramount Filmgesellschaft.

Mit seinem Textdichter Le Pera und seinen drei Gitarristen begab sich Gardel im April 1935 auf eine Lateinamerikatournee. Er kam samt seinen Begleitern am 24. Juni 1935 bei einem Flugzeugunglück in der kolumbianischen Stadt Medellín ums Leben.

Die Trauer, die in ganz Lateinamerika ausbrach, die Hunderttausende auf die Straße brachte, um von ihm Abschied zu nehmen, und die fast religiöse Verehrung, mit der noch heute sein Grabmahl auf dem Chacarita-Friedhof besucht wird, läßt sich mit dem Kult um Elvis Presly oder Jim Morrison vergleichen. Auch von Gardel sagt man, er solle noch irgendwo versteckt leben und nur unerkannt bleiben wollen.

„El Zorzal", die Amsel, wurde Gardel von seinen Fans genannt, „El Mago", der Zauberer, und schließlich nach seinem Tod „El Mudo", der Stumme. Stumme Zeugen seines Ruhms sind auch die vergilbten oder farbfrischen Konterfeis, die noch immer in Omnibussen, Taxis, Cafés und Friseursalons angebracht sind. An seinem Todestag werden seine Filme im Fernsehen wiederholt und sein Grab immer aufs neue mit einer Unmenge Blumen geschmückt.

Wer war dieses Phänomen Carlos Gardel? Seine Stimme besaß weder ein großes Volumen, noch war sie mit ihren zwei Oktaven Umfang außergewöhnlich. Seine Qualität lag wohl darin, daß er, ohne Anstrengung und ohne besondere stimmliche Techniken, über eine große Fülle von Ausdrucksmöglichkeiten verfügte

◆✿◆✿◆✿◆✿◆

und diese intuitiv mit klanglicher und rhythmischer Präzision verband. Der Tango erwuchs gewissermaßen aus seiner Stimme, wie seine Kritiker sagten. Ein anderer Grund dürfte auch gewesen sein, daß er sich als Bariton mit der noch sehr dürftigen Aufnahmetechnik leichter getan hat, als die damaligen Tenöre. Caruso war übrigens ein großer Bewunderer von Gardel und hatte ihn überreden wollen, Opernsänger zu werden.

Der letzte große Virtuose des Tangos, ein Paganini des Bandoneons, war Astor Piazzolla. Mit seinem Quintett, bestehend aus Bandoneon, Violine, Piano, Gitarre und Baß, war Astor Piazzolla nicht nur in Argentinien ausgebucht. Sein Stil des Konzert-Tangos war die logische Fortführung des um die Jahrhundertwende in Buenos Aires entstandenen Tangos. Er spielte allerdings nicht nur mit Jazzmusikern oder experimentierte mit Tangoversatzstücken, sondern pflegte auch die Tradition des klassischen lebendigen Tangos.

✿◆✿

Auch Brasilien steht für einige wichtige Musikströmungen. Die bekannteste ist auch heute noch der Samba. Doch in Rio, in der Bohème der Südzone, entstand in den Fünfzigern eine eher intellektuelle Musikrichtung, der Bossa Nova, der durch João Gilberto, Tom Jobim und Vinícius de Moráes geprägt wurde.

Marcus Vinícius da Cruz de Mello Moráes, den „schwärzesten Weißen Brasiliens", lernte ich in Rio kennen. Er gab damals Konzerte mit Tom Jobim und der Sängerin Elizabeth Cardoso. Er war Kettenraucher, und in seinem Haus hatte er eine Truhe voll mit Whiskeyflaschen mit einer Etikette, die eigens für ihn gestaltet war. Klein und rundlich, hatte er schon weißes, etwas schütteres Haar, doch er hatte ungeheuren Charme und wurde von den Brasilianern abgöttisch geliebt.

Selbst auf der Bühne stand er rauchend und trinkend und erzählte zwischen den Nummern Anekdoten aus seinem Leben. Damit hatten sie einen großen Erfolg und tourten durch ganz Brasilien. Zurück in Rio führten sie ihr Stück im Camecan, einem sehr großen Theater, auf. Mit seinen Texten veränderte Moráes die ganze brasilianische Musikszene und ließ das afro-brasilianische Wesen in die Musik einfließen.

„Schon auf dem Gymnasium spielte ich zur Gitarre und versuchte mich im Komponieren," erzählte mir Moráes über sein Leben, „aber ich habe damit aufgehört, um Jura zu studieren. Dafür entdeckte ich die Poesie und schrieb sehr viele Gedichte. Mein erstes Buch kam 1933 heraus. Das Buch wurde von den Kritikern sehr gelobt, infolgedessen schrieb ich weiter Gedichte, und noch einige Bücher erschienen. Bis 1938 waren es fünf Gedichtbände. 1938 habe ich ein Mädchen kennengelernt, mußte aber nach England, um zu studieren. Sechs Monate später haben wir geheiratet. Ich wurde bei der Zeremonie in Rio von einem Freund vertreten."

Aus dieser Ehe hat Vinícius eine Tochter. Als ich ihn getroffen habe, war seine damalige Freundin jünger als seine Tochter. Nach eineinhalb Jahren in England wollte er zurück, konnte aber wegen des Krieges nicht und ging schließlich nach Portugal. „Nachdem ich bei diesem Englandaufenthalt Geschmack am Reisen gefunden hatte, entschied ich mich für eine diplomatischen Karriere. 1946 wurde ich nach Los Angeles delegiert, dort blieb ich fünf Jahre. Es war für mich ein sehr guter Posten, denn er ließ mir Zeit, das Filmgeschäft zu studieren, und ich hatte einen ausgezeichneten Lehrer, Orson Welles. 1953 wurde ich nach Peru versetzt, wo ich bis 1957 blieb. In dieser Phase konzipierte ich Orfeo Negro. Es war mein erstes Theaterstück."

Orfeo Negro wurde mit der Musik von Carlos Jobim und Luis Bontá zum meistprämierten Film der Filmgeschichte. 1957 wurde es auch als Theaterstück in Rio aufgeführt. Das Außergewöhnliche daran war, daß erstmals keine auf weiß getrimmten Schwarzen auftraten, sondern die Schauspieler sich ihrer Farbe bewußt waren. Orfeo Negro spielt zur Zeit des Karnevals, und folgerichtig nimmt die Musik einen wichtigen Platz in der Dramaturgie des Films ein.

Der Karneval ist vielleicht der Kulminationspunkt des musikalischen Jahres. Durch die Übertragung über viele Fernsehstationen erhält ein Lied, eine Melodie ein riesiges Publikum und kann natürlich für den Autor zu einem Sprungbrett für die Karriere werden.

Spricht man von Samba, erstehen vor dem Auge des Europäers Szenen aus dem Carneval von Rio, mit vielen langbeinigen Frauen, die, spärlich bekleidet, Musik in erotische Bewegungen umsetzen. Daß Samba einst eine sozialkritische Funktion hatte, Ausdrucksmittel der ärmsten Bevölkerungsschichte war, haben sogar die Ca-

◆✪◆✪◆✪◆✪◆

riocas, die Bewohner Rio de Janeiros, vergessen, die dem Samba die jetzige Tanzform gaben.

Der Samba gelangte mit den befreiten Sklaven in die Städte, und das Wort war ursprünglich eine Bezeichnung der Feste der Schwarzen. Durch die Sambaschulen und den Karneval konnte sich die verpönte Musik einen festen Platz in der Gesellschaft erobern.

Der Samba wurde die musikalische Identität einer Nation. Es gibt ihn in verschiedensten Variationen, als Samba en redo, der für den Umzug komponiert wird, als Samba de Morro, wie er in den Favelas gespielt wird. Als Samba de partido alto, der mehr für die Improvisation offen ist, und als Samba Cancáo, eine zugänglichere Variante für das weiße Kleinbürgertum. Es gibt auch Samba jazzificado oder Samba-Rock.

„Heute hat Samba als ‚Form der Kritik' seine Bedeutung verloren", sagt der brasilianische Komponist, Autor und Interpret Ze Rodix, „Samba war die Musik des Volkes. In der Vergangenheit sahen die Menschen im Samba die Möglichkeit sich auszudrücken, über ihre Probleme zu singen. Heute hat Samba diesen sozialen Charakter verloren. Samba wurde zur Musik der Mittelklasse, die nicht dieselben Interessen hat wie das Volk. Im derzeitigen Samba wird ein Volk gezeigt, das eine Kreation von Walt Disney sein könnte, ein stilisiertes Etwas, das nicht unser Volk ist." Damit greift Ze Rodrix auch den, von Jahr zu Jahr kommerzieller werdenden, Karneval von Rio an. Zur Touristenattraktion degradiert, die aber Devisen einbringt, entsteht ein völlig falsches Bild von Brasilien.

Denn gerade diese Bevölkerungsschichte, die sich im Karneval in Glanz und Glitter präsentiert, gehört zu den ärmsten Rios, Menschen, die meist nicht einmal den gesetzlich vorgeschriebenen Mindestlohn verdienen. Sie leben in den berüchtigten Favelas, den Armenviertel Rios, wo auch die meisten „Escolas de Samba", die Sambaschulen, zu finden sind.

Samba-Schulen sind eine Vereinigung der Bewohner einer der vielen Hügel (Favelas) um Rio. Das ganze Jahr wird geprobt, an den Kostümen gearbeitet. Ob eine Samba-Schule berühmt oder nur von lokaler Bedeutung ist, ändert nichts an der gemeinsamen Anstrengung, einen Preis beim Umzug zu gewinnen, denn das bedeutet Geld.

◆✪◆✪◆✪◆✪◆

Die Trommel, „surdo“, ist das wichtigste Instrument einer Sambatruppe. Surdo ist ein großer Metallzylinder, der an beiden Enden mit einem straffgezogenen Trommelfell bespannt ist. An einem Riemen befestigt, wird sie über der Schulter getragen und mit einem Samt überzogenen Holzklöppel geschlagen. Die „ganzá“ machte viele Veränderungen durch. Früher war sie ein langer Metallzylinder, der mit kleinen Metallkugeln gefüllt war und wie ein Cocktailshaker gehandhabt wurde. Heute ist die ganzá ein Quadrat aus Holz und Metall. Daneben gibt es noch das „agogo“, ein afrikanisches Kultinstrument, das aus zwei Metalltrichtern besteht, die miteinander verbunden sind. Es wird mit Metallstäbchen geschlagen. Heute gibt es auch agogos, die bis zu fünf Trichter haben. Die „cuica“ ist ein Metallzylinder, der auf einer Seite eine Trommelfell hat. In der Mitte ist ein Bambusrohr, das mit einem feuchten Tuch gerieben wird und einen eigenartigen quietschenden Ton erzeugt. Über allem schwebt der Ton des „apito“, eines kleinen Pfeifchens, das vom Chef der Batteria benützt wird. Es ist das anspornende Element, zeigt den Rhythmuswechsel an, und lädt die Menschen ein zu tanzen.

In Bahia wird eine andere Art Samba gepflegt, die „Samba de roda“. Es ist eigentlich eine Art, die Trommel zu schlagen, die ursprünglich aus Angola stammt und religiösen Charakter hatte. Zum Tanzrhythmus, der durch seine kurzen Schritte, die von den Sklavenketten herrührten, bestimmt ist, wurde der Samba de roda erst später. In Bahia entwickelt sich auch ein anderer Karneval, der viel afrikanischer beeinflußt ist und sich bei weitem nicht so kommerzialisieren läßt wie sein Pendant in Rio.

Seit 1932 werden in Rio wettbewerbsmäßige Umzüge veranstaltet. Drei Jahre später formierten sich die Sambaschulen zum ersten staatlichen Umzug. Heute findet dieser Umzug nicht mehr irgendwo auf den Straßen statt, sondern vor einer permanenten Tribüne. Staatliche Stellen verkaufen die Eintrittskarten, organisieren die Werbung und verteilen die Einnahmen an die Sambaschulen. Es gibt eine A-Liga, deren Letzter absteigt, und eine B-Liga, deren Gewinner aufsteigt. Bewertet werden die Trommler, die Originalität der Kostüme, die gelungene Interpretation des Themas, die Einhaltung der Zeit, die Dekoration des Wagens und natürlich die Kostüme. Mit Eleganz und Geschlossenheit sollen sich die bis zu 4.000 Mitglieder einer Sambaschule bewegen. Dieses Spiel um Sieg und Niederlage ist dominiert

◆✪◆✪◆✪◆✪◆

von einer Glücksspielmafia. Hinter 10 von 14 Sambaschulen, deren Ausstattung immerhin um die 100.000 Dollar kostet, stehen diverse Mafiabosse. Sie erkaufen sich damit einen guten Einritt in die Gesellschaft, und mit dem „jogo de bicho", dem Tierspiel, das zwar illegal ist, aber trotzdem von vielen gespielt wird, erzielen sie riesige Umsätze. Die Spieler setzen nicht auf Zahlen, sondern auf Tiere.

Als einzige unter den großen Escolas de samba wird „Mangueira" nicht von der gutorganisierten Unterwelt Rios kontrolliert. Das kostete allerdings schon zwei Präsidenten der Schule das Leben und verschloß Geldquellen, die vor allem in Zeiten verschärfter Rezession über Sieg und Niederlage bei der vom Fernsehen weltweit übertragenen prachtvollen Karnevalsparade entscheiden.

Die Sieger der Wettbewerbe können dann auf Tournee gehen, haben Fernsehauftritte und können sich so aus ihrem Leben in den Favelas befreien. Doch mancher Musiker, obwohl er Komponist eines Siegerliedes ist, oder manche berühmte Sambatänzerin wissen nicht, woher sie am nächsten Tag ihr Geld bekommen sollen. Heute treten nicht nur die Armen aus den Favelas bei den Umzügen auf, auch Models versuchen sich in Szene zu setzen, oder bessergestellte Damen hopsen leichtgeschürzt auf der Straße herum.

Bei den Karnevalsumzügen wird aber nicht nur Samba gespielt, auch die Rhythmen Frevo, Maracatu und Batuques, bei uns fast gänzlich unbekannt, sind zu hören.

✪◆✪

Die typische Reggae-Musik basiert auf spirituellen und religiösen Motiven. Die Rastabewegung dominiert den Reggae. Der Name wird abgeleitet von Ras (Lord oder Prinz) Tafari, einem der Namen des Lif Ras Tafari Makonnen, der 1930 zum 225. Kaiser von Äthiopien – Haile Selasse I., König der Könige, Lord der Lords und siegreicher Löwe aus dem Geschlecht Juda – gekrönt wurde. Die Anhänger der Rastabewegung nennen sich Rastafari.

Begonnen hat diese Bewegung in den zwanziger Jahren, als Marcus Garvey, ein aus Jamaica stammender Mann, seinen schwarzen Brüdern in den Ghettos von New York in flammenden Reden die Rückkehr in ihre wahre Heimat, Afrika, predigte. Garvey wurde aus den Vereinigten Staaten ausgewiesen und kehrte 1927 in seine Heimat Jamaica zurück. Drei Jahre später erfüllte sich seine Prophezeihung: „Schaut hin nach Afrika, wo ein König gekrönt wird." Die Anhängerschar Garveys vergrößerte sich dadurch beträchtlich, und die bis dahin namenlose Sekte hatte ihre inkarnierte Gottheit, den Kaiser Haile Selassie, und nannte sich Rastafari, wie er vor seiner Krönung geheißen hatte.

Die Rastafaris verstehen sich als schwarze Hebräer, die von babylonischen Sklavenjägern aus ihrer Heimat Zion in Afrika vertrieben wurden. Ihre spirituelle Heimat ist Äthiopien.

Das alte Testament ist die Basis dieses Glaubens. Die Auslegung unterscheidet sich jedoch stark von der der Christen. So verstehen die Rastas den Psalm 18 Vers 19 aus dem Lied der Könige: „Aus seiner Nase stieg Rauch empor, verzehrendes Feuer entquoll seinem Mund, Kohlenglut sprühte von ihm aus" in dem Sinne, daß Jah abgeleitet von Jahve/Jehova, wie Gott im alten Testament genannt wird, „herb" rauchte, eine besonders starke Marihuanasorte.

Die Rastas trinken keinen Alkohol, essen kein Fleisch, leben in Gemeinschaften, teilen, was sie besitzen, betteln und stehlen nicht. Sie tun vielmehr alles, sich in Rechtschaffenheit zu üben. Ihr äußeres Zeichen sind die „dreadlocks", ungekämmte Zöpfe, die Symbol ihrer alternativen Lebensweise sind.

Sie sprechen ein Gemisch aus jamaikanischem Englisch, afrikanischen Worten, Bibelzitaten und Spruchweisheiten. Auch der auffällig häufige Gebrauch von diskriminierenden Worten wie schmutzig, furchtbar, erschreckend, auf sich selbst bezogen, ist uns fremd. Für die Rastas bedeutet es aber genau die Umkehrung: Die Formsprache einer Minderheit, die ihre Identität in der kodierten Formulierung gewinnt.

Ihr musikalischer Ausdruck ist der Reggae. Ausdruck einer Sehnsucht nach geistiger Freiheit und Erfüllung und auch dem Zorn der Ghettobewohner, die den apokalyptischen Klang des Rastafari- Glaubens in sich tragen, verpackt in Form des Reggae. Westafrikanische Folklore, Calypso, mit seiner politischen Akutalität und seinen recht eindeutigen Beschreibungen von Sexualität, Ritualgesänge, Ska und Bluebeat sind die Entwicklungsstadien, die zur jetzigen Form des Reggae führten.

Die naive Schönheit dieser Musik einerseits, ihre kritische Engagiertheit andererseits mußten auf sich aufmerksam machen. Bob Marley war das Medium, dem es gelang, Reggae international verständlich zu machen. Er wurde zum ersten Super-

◆◎◆◎◆◎◆◎◆

star der „Dritten Welt“, so Marley über sich selbst. Im Ghetto von Trenchtown geboren, gelang es, die Musik der Rastas und die Botschaft eines Volkes, das erst seit kurzer Zeit sein Selbstbestimmungsrecht besitzt, aber noch immer auf der Suche nach seiner Identität ist, in aller Welt bekannt zu machen.

Die Nachwirkungen des brutalen und unmenschlichen Handels mit Schwarzen prägt noch heute das soziale Bild der Karibik.

„Jedesmal, wenn ich das Knallen einer Peitsche höre,
gefriert mein Blut.
Ich erinnere mich an das Sklavenschiff
wo man selbst meine Seele vergewaltigte.
Sklaventreiber,
das Blatt hat sich gewendet,
fang den Ball,
jetzt bist du an der Reihe.“
(frei übersetzt nach Bob Marley)

Im karibischen Raum gibt es eine Vielfalt von Rhythmen, die fast alle afrikanischen Ursprungs oder Mischrhythmen zwischen afrikanischen und europäischen Elementen sind.

Nachdem die Indios in der Karibik völlig ausgerottet waren, wurden jahrhundertelang Arbeitssklaven aus Afrika importiert.

Noch im 18. Jahrhundert, als der Rohrzucker zur Monokultur in Jamaica wurde, verteidigte der französische Staatstheoretiker Montesquieu die „karibisch-westindische Negersklaverei“ mit den lapidaren Worten: „Sklaven müssen sein, sonst wäre der Zucker zu teuer.“ Sklaverei war erlaubt, wenn es sich um Feinde der Christenheit handelte.

Das Kirchenrecht Europas gestattete Sklaverei in vier Fällen: bei Gefangenschaft in einem Krieg; bei Christen, die den Sarazenen Waffen lieferten; bei Räubern von Frauen und Söhnen von Klerikern; bei Erwachsenen, die sich als Sklaven verkauften; und nach dem Prinzip des Mittelalters, das besagt, daß Kinder von Sklaven als Sklaven geboren werden: „Partus sequitur ventrem“.

Das einzige Gut, das die Afrikaner, die die Überfahrt von ihrem Kontinent nach Lateinamerika überlebten, aus ihrer verlorenen Heimat mitbrachten, war ihr Glaube

◆✪◆✪◆✪◆✪◆

– und ihre Musik. Da die Musik sehr stark mit ihren religiösen Riten verbunden war, wurde sie weder verdrängt noch beeinflußt und ist in ihrer Vielfältigkeit und in ihrem Reichtum an Rhythmen bis heute erhalten geblieben.

Von all den karibischen Küstengebieten und Inseln ist Kuba diejenige, die das größte musikalische Potential hat.

✪◆✪

Mit der Wirtschaftsblockade, die die USA über Kuba verhängt hatten, hörte auch der Musikexport aus Kuba auf, der bis dahin beträchtlich war. Kubanische Schallplatten gab es nur in den Läden sowjetischer Prägung. Diese Isolierung war eine gute Ausgangsposition, um mit kubanischen Musikstilen Furore zu machen.

Seit Jahrzehnten liefert Kuba Musikmoden und neue Tänze. In der Musiktradition der Insel verschmelzen französische, spanische und afrikanische Elemente. Zu einem der Markenzeichen wurde der Son, der den Rumba ablöste und sich in den zwanziger Jahren mit seinem lasziven Rhythmus und seinen improvisierten, witzigen Texten schnell über das ganze Land verbreitete. Das Instrumentarium war sehr einfach. Eine „tres", eine Gitarre, deren Saiten in drei Paaren angeordnet sind, eine leere Rumflasche, auf der man den Baß blies, Bongotrommeln sowie „maracas" und „caves", zwei Klanghölzer, die gegeneinander geschlagen werden. Es gibt einen beständigen Wechselgesang zwischen Sänger und Chor und einen eingängigen Refrain. Die Oberschicht blieb aber noch bei ihren Danzónes, deren Vorform, die Contradanza Francesa, Einwanderer aus Haiti und New Orleans mitbrachten. Aus dem Danzón entwickelte sich später Mambo und Cha-Cha-Cha.

Der legendäre Sonero Benny Moré fusionierte den Son mit dem Jazz. Das originale Septett bestückte er noch mit einem elfköpfigen Bläsersatz.

Salsa, das in New York durch Emigranten aus der Karibik enstandene Musikprodukt, ist eigentlich nichts anderes als ein kubanischer Son mit Jazzeinflüssen. Heute gibt es noch in Santiago de Cuba alle zwei Jahre ein Festival del Son, auf dem die besten Son-Gruppen auftreten.

✪◆✪

◆✪◆✪◆✪◆✪◆

Die Musikindustrie ist ein gutes Geschäft, das auf den Markt reagieren muß, und die Vermarktung einer guten Melodie geschieht oft ohne Rücksicht auf das Urheberrecht, noch dazu wenn es sich um wenig bekannte Musiker handelt.

apa-Meldung vom 9. November 1989: „La Paz: In Bolivien verfolgen zwei Brüder den phänomenalen Erfolg des ‚Lambada-Songs' in der europäischen Disco-Szene mit fassungslosem Staunen: ‚Es ist die exakte Kopie eines von uns 1981 komponierten Liedes im Rhythmus des indianischen Saya-Tanzes', erklären Gonzalo und Ulises Hermosa, die mit ihrem Bruder Elmer die in den Anden populäre Folklore-Gruppe ‚Los Kjarkas' bilden. Die Brüder verlangen von den Produzenten des ‚angeblich brasilianischen Lambada-Liedes' umgerechnet 13 Millionen Schilling für die Urheberrechte und an die 1,8 Millionen Schilling Schadenersatz."

Sprecher der bolivianischen Regierung haben gedroht, daß das ärmste Land Südamerikas notfalls vor europäischen Gerichten um die Rechte an dem Millionen-Hit kämpfen werden, der zu seinem „kulturellen Eigentum" gehöre.

Nach bolivianischer Darstellung begann der „Lambada-Siegeszug" folgendermaßen: Die Hermosas ließen von ihrem 1981 komponierten Saya-Tanzlied „Llorando se fue", „Weinend ging sie fort", einer langsamen, getragenen Melodie, eine kleine Plattenauflage pressen und vergaben die internationalen Rechte an die Firma EMI Music. Dann passierte lange nicht viel. Die Platten verkauften sich auf dem beschränkten Markt des sieben Millionen-Landes Bolivien schlecht. Einige der Platten müssen dann offensichtlich nach Rio de Janeiro gelangt und den französischen Produzenten Jean Karakos und Olivier Lorsac bei einem Besuch aufgefallen sein.

apa-Meldung vom 11. August 1989: „Brasilianischer Tanz erobert Frankreich – Modehit aus der Retorte. Paris: Die neue Sinnlichkeit heißt Lambada, kommt aus Brasilien und macht in diesem Sommer in Frankreich Furore. Lambada ist ein Tanz, aber auch ein Hit gleichen Namens, der wie eine Bombe einschlug und auf Anhieb auf Platz drei der französischen Top 50 landete. Der Tanz, der dem Schlager den Namen gab, ist hemmungslos lasziv, eng aneinander gepreßte Körper in drehender Bewegung, entblößte Schenkel unter bis zur Taille offenen Röcken."

Die nach Schweiß und zweideutigen Lokalen riechende Sinnlichkeit ist allerdings alles andere als ein spontanes Aufbegehren gegen die im Zuge der Aids-Angst aufgekommene Prüderie. Sie ist ein perfekt lanciertes Marketing-Produkt, in

◆✪◆✪◆✪◆✪◆

kühlen Büros durchkonzipiert und strategisch in die richtigen Kanäle gelenkt. Eine Gruppe wurde gegründet, die Lambada singt und tanzt. „Kaoma", Tänzer, gutgewachsene, junge Männer, mit brauner Haut und muskulösem Oberkörper, ziehen mit einer Lambada-Show durch die Lokale und zeigen bleichen Europäern, wie die heiße Erotik auf der Tanzfläche praktiziert wird.

Ein Videoclip wurde gedreht, den TF-1 250 mal über den Bildschirm flimmern ließ. CBS lieferte Begleitfeuer im Breitbandverfahren: Eine Doppel-LP, eine Single, eine Musikkassette und eine CD.

Lambada erregte Aufsehen. Der kolumbianische Kardinal und Vorsitzende der Bischofskonferenz des Landes, Alfonso Lopez Trujillo, verurteilte den Lambada als unanständig. „Anständige Menschen", so der Kardinal in einem Interview, „meiden diesen Tanz, der in erster Linie eine lüsterne und erotische Spielerei ist."

apa-Meldung vom 16. Juni 1990: „Neue ‚Gerüchte' um Geburtsstätte der Lambada. Havanna: ‚Wurde der Lambada in Kuba geboren?', fragte die Zeitung ‚Trabajadores' in Havanna und beantwortete die Frage gleich darauf mit einem Ja. Um zu unterstreichen, daß nicht nur Lokalpatriotismus im Spiel ist, berief sich die Zeitung auf Äußerungen des französischen Filmproduzenten Oliver Larsac."

Dem Artikel zufolge hat ursprünglich ein Habanero namens Pablo Armandiaz 1925 in den Tanzsälen der kubanischen Hauptstadt Musik und Schritte dieses Tanzes kreiert, um ein Gegenstück zu dem, damals gerade hoch in Mode stehenden Tango zu schaffen. Gegen die große Popularität des Argentiniers Carlos Gardel, des Königs des Tango, kam Pablo Armandiaz jedoch nicht an.

Inzwischen hat sich auch das Lambada-Fieber gelegt. Die Brüder Hermosa haben sich mit den Lambadaproduzenten geeinigt, und sieht man heute vielleicht noch hie und da Kubaner Lambada tanzen, wird man glauben, daß sie es seit Jahren tun.

✪◆✪

Calypso, bei uns weitgehend durch Harry Belafonte zu einem Begriff geworden, ist als Tanz rein afrikanischen Ursprungs. Textlich gesehen ist der Calypso vor allem auf den englischsprachigen Inseln zu einer Art „Tageszeitung" geworden, Informations-

◆✪◆✪◆✪◆✪◆

mittel, Klatschgeschichten-Wiedergabe. Bei den Karnevalfesten ist er bis heute sehr beliebt.

Als die Musikwelt sah, wie Salsa zu einem weltweiten Geschäft wurde, hat man sich überlegt, auch dem Calypso ein neues Mäntelchen umzuhängen, das unter dem Namen „Soca", soul of Calypso, auf den Markt kam. Die Popularität eines Salsa wurde allerdings bis heute noch nicht erreicht.

Manche Rhythmen werden plötzlich durch eine Werbung bei uns in Europa bekannt, wie zum Beispiel die Cumbia, die durch die kolumbianische Kaffee-Werbung Gefallen fand.

Kolumbianer sagen oft Cumbia für Columbia, Musiker nennen sie „Madre-cumbia", weil die Cumbia die Grundbasis verschiedener Rhythmen ist. Afrikanischen Ursprungs, bestimmt die Trommel, die im 2/4 Takt händisch geschlagen wird, den Rhythmus. Als folkloristischer Tanz wird die Cumbia barfuß getanzt. Die Mädchen tragen weite, lange Röcke und kurzärmelige Blusen, die Burschen enge, weiße Kniehosen, der Oberkörper ist nackt. In der Hand halten sie eine brennende Kerze, die sie der auserwählten Tanzpartnerin anbieten. Nimmt sie an, heißt es, daß sie einwilligt, mit ihm die Cumbia zu tanzen. Ein Schauspiel, bei dem die Rollen wechseln: einmal ist die Frau die Sonne, um die wie im Linkswalzer herumgetanzt wird, manchmal der Mann, um den der Mond und die Erde kreisen.

Ein gewisses Nachschleifen der Füße im Tanz erinnert auch hier an die Fußketten, die ihre Vorfahren als Sklaven trugen.

Auf der Insel Haiti ist der Merengue, ebenfalls ein Tanz afrikanischen Ursprungs, zu Hause. Der Name ist aus dem französischen „meringue" abgeleitet. Meringues sind Süßigkeiten, die aus Eiklar und Zucker hergestellt werden, wobei es wichtig ist, daß diese beiden Ingredenzien in konzentrisch-spiralenförmigen Bewegungen geschlagen werden. Diese Bewegungen sind typisch für den Tanz Merengue.

✪◆✪

Tanzrhythmen sind viel leichter in Diskotheken oder Tanzveranstaltungen integrierbar als Lieder, bei denen es um das Textverständnis geht, wie bei den lateinamerikanischen Protestsongs.

◆✪◆✪◆✪◆✪◆

Ein weiterer Hinderungsgrund großer Verbreitung bestimmter Musikarten ist neben der Sprache oft ihre Herkunft aus ganz bestimmten ethnischen Minderheiten. Der indianische Einfluß in der lateinamerikanischen Musik ist vor allem im Andengebiet zu lokalisieren, wo die indianische Bevölkerung noch stark vertreten ist.

Um diese Musik wirklich zu verstehen, muß man einen Zugang über die Geschichte der Frühkulturen suchen. Der älteste belegte Fund ist ein Blasinstrument. In Chilca, südlich von Lima gelegen, wurde eine „quena" entdeckt, die rund 6.000 Jahre alt ist. Die Bezeichnung quena stammt von den in Süd-Peru lebenden Quechua-Indios. Die Quenaflöte wurde aus Knochen und dem Federkiel des Kondors hergestellt, heute ist sie aus Bambus. Sie ist durchschnittlich 30 bis 55 cm lang, hat 6 bis 7 Löcher, eines davon an der Rückseite der Flöte. Die quena besitzt kein Mundstück. Sie hat nur eine Kerbe, wodurch es besonderer Geschicklichkeit bedarf, den Ton klar anzusetzen. In den Frühkulturen waren Flöten phallische Symbole. Auch magische Kräfte wurden der Flöte zugeschrieben, besonders dann, wenn sie aus Menschenknochen angefertigt war.

Von den vier Großfamilien der Musikinstrumente, Ideophon, Aerophon, Membranophon und Cordophon, sind von den ersten drei reiche Funde gemacht worden, was man von Saiteninstrumenten nicht sagen kann. Weder in Gräbern noch in keramischen Wiedergaben stieß man auf sie. Erst durch die Spanier kamen sie nach Lateinamerika. Die Ideophone oder Schlaginstrumente sind zweifellos die ältesten. Der Klang einer angeschlagenen Kalebasse etwa oder einer Keramik ergibt Musik. Alltagsgegenstände werden so zu Musikinstrumenten. Wahrscheinlich wurden auch Gegenstände aufgefädelt, die zum Klingen gebracht werden konnten, wie Zähne, Samenkerne oder -hüllen, Nüsse und viele andere Dinge.

Die archäologischen Funde haben eine wahre Fülle von Angehörigen dieser Familie gezeitigt: Pfeifen, Okarinas und Trompeten.

Bei den Flötenvarianten ist die „anata", die Stimme, die ruft, wie sie von den Quechuas genannt wird, auffallend. Die anata ist ein Instrument, das Ähnlichkeit mit unserer Blockflöte hat und beim Karneval eine wichtige Rolle spielt.

Eine kleinere Flöte ist die „flautilla", die mit der linken Hand gespielt wird, während die rechte die indianische Flachtrommel „caja", die am Gürtel befestigt ist, mit Holzstäben schlägt.

◆❂◆❂◆❂◆❂◆

Der Beweis der Existenz der Panflöte wurde in den Nazca- und Chimukulturen erbracht. Funde ergaben, daß sie aus Terracottalehm, Knochen und Metall angefertigt wurde. Das Ursprungsland der Panflöte ist allerdings bis heute umstritten, da sie sowohl in Japan als auch in Syrien, Ägypten, Palästina, Indien, China, im Römischen Reich und Griechenland zu finden war beziehungsweise ist.

In China war die Panflöte bereits 1.000 a.C. Bestandteil des kaiserlichen Orchesters. Mit ziemlicher Sicherheit nimmt man daher an, daß die Panflöte durch Emigration aus Ostasien nach Amerika kam.

Eine natürliche Trompete von 3 bis 6 Metern Länge, die durch das Zusammenstecken von Bambusrohren erreicht wird, ist „el erque". Eine Ähnlichkeit mit unserem Alphorn ist nicht von der Hand zu weisen. Vier Töne sind das Maximum, das auf diesem Instrument produziert werden kann: f, a, c in Dur und c in Moll. El erque findet ausschließlich Verwendung bei religiösen Zeremonien und Prozessionen. Ursprünglich fand diese Trompete Anwendung als eine Art Megaphon, um Feinde, wilde Tiere und böse Geister zu verjagen.

Bei Fruchtbarkeitsriten, Sonnwendfeiern, Begräbnissen und Totenverehrungen durften die eindringlichen Töne der erque ebenfalls nicht fehlen.

Das älteste Blasinstrument ist das „pototo", eine riesige Muschel. Die durchdringenden Töne dieses Naturinstruments rufen Erregungszustände hervor. Noch heute kann dieses Muschelhorn im Andengebirge und auf den Osterinseln gefunden werden.

Pauken wurden ebenfalls von Archäologen in beachtlicher Anzahl gefunden. Die Größe variiert von kleinen Ausgaben bis zu imposanten Dimensionen, die von mehreren Musikern gespielt werden mußten. Die magische Wirkung der dumpfen Paukentöne wurde verstärkt, wenn die Fellbespannung von abgehäuteten Feinden herrührte. Auch deren Hände dienten manchmal als Schlegel zum Rühren des Instruments.

Die Trommel galt von jeher als Inbegriff von Kraft und Magie. Sie begleitet den Menschen in ihrer mystisch-magischen Rolle von der Geburt bis zum Tod. In den Primärkulturen diente sie auch als Verständigungsmittel.

Die indianischen Trommeln haben oft, je nach Region, verschiedene Namen. So wird die „caja", ein präinkaisches Instrument, auch „tambor", „uancar", „tinya" genannt. Der gebräuchlichste Name ist allerdings caja, eine Bezeichnung, die von den Aymara-Indios stammt. Ihr Durchmesser beträgt 40 bis 50 cm. Die caja ist auf beiden Seiten mit einem Trommelfell bespannt, das durch Lederriemen, die im Zick-Zack entlang der Holzwand vom oberen zum unteren Trommelfell laufen, gespannt wird. Geschlagen wird diese Trommel immer mit ein oder zwei Holzstäbchen.

Eine Trommel, die ebenfalls sehr oft in der Folklore verwendet wird, ist „el bombo“. Sie wird aus einem ausgehöhlten Baumstamm hergestellt und wurde in der Primitivform mit der Haut von Schlangen, Eidechsen und Fischen bespannt und mit der Hand geschlagen. Die Holzschläger, „palillos“, kamen erst zu Beginn des 16. Jahrhunderts hinzu und mit ihnen auch die Bespannung durch Säugetierhaut. Die quena, anata, flautilla, Panflöte sowie die Trommeln caja und bombo sind für die indianischen Rhythmen yaravi, huayno, bailecito, carnevalito und takirari bezeichnend.

Über die Art des Tanzes schreibt der Inka Garcilaso in seinen „Comentarios Reales“ anläßlich des Sonnenfestes am Hauptplatz von Cuzco: „Zwei Tänzerreihen wurden gebildet: Eine repräsentierte die Erde, die andere die himmlischen Höhen. Die Kleider der Tänzer symbolisierten verschiedene Stellungen in der Sozialordnung. Es gab abstrakte Motive oder figurative mit Kondoren, Jaguaren und Pumas. Einige waren exakt vorbestimmt, sowohl die Farben wie auch die Maße und die Formen waren vorgegeben.“

Über die Tänzer der Hauptstadt des Inka-Reiches, Cuzco, führt Garcilaso weiters aus, daß sie eher verhaltener tanzten als die Tänzer aus den Provinzen.

Die Eigenständigkeit, die die indianische Musik über Jahrhunderte erhalten hat, die auch durch die Integration europäischer Instrumente nicht beeinflußt wurde, ist bemerkenswert.

Als die Gitarre und die Harfe im 16. Jahrhundert nach Lateinamerika kamen, wurden sie sehr rasch in Verbindung mit indianischen Instrumenten in die Folklore integriert. Im Lauf der Jahre entwickelte sich die Gitarre auch als Soloinstrument.

In Venezuela entsteht aus der spanischen Gitarre die „Cuatroguitarra“, die, wie der Name bereits sagt, vier Saiten hat. In Kolumbien entsteht das „tiple“, eine 12-saitige Gitarre, bei der je drei Saiten zusammengespannt und oktaviert sind. Die größte Gitarre, „el guitarón“, eine Baßgitarre, spielen die Mariachigruppen in Mexico. Die kleinste Form der Gitarren „el cavaquinho" und „el requinto", entstanden in Brasilien und Paraguay. Beide sind reine Begleitinstrumente.

Ob das „charango", ein mandolinenartiges Instrument mit fünf Doppelmetallsaiten und einem Klangkörper, aus dem Panzer des Gürteltieres aus der Gitarre entstanden ist, ist umstritten. Die Mehrzahl der Musikwissenschaftler datieren den Ursprung des charango nach der spanischen Conquista. Der Name des Instruments wird aus dem Quechua Wort „quinquinchu", Gürteltier, abgeleitet oder möglicherweise aus dem Klangwort „charchar".

Das charango, ein andinisches Instrument, wurde Bestandteil der indianischen Folklore und darf als Solo- oder Begleitinstrument bei den Rhythmen huayno, carnavalio und bailecito nicht fehlen.

Die Harfe wurde 1527 nach Paraguay gebracht, von Martin Nino, einem Begleiter von Jesuitenpadres. Die Guaraní-Indios, deren Sprache im Vergleich zu Quechua oder Aymara sehr melodiös ist, begeisterten sich für den Klang der Harfe und entwickelten eine große Virtuosität auf dem Instrument.

Nach dem von der Kirche geforderten Abzug des Jesuitenordens aus Paraguay, begannen die Guaraní selbst mit dem Bau von Harfen. So wurde die Harfe in die Folklore integriert und sogar zum Nationalinstrument Paraguays. Bis heute wird die fünf Kilogramm schwere Harfe, die akromatisch ist und eine Bespannung von 37 Saiten aufweist, in Asunción, der Hauptstadt Paraguays, erzeugt. Sehr beliebt ist die Harfe in Venezuela und an der mexikanischen Küste von Vera Cruz, aber auch in der andinischen Folklore ist sie manchmal zu finden.

Die lateinamerikanische Folklore bietet bis heute eine schillernde Palette verschiedenster Rhythmen und Instrumentalisierungen. Die Texte, zum Teil noch in einer Indiosprache verfaßt, geben Rückschlüsse auf ihr Leben und Denken. Ein Reichtum, der geschützt und gepflegt werden sollte, damit er auch noch anderen Generationen erhalten bleibt. Uns Europäern vermittelt die lateinamerikanische Musik in ihrer Ursprünglichkeit, Vielfalt und Unverfälschtheit ein Lebensgefühl, eine Leichtigkeit, nach der wir uns sehnen.

10% des Reingewinnes aus dem Buchverkauf
kommen der Österreichischen Lateinamerika-Hilfe zugute.

Beachten Sie bitte die folgenden Seiten.

: knappe güter

Die Reihe zu aktuellen Themen unserer Zeit.

◆✪◆✪◆✪◆✪◆

WOHNEN MORGEN

Lebensräume

Der Mangel an verfügbarem Wohnraum ist akut geworden. Welche Perspektiven gibt es für die Zukunft? Reicht eine Reform des Mietrechtsgesetzes aus ?

SANFTE MOBILITÄT

Stauräume

Unsere Städte versinken im Verkehrschaos. Welche Lösungsmöglichkeiten bieten sich an? Was sagen die Experten, was sagen die Politiker, und was sagen die Betroffenen?

FREMDE HEIMAT

Emigranten - Immigranten

Wird Österreich von der größten Migrationsbewegung des Jahrhunderts überrollt? Bringt Multikulturalität die Lösung? Wie stellt sich Österreich der Aufgabe des Jahrtausends?

24 STUNDEN

Arbeitszeitmodelle

Hektik und Streß sind die Koordinaten unserer heutigen Gesellschaft. Trotzdem wird ein überholtes System beibehalten. Übersehen werden neue Modelle und in der Praxis erprobte Alternativen.

Sie können "knappe güter" entweder als Einzelheft zum Preis von öS 148,—/DM 21,80 oder im Abonnement zum Preis von öS 128,—/DM 19,80 beziehen. In Ihrer Buchhandlung und am gutsortierten Kiosk.

◆✪◆✪◆✪◆✪◆

Wir freuen uns über Lob und Kritik seitens unserer LeserInnen. Schreiben Sie oder rufen Sie uns an:

Verlag Austria Press Ges.m.b.H.
Mag. Gabriela Scolik, Mag. Karin Siller
1030 Wien, Reisnerstraße 40, Tel.: 0222 / 711 96-0